赵民百字文

——巡天遥看一千河

赵 民◎著

人民邮电出版社
北 京

图书在版编目（CIP）数据

赵民百字文 : 巡天遥看一千河 / 赵民著. -- 北京 : 人民邮电出版社, 2017.5
ISBN 978-7-115-45356-3

Ⅰ. ①赵… Ⅱ. ①赵… Ⅲ. ①时事评论－中国－文集 Ⅳ. ①D609.9-53

中国版本图书馆CIP数据核字(2017)第056518号

内容提要

《赵民百字文：巡天遥看一千河》一书以手稿配文字的形式原汁原味呈现了作者长期读书阅世的经验，话题涵盖经济、文化、科技、体育等领域，为读者分析行业动向，判断经济大势，点评最新时事，解答心中疑惑。

书中的每篇百字文都见证了作者对自己内心世界和心灵的一种修炼，又体现了作者对各类热点事件的探索和思考。

各类企事业单位管理者可以将本书作为判断国内外经济市场和科学技术发展趋势的参考依据，对时事感兴趣的读者朋友也可从中得到启发和收获。

◆ 著 赵 民
责任编辑 庞卫军
责任印制 焦志炜
◆人民邮电出版社出版发行 北京市丰台区成寿寺路 11 号
邮编 100164 电子邮件 315@ptpress.com.cn
网址 http://www.ptpress.com.cn
北京圣夫亚美印刷有限公司印刷
◆开本：787×1092 1/16
印张：14.5 2017 年 5 月第 1 版
字数：150 千字 2017 年 5 月北京第 1 次印刷

定 价：55.00 元

读者服务热线：（010）81055656 印装质量热线：（010）81055316
反盗版热线：（010）81055315
广告经营许可证：京东工商广字第 8052 号

关于本书

作者

赵民，正略集团董事长。瑞士达沃斯“世界经济论坛”中国理事会成员，亚布力中国企业家论坛创始理事，阿拉善 SEE 生态协会创始理事，2005 委员会发起人，中国经济 50 人论坛企业家理事，中国金融四十人论坛理事，数字中国联合会理事，北京苏州企业商会会长，北京大学、上海交通大学、中山大学、西安交通大学、东南大学、中国社科院等院校管理（商）学院的客座教授（研究员），国务院国资委国企改革专家顾问。被瑞士达沃斯“世界经济论坛”授予“全球未来领袖”称号，被美中关系全国委员会授予“美中杰出青年”称号。

赵民微分享

“赵民微分享”是赵民的自媒体频道。2016 年 6 月 6 日，赵民先生推出赵民百字文系列专栏，以手稿原汁原味呈现长期读书阅世经验，为读者分析行业动向，判断经济大势，点评最新时事，指点心中迷津。

正略书院

正略书院是由正略集团发起的高端学习交流平台，创办于 2010 年 7 月，是京城最具影响力和美誉度的文化活动品牌之一。正略书院拥有正略读书会、京城夜话等线下品牌，以及“正在讲”线上品牌，话题涵盖政治、经济、历史、文化、科技、教育等领域，定期邀请著名专家学者解读历史、解析社会、认识世界、分享人生。

[赵氏百字文]

《百字文100篇记》

2016-10-10 星期一 早上8:38分

没有白过的日子，没有白记的文字

今天是2016年10月10日星期一。126天之前，2016年6月6日，也是一个星期一，我开始动笔写《赵氏百字文》的第一篇文章：《P2P金融：肥了平台，瘦了中产》。那篇文章是早上8:58分收笔的，时间和现在差不多。从6月6日到10月10日，从那个星期一到这个星期一，总共126天，百字文写了100篇，相当于5天写4篇，10天写8篇，30天一个月写24篇。日子过得很快，这一篇篇文章，就是一个个日子的足迹和印痕。

这100篇百字文写下来，多少有点感受和体会。

首先，写文章是督促自己学习的最好的方式。文章是写给别人读的，文字是留给后人看的，但是，为了写文章，为了把文章写好，为了让文章有可读性，你就要逼得自己去大量学习、阅读和思考很多行业、公司、事件，你就要脑子转不停地搜索思索探索。这样的日子十天、二十天、三十天、100天下来，你自己学到的是最多的。写成文章的，只是思考之后的一小部分。百字文篇幅有限。

其次，写文章，尤其是每天要写一篇的文章，如果不是一种乐趣、爱好和喜欢，是很累的一件事，不如不写，不如不要开始。很累的事是干不好的。写出来很累的文章，也是写不好的，写出来也没有读，没人点赞。

最后，写百字文是对自己内心世界和个性心灵的一种修炼。题目表述、内容取舍、表达角度、用词分寸、结论观点等等，方寸之间的把握文字，其实是一个人内心世界的一种部分反照、反射和反映，所以需要修炼，需要磨炼。文字是一个字一个字磨出来的，推敲出来的，内心世界的净化和升华，也随之而一点一点改变。

上一次天天写文章，还是在12年前的2004年前后。时世变迁，星移斗转。拿以前2004年的文章和现在2016年的文章对照一下，你可看到中国的变化，社会的变迁，历史的变动。（完）

前言

百字文100篇记

今天是2016年10月10日星期一。126天之前，2016年6月6日，也是一个星期一，我开始动笔写《赵民百字文》的第一篇文章：《P2P金融：肥了平台，瘦了中产》。那篇文章，是早上8:58分收笔的，时间和现在差不多。从6月6日到10月10日，从那个星期一到这个星期一，总共126天，百字文写了100篇，相当于5天写4篇，10天写8篇，30天也就是一个月写24篇。日子过得很快，这一篇篇文章，就是一个个日子的足迹和印痕。

这100篇百字文写下来，多少有点感受和体会。

首先，写文章是督促自己学习的最好方式。文章是写给别人读的，文字是留给后人看的，但是，为了写文章，为了把文章写好了，为了让文章有可读性，你就要逼自己去大量了解、阅读和思考很多行业、公司事件，你就要不停地搜索、思索、探索。这样的日子10天、20天、30天、100天下来，你自己学到的是最多的。写成文章的，只是思考之后的一小部分。百字文，篇幅有限。

其次，写文章，尤其是每天要写一篇文章，如果不是一种乐趣、爱好和喜好，是很累的一件事，不如不写，不如不要开始。自己觉得很累的事，是干不好的。自己觉得写起来很累的文章，也是写不好的，写出来也没有人读、没人点赞。

最后，写百字文是对自己的内心世界和个性心灵的一种修炼。题目表述、内容取舍、表达角度、用词分寸、结论观点等等，方寸之间的文字把握，其实是一个人内心世界的一部分反照、反射和反映，所以需要修炼、需要磨练。文字是一个字一个字磨出来的、推敲出来的，内心世界也得以净化和升华，心境也随之而一点一点改变。

上一次天天写文章，还是在12年前的2004年前后。时世变迁，星移斗转。拿12年前2004年的文章和现在2016年的文章对照一下，你可看到中国的变化、社会的变迁、历史的变动。

作为正式出版物，本书收录了原稿，但为了规范之需，印刷体部分对原稿做了适当的文字修饰和表述上的微调，请读者以阅读印刷文件为主。

赵民

2016-10-10 星期一

早上8:38分

没有白过的日子，没有白记的文字。

目录

【赵民写字文】 （20160606）

《P2P金融：肥了平台，瘦了中产》

P2P就是利用彼此的信息不对称（借钱的人不认识贷钱的人），赚取差价。用老原理的新包装，赚高风险的利息。

这样的事情，只对P2P的平台掌控者个人有大利益，对借者和贷者，有啥好处呢？

肥了平台，瘦了中产。

万一平台掌控者是失德缺德无德之人，马上变成庞氏骗局。这个时候，就是“撑死胆大的，饿死规矩的，烦死监管的”。

（完）

2016-6-6 星期一
早上8:58分
窗外车水马龙

P2P 金融：肥了平台，瘦了中产

P2P 就是利用信息的不对称（借钱的人不认识贷钱的人）赚取差价。用新概念来包装老原理，赚高风险的利息。

这样的事情，只对 P2P 的平台掌控者个人有大利益，对借者和贷者，有啥好处呢？

肥了平台，瘦了中产。

万一平台掌控者是失德、缺德、无德之人，马上变成庞氏骗局。这个时候，就是“撑死胆大的，饿死规矩的，烦死监管的”。

赵民
2016 年 6 月 6 日星期一
早上 8:55 分
窗外车水马龙。

［赵民罔字文］（2016-6-7）

《分享经济：只适用于过剩经济》

滴滴打车的最大贡献，不是解决了人们出行的问题，而是把"分享经济"这4个字，浮入到中国大妈的心田里。

分享经济有其前提：只适用于过剩经济。只要供大于求的行业和市场，都可以诞生神州和易到，都可以在全中国诞生千亿美元级别的巨大公司。从这个意义上说，整个餐饮行业应该出现滴滴+神州+易到，餐饮行业远比出行行业更能践行分享经济。出行用汽车不是刚需，还有高铁、公交和飞机，但是，吃饭是最大的刚需。

在中国，餐饮是最大的过剩经济，也应是最大的分享经济。

赵民 2016-6-7 8:18 AM.
吃完早餐，叫上专车，走！

分享经济：只适用于过剩经济

滴滴打车的最大贡献不是解决了人们出行的问题，而是让“分享经济”这四个字深入到中国人的心里。

分享经济有其前提：只适用于过剩经济。只要供大于求的行业和市场，都可以诞生神州和易到，都可以在全中国诞生千亿美元级别的巨大公司。从这个意义上说，整个餐饮行业应该出现滴滴 + 神州 + 易到，餐饮行业远比出行行业更能践行分享经济。出行用汽车不是刚需，还有高铁、公交和飞机，吃饭才是最大的刚需。

在中国，餐饮行业是最大的“过剩经济”，也应是最大的分享经济市场。

赵民

2016 年 6 月 7 日

8:18am

吃完早餐，叫上专车，走！

[赵民留字文]　　（2016-6-8）

《能源互联网：特高压的杀手》

中国解决能源问题，原来是把新疆的100吨煤用铁路运、用海船装、用卡车送，运到广东，烧煤化成电。现在，进步了，在新疆建坑口电站，就地把100吨化成电，传送到广东。在这种思维的创新逻辑下，特高压就是顶级技术革命了。

这样的进步，就好像以前老一代听唱片，后来中一代听磁带。现在中国青年听什么？听网上音乐，听手机音乐，听下载音乐。

能源互联网就是听音乐里的网上音乐、手机音乐和下载音乐。

有了磁带，就没有了唱片（老的发烧友例外不计）；有了光碟，就消失了磁带；有了网上音乐，就诞生了ipod和手机音乐，就消失了光碟。00后出生的年轻人甚至不知道有光碟。

能源互联网现在乐颠颠、笑咪咪地来了，特高压也就该退幕了。

2016-6-8　星期三早上8:16分

天亮了，还可以开电灯，但电灯终究要关的。

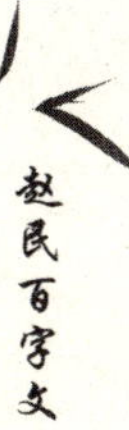

能源互联网：特高压的杀手

中国解决能源问题，原来是把新疆的100吨煤用铁路运、用海船装、用卡车送，运到广东烧掉，化成电。现在，技术进步了，在新疆建坑口电站，就地把100吨煤化成电，传送到广东。在这种创新的思维逻辑下，特高压就是顶级技术革命了。

这样的进步，就好像以前老一代听唱片，后来中一代听磁带，现在中国青年听什么？听网上音乐，听手机音乐，听下载音乐。

能源互联网就是音乐里的网上音乐、手机音乐和下载音乐。

有了磁带，唱片就消失了（超级发烧友例外不计）；有了光碟，磁带就消失了；有了网上音乐，就诞生了iPod和手机音乐，光碟就消失了。00后出生的年轻人甚至不知光碟是何物。

能源互联网现在乐颤颤、笑眯眯地来了，特高压也就该谢幕了。

赵民

星期三

早上8:16分

天亮了还可以开电灯，但电灯终究要关的。

【赵民向学文】（2016-6-9 端午节）

《韩国：对中国人第二大文化影响来源》

今天是端午节，早上还没有动笔，文章没有发出来，中午时分就有友人微信来问：怎么没写？我说在怀念屈原呢。其实这是开玩笑，真实原因是放假了，自我放松、懒惰了一把。

有人说，端午节放假一天，是和韩国拿端午来申请世界文化遗产保护（非物）这档子事有关。我相信这是牵强附会，至多是巧合。但韩国在最近的十年中，俨然已经成为对当代中国人尤其是当代中国年轻人最有影响的第二大来源国，仅次于美国，却是无可争议是事实。

我们在本世纪初2000年之时，无法想像，韩国的男星女神们会取代港台和美国歌星影星而成为最受欢迎的世界级名星，在中国的少男少女中有如此巨大的号唤力。如果要和90后沟通，和80后共事，你说不上几个韩星，那你就成了"来自星星的人"。

韩国的创意产业，娱乐产业应该是当今亚洲首屈一指的，领先中国有好几个身位。而韩国人在电子信息产业尤其是移动互联上的优势，也是当年号称"四小龙"中唯一还值得点头称赞的一个。

会讲韩语，应是今后20年年轻人的一个突出工作优势。

（完）

2016-6-9 下午14:18分

端午节的下午，清新而湿润

韩国：对当代中国人第二大文化影响来源

今天是端午节，早上迟迟没有动笔，文章没有登出来，中午时分就有友人微信来问：怎么没写？我说在怀念屈原呢。其实，这是开玩笑。真实原因是放假了，自我放松，懒惰了一把。

有人说，端午节放假一天，是和韩国拿端午来申请世界文化遗产保护（非物）这档子事有关。我相信这是牵强附会，至多是巧合。但韩国在最近的十年中，俨然已经成为对当代中国人尤其是当代中国年轻人最有影响的第二大国，仅次于美国，这是无可争议之事实。

我们在本世纪初也就是2000年之时，无法想象韩国的男星女星们会取代我国港台明星和美国歌星影星而成为最受国内年轻人欢迎的世界级明星，在中国的少男少女中有如此巨大的影响力。如果要和90后沟通、和80后共事，你说不上几个韩星，那你就成了“来自星星的人”。

韩国的创意产业、娱乐产业应该是当今亚洲首屈一指的，领先其他国家好几个身位。而韩国人凭借在电子信息产业尤其是移动互联上的优势，也是当年“亚洲四小龙”中唯一还值得点头称赞的一员。

会讲韩语，应是今后20年年轻人的一个突出工作优势。

赵民

2016-6-9

下午14:18分

端午节的下午，清新而湿润。

［赵民白字文］　　（2016-6-10）

《乐视广汽造车：这回是真的》

2016年6月6日真是一个吉利的大日子，很多影响和改变历史的小事都被偶然地安排在这一天，其中就有这么一件小事：广汽汽车集团6月6日宣布，和乐视一起，打造汽车生态圈。

从去年到今年，手机上在各种圈子里都看到和听到各路朋友在谈乐视造车的事，而且硬是在北京和北汽PK，拿到了一块面积不小的土地，宣布启动乐视汽车跨界。这种饱受争议的跨领域投资，实在叫人为北京市捏一把汗。

但随后，乐视硬是推出了未来乐视汽车的“概念车”，但即使如此，多数热爱北京的人们依然为北京捏了一把汗。

四天前发生的这件事，相对而言，可以不再为广州市捏一把汗了：毕竟，乐视汽车后面站了一家汽车行业“六大”之一的广汽。在“撑死胆大的”中国今天，这就比当年比亚迪在深圳造汽车，比当年安徽芜湖投建“奇瑞”品牌汽车，要靠谱很多啦。

所以，这个新闻之后，虽然目前这家合资企业只投人民币区区两个亿，但毕竟，比滴滴和苹果的手机合资奔进汽车，要让国人心中更加踏实些：这回是真的。

（完）

[签名]　2016-6-10
下午17:52分
乐视+广汽=乐广？

乐视广州造车：这回是真的

2016年6月6日真是一个吉利的大日子。很多影响和改变历史的小事都被偶然地安排在这一天，其中，就有这么一件小事：广州汽车集团6月6日宣布，和乐视一起打造汽车生态圈。

从去年到今年，在各种圈子里都曾看到和听到各路朋友在谈乐视进军汽车产业的事，而且听说他们硬是在北京和北汽PK，拿到了一块面积不小的土地，宣布启动乐视汽车跨界。这种饱受争议的跨领域投资，实在叫人为北京市捏一把汗。

但随后，乐视也只是推出了未来乐视汽车的“概念车”，但即使如此，多数热爱北京的人们仍然为北京捏了一把汗。

四天前发生的这件事，相对而言，可以让人们不再为广州市捏一把汗了：毕竟乐视汽车后面站了国内汽车行业“六大”之一的广汽。在“撑死胆大的”今天，这就比当年比亚迪在深圳造汽车、比当年安徽芜湖投建“奇瑞”品牌汽车要靠谱很多啦。

所以，听到这个新闻之后，虽然目前这家合资企业只投了两亿元人民币，但毕竟比滴滴和苹果手机合资造汽车要让国人心中更加踏实些：这回是真的。

赵民

2016-6-10

下午17:52分

乐视＋广汽＝乐广？

【赵民自学文】　　（2016-6-11）

《联想：中国首家跨国并购成功典范》

公元2016年6月9日。美国硅谷。YouTube超级巨星Meghan McCarthy来了；Intel首席执行官Brian Krzanich来了；Juniper创始人Pradeep Sindhu来了；泰康人寿董事长陈东升来了；龙湖地产创始人吴亚军来了；毛振华来了，王静来了，吴鹰来了，蒋昌建来了，……，更夺人眼球的是，Moto手机回来了：Moto Z摩托手机和Moto Z Force手机，重回世人眼中红海一片的手机全球竞争。这是联想首次全球直播的Tech World科技大会。在不久前公告的第一季度颇为让人吃惊的业绩公告背景下，黑科技登场，想象力出发。

中国企业的国际化，如果以2000年为时间点划分，那么，无论从哪个主场进行点评，有两家企业是获得一致的好评，一是联想，二是华为，前者是跨国并购典范，后者是自身打造典范，无可争议。从这个意义上，联想是改革开放38年来真正意义上全球跨国并购的成功第一典范。杨元庆在联想发展史上的贡献，就是把一家中国的联想，发展成为世界的联想。

成功越大，麻烦越多；公司越大，转型越难。现在全球台式电脑和手提电脑市场增长疲软，智能手机增幅也下滑到5%以下，此时的联想，携手Moto隆重而归，是王者归来，还是昙花一现，正是中国人刮目相看的焦点。联想，再次让人充满联想！

2016-6-11
上午8:29分
要联想不要唯想

联想：中国首家跨国并购成功典范

公元 2016 年 6 月 9 日，美国硅谷：YouTube 超级巨星 Meghan McCarthy 来了，Intel 首席执行官 Brian Krzanich 来了，Juniper 创始人 Pradeep Sindhu 来了，泰康人寿董事长陈东升来了，龙湖地产创始人吴亚军来了，毛振华来了，王静来了，吴鹰来了，蒋昌建来了……更夺人眼球的是，Moto 手机回来了：Moto Z 摩磁手机和 Moto Z Force 手机，杀回世人眼中红海一片的手机全球竞争市场。这是联想首次全球直播的 Tech World 年度大会。在不久前公告的第一季度颇为让人吃惊的业绩公告背景下，黑科技盛放，想象力生长。

中国企业的国际化，如果以 2000 年为时间点划分，那么，无论从哪个立场进行点评，有两家企业都能获得一致的好评：一是联想，二是华为。前者是跨国并购典范，后者是自身扩张典范，这点无可争议。联想是改革开放 38 年来真正意义上全球跨国并购的成功典范，杨元庆在联想发展史上的贡献，就是把中国的联想发展成为世界的联想。

成功越大，麻烦越多；公司越大，转型越难。现在全球台式电脑和手提电脑市场增长疲软，智能手机增幅也下滑到 5% 以下，此时的联想，携百年 Moto 隆重而归，是王者归来还是昙花一现，正是大家齐刷刷关注的焦点。联想，再次让人充满联想！

赵民
2016-6-11
上午 8:29 分
要联想不要难想。

[韦视研究]　　　　(2016-6-12)

《直播疯了，电视台哭了》

不到一周，直播疯了。网络视频直播，在过去的一周中，以其彻底的疯狂，让"直播+"本身成为最大的网红。

六天之前，2016年6月6日，王送出了现场奖品200万元+现场投资1000万元之后，原本不是明星的投资人杨守彬获得了直播在线观众达5,212,406个人（520万观众），其中点赞40万人次。这里的点赞，是为人点的还是为奖品点的？都有，还有为赞助商点的。

四天之前，2016年6月8日，刚刚走出高考考场的关晓彤，在71.75分钟的在线直播里，累积观众（如果也可以称为"观众"的话）22,332,509个人（2233万观众），同时最高在线4,375,947个人（437万观众），点赞高达43,315,740次（4331万次），其火爆场面甚至远超宋仲基巡回演唱会的直播记录。

于是乎，创新工场李开复在知乎Live上以每人499元卖200张门票当天收益10万元，就成为不值一提的小菜，今天2016年6月12日晚上，李开复再上花椒大佬微直播，要搏的，是以千万级的观众粉丝。

"直播+"已经在中国走出了一条新的高速成长之路，这疯狂的成长之路，犹如斜织大地里瞬间飞来的星际生命。

这是一场标准的"非对称打击"，对电视台而言。电视台会哭了的，是痛苦评论的正常反应，还没哭的，是迟钝得还不知道有这场"降维打击"的直播沙漠风暴。

（完）

2016-6-12 晚上20:40分

中国人喜欢看热闹，直播就是一个最好的例证

直播疯了，电视台哭了

不到一周，直播疯了。网络视频直播，在过去的一周中，以其彻底的疯狂让“直播 +”本身成为最大的网红。

六天之前，2016 年 6 月 6 日，在送出了现场奖品 200 万元 + 现场投资 1000 万元之后，原本不是明星的投资人杨守彬获得了直播在线观众达 5，212，406 人（520 万）的成绩，其中点赞 40 万人次。这里的点赞，是为人点的还是为奖品点的？都有，还有为赞助商点的。

四天之前，2016 年 6 月 8 日，刚刚走出高考考场的关晓彤，在 70 多分钟的在线直播里，累计吸引观众（如果也可以称为“观众”的话）22，332，509 人（2233 万），同时最高在线 4，375，947 人（437 万），点赞高达 43，315，740 次（4331 万次），其中火爆场面甚至远超宋仲基巡回演唱会的直播纪录。

于是乎，创新工场李开复在知乎 Live 上定价 499 元卖 200 张门票当天收益 10 万元这件事就成为不值一提的小菜。今天晚上，李开复再上花椒大佬微直播，要搏的，是以千万计的观众粉丝。

“直播 +”已经在中国走出了一条新的高速成长之路，不，疯狂成长之路，犹如科幻大片里瞬间飞来的星际生命。

这是一场标准的“非对称打击”，对电视台而言，电视台长哭了的，是痛击之下的正常反应；还没哭的，是迟钝得还不知道有这场“降维打击”的“直播沙漠风暴”。

赵民

2016−6−12

晚上 20:40 分

中国人喜欢看热闹，直播就是一个最好的例证。

[李毅日记文]
(2016-6-13)

李毅 2016-6-13
星期一上午8:19分
教育不改革，华为没法子

《任正非的迷航，让我们开了眼界》

此次刚刚举行的全国科技创新大会上，华为创始人任正非先生有一个发言，在微信朋友圈里广为流传。其中最为令人震撼的是：华为迷航了，任正非说，华为在"大信息流量时代的低延时"没有理论基础指导的道路上，迷航了。

和很多朋友一样，我也是第一次读任正非先生此报告时，第一次听到这个词汇：大信息流量时代的低延时。20多年的咨询职业生涯养成的专业习惯，让我延伸阅读，终于搞明白了，人工智能、虚拟现实要求的网络延时已经成为人类共同面临的挑战，戴上交互式头盔很快就头晕眼花是最为简单的现实体验说明。

改革开放38年来(1978年—2016)，绝大多数中国人已经习惯于：一靠山寨，二靠模仿，三靠跟随战略，四靠商业模式创新。这条阳光灿烂宽广的"后发优势"康庄大道，培养了我们整整二代人的"习惯性路径依赖"，一直到，有一天，华为成为世界行业老大，联想成为世界行业老大，阿里成为世界行业老大，微信用户成为世界行业老大，当所有的行业老大位置上频繁出现中国企业的身影之时，科技部，科技创新已成一代中国人之短板；教育部，世界级优秀大学就成国人之痛。

能帮助任正非先生和华为吹散前进道路上的迷雾的，莫非教育部莫属。小平同志多少年前就说过：科学技术是第一生产力。伟人，让我们开了眼界。

(完)

任正非的迷航，让我们开了眼界

上个月刚刚举行了全国科技创新大会，华为创始人任正非先生在会上的一段发言在微信朋友圈里广为流传。其中，最为令人震撼的是，华为迷航了。任正非说，华为在“大信息流量时代的低延时”没有理论基础指导的道路上迷航了。

和很多朋友一样，我也是在读任正非先生此报告时第一次听到这个词汇：大信息流量时代的低延时。得益于二十多年的咨询职业生涯所养成的专业习惯，我通过延伸阅读终于搞明白了，人工智能、虚拟现实要求的网络延时已经成为人类共同面临的挑战，戴上交互式头盔很快就头晕眼花是最为简单的现实体验证明。

改革开放 38 年来（1978—2016 年），绝大多数中国人已经习惯于一靠“山寨”，二靠模仿，三靠跟随战略，四靠商业模式创新。这条阳光而又宽广的“后发优势”康庄大道，培养了我们整整两代人的“习惯性路径依赖”，一直到有一天，华为成为世界行业老大，联想成为世界行业老大，阿里成为世界行业老大，微信也凭借用户量成为世界行业老大……当所有的行业老大位置上频繁出现中国企业的身影之时，科技创新已成一代中国人之瓶颈。

能帮助任正非先生和华为吹散前进道路上的迷雾的，非教育部莫属。

小平同志多少年前就说过：科学技术是第一生产力。伟人，让我们开了眼界。

赵民

2016-6-13

星期一上午 8:19 分

教育不改革，华为没法子。

[赵民的字文]

(2016-6-14)

赵民　2016-6-14 周二 下午18:02

极目远眺，一片雾茫茫；
低头近望，领英因众瞩。

《霍夫曼的大餐，微软的硬骨头》

说起特斯拉电动汽车创始人Musk马斯克，大陆当今的创业者、企业家、投资家和经济界如雷贯耳，无人不知；但提起LinkedIn社交网站创始人Hoffman霍夫曼，国人知道的就很少了。昨天，2016年6月13日，这位霍夫曼先生注定要被广为传播：微软公司宣布，以262亿美元的现金收购这家2011年上市的世界著名职业社交网站的全部股权和净现金。领英成为焦点，霍夫曼成为大赢家。

对于霍夫曼先生而言，这种大餐的美味已经不是第一次尝到了：当年马斯克还没创办特斯拉之前，霍夫曼是PayPal创业团队中和马斯克并肩战斗的"创业者"；当年Facebook刚刚成立，霍夫曼就是其早期投资人之一；今天，霍夫曼则是风格独特的硅谷风投公司Greylock的合伙人。霍夫曼永远在大餐桌上，或者在去参加大餐的路上。

微软公司这次又押下移动互联时代的大赌注，以262亿美元现金这样的历史上最大收购杀入社交网络领域。但这将是一块难啃的硬骨头：微软的文化是建立在传统的复杂的层级组织基础上的，而领英更强调组织的扁平，追求产品研发的极致速度，即使牺牲一点效率和秩序也在所不惜。这次收购对微软的另外一个重要意义在于，先后收购了Skype(2011年)、Yammar(2012年)、诺基亚手机(2013年)、Mojang(2014年)的微软急需在领英身上证明，它不是下一个"价值破坏者"，更不是下一个接盘侠。

其实，收购领英对微软更大的意义在于，社交网络在战略上的强势崛起，几乎任何移动互联的创新都或多或少地和社交社群社区难以切割，拥有领英这样的社交领域龙头企业，可以使微软的产品、内容、服务、营销全方位登上一个新的战略制高点，从而避免在移动互联时代的边缘化。

在创业企业界，霍夫曼一直以"闪电扩张"而闻名，主张专注和速度。这一次，微软或许可以另类实践一把霍夫曼的专注和速度，用漂亮的业绩证明自己，能啃下领英这块硬骨头。

(完)

霍夫曼的大餐，微软的硬骨头

说起特斯拉电动汽车创始人马斯克（Musk），当今国内的创业者、企业家、投资家和经济界可谓无人不知；但提起领英（LinkedIn）社交网站创始人霍夫曼（Hoffman），知道的国人就很少了。昨天，2016年6月13日，霍夫曼先生注定要被人广为传播：微软公司宣布，以262亿美元的现金收购领英这家2011年上市的世界著名职业社交网站的全部股权和净现金。一时间，领英成为焦点，霍夫曼成为大赢家。

对于霍夫曼先生而言，这种美味的大餐已经不是第一次尝到了：当年马斯克还没创办特斯拉之前，霍夫曼是PayPal创业团队中和马斯克并肩战斗的创业者；当年Facebook刚刚成立时，霍夫曼就是其早期投资人之一；今天，霍夫曼则是风格独特的硅谷风投公司Greylock的合伙人。霍夫曼永远在大餐桌上，或者在去参加大餐的路上。

微软公司这次又掷下移动互联时代的大赌注，以262亿美元这样的公司历史上最大收购金额，杀入社交网络领域。但这将是一块难啃的硬骨头：微软的文化是建立在传统的、复杂的层级组织基础上的，而领英更强调组织的扁平，追求产品研发的极致，即使牺牲一点效率和秩序也在所不惜。这次收购对微软的另外一个重要意义在于，先后收购了Skype（2011年）、Yammer（2012年）、诺基亚手机（2013年）、Mojang（2014年）的微软急需在领英身上证明，它不是下一个“价值破坏者”，更不是下一个雅虎。

其实，收购领英对微软更大的意义在于，随着社交网络在战略上的强势崛起，几乎任何移动互联的创新都或多或少地和社交、社群、社区难以切割，拥有领英这样的社交领域龙头企业，可以使微软的产品、内容、服务、营销全方位登上一个新的战略制高点，从而避免自身在移动互联时代被边缘化。

在创业企业界，霍夫曼一直以“闪电扩张”而闻名，主张专注和速度。这一次，微软或许可以另类地实践一把霍夫曼的专注和速度，用三年的业绩证明自己，能啃下领英这块硬骨头。

赵民

2016-6-14

周二下午18:02

极目远眺，一片雾茫茫；低头近望，领英回家潮。

[赵民的字文]
(2016-6-15)

《有滴滴，就有分享》

2016年6月15日星期三
晚上20:20分

人类是孤独的，所以人类渴望分享；人性是自私的，所以人们渴望分享。

现在每天出门上班出差路地到岗位，第一选择都是叫专车、叫滴滴专车或其他公司的专车，自己的车好以来都不开了。自从有了滴滴，分享经济就成为中国互联网创新的一大新领域，就成了我们这些人体验分享经济的第一体验场。

中国互联网在上世纪九十年代1990's，领袖企业是新浪、搜狐和网易；进入二十一新世纪2000's年代，互联网在中国的代名词是BAT；而2010年之后的六年里，中国互联网创业依然有着层出不穷一新的新力量：小米、美团、滴滴。不到二十年的时间，已经经历了三股力量的冲击和拍打，这也能看到中国草根创业者在没有监管的空白领域是具有何等顽强的生命力和开拓创新能力。从新(浪)搜(狐)网(易)到BAT到小(米)美(团)滴(滴)，没有一家是因为监管而长大成长的，反而都是因为没有现成规则没有监管而成长以致成功。

在2010年后的互联网新贵里，滴滴的模式创新是相对最为独立的：滴滴的分享经济是一种全新的模式，是代表了人类社会发展方向的一大类商业模式在出行领域的成功应用。由于分享经济开创移动智能手机技术+定位技术+移动支付技术的应用成熟，因此，分享经济就表现出了BAT们所没有的新活力：只要产业总体量足够大且过剩，就可以搞分享模式；只要供应端和需求端信息严重不对称，就可以诞生百亿美元级别的分享经济新巨头；只要中间环节的企业规模小、区域化和缺乏信任，就有分享经济改造一个产业、整合一个产业的空间和用武之地。用以上三个维度来检查比照很多行业，都是分享经济的下一个战场。

有滴滴，就有分享；有分享，就会有下一个新滴滴。（完）

有滴滴，就有分享

现在每天出门上班、出差落地到宾馆，第一选择都是叫滴滴专车或其他公司的专车，自己的车基本再也不开了。自从有了滴滴，分享经济就成为中国互联网创新的一大新领域，就成了我们这些人体验分享经济的第一体验场。

中国互联网在上世纪九十年代（1990s），领袖企业是新浪、搜狐和网易；进入21世纪（2000s），互联网在中国的代名词是BAT；而2010年之后的六年里，中国互联网行业依然有让人耳目一新的新力量：小米、美团、滴滴。不到30年的时间，已经经历了三股力量的冲击和拍打，这也能让人看到中国草根创业者在没有监管的空白领域具有何等顽强的生命力和开拓创新能力。从新（浪）搜（狐）网（易）到BAT到小（米）美（团）滴（滴），没有一家企业是因为监管而长大的，反而都是因为没有现成规划、没有监管而成长成熟成功。

在2010年之后出现的互联网新贵里，滴滴的创新模式是相对最为独立的：滴滴的分享经济是一种全新的模式，是代表了人类社会发展方向的一大类商业模式在出行领域的成功应用。由于分享经济来自移动智能手机技术＋空位技术＋移动支付技术的应用成熟，因此，分享经济就表现出了BAT所没有的新活力：只要产业总体量足够大且过剩，就可以搞分享模式；只要供应端和需求端信息严重不对称，就可以诞生百亿美元级别的分享经济新巨头；只要中间环节的企业规模小、区域化和缺乏信任，就有分享经济改造一个产业、整合一个产业的空间和用武之地。用以上三个维度来检查比照很多行业，可以发现它们都可能是分享经济的下一个战场。

有滴滴，就有分享；有分享，就会有下一个滴滴。

赵民

2016年6月15日

晚上20:20分

人类是孤独的，所以人类渴望分享；人性是自私的，所以人们渴望分享。

【赵民日写文】

（2016-6-16）

2016-6-16
晚上23:11分

《阅文的损失，文娱的饕餮》

如果红袖不再添香，
潇湘不再言情，我们还读什么

对于手握重金苦无优秀创业者可投的文娱IP投资人而言，2016年的6月确实是一个充分吉利吉祥的吉月，十年一遇的优秀文娱IP创始人正在款款而来。在网络文学江湖上鼎鼎有名运营的女频文学网站——潇湘书院创始人CEO潇湘子（鲍伟康）和红袖添香创始人CEO孙鹏以及言情小说吧CEO宇辉，在火热的六月下，跳入创业的海洋，不，这是第二次下海创业。

听一下潇湘子这样的离别感言，会感觉如何？

……16年前我创办了潇湘书院，一路风雨而来……天下没有不散的筵席，而我又得重新启程去追逐我的理想……不用担心网监找我，也不用担心版署问责，我想出去撒点野，痛快地去做一点自己喜欢的事情。若它日有缘，我们江湖再会。

如歌，如梦。创业就是一首诗，有高亢，有低吟。

离职下海再度创业的这三家网站创始人CEO，均属于同一个门庭——阅文集团。这无疑是阅文的巨大损失，但这无法撼动阅文的江湖地位：在36Kr公布的中国创业公司排名中，阅文集团名列12位，仅低于爱奇艺。其估值人民币12千亿元，是当前火红的国内文娱产业中的超级独角兽之一，其背后，是大佬腾讯互动娱乐事业群，和游戏、动漫、影视并列为四大核心业务。阅文集团和下属众多子网站在股权利益、流量资源上的纷争时有传闻，未料高调离职出现在炎热的六月。

潇湘子这三位文学网站资深大佬在耕耘、苦撑、熬、低声下气寄人篱下十多年之后，终于迎来了文娱IP的火爆岁月。此时潇湘子再次潇洒，红袖添香伸出玉手，红杏出墙了。这是文娱IP的饕餮。（完）

阅文的损失，文娱的饕餮

对于手握重金但苦无优秀创业者可投的文娱 IP 投资人而言，2016 年 6 月确实是一个充满吉利吉祥的吉月，十年一遇的优秀文娱 IP 创始人正在款款而来：在网络文学江湖上盛名远扬的女频文学网站——潇湘书院创始人 CEO 潇湘子（鲍伟康）和红袖添香创始人 CEO 孙鹏以及言情小说吧 CEO 宁辉，在火热的六月跳入创业的海洋，不，这是他们第二次下海创业。

听一下潇湘子的离别感言会感觉如何？

……16 年前我创办了潇湘书院，一路风雨而来，……天下没有不散的筵席，而我又得重新启程去追逐我的理想……我想出去撒点野，痛快地去做一点自己喜欢的事情。若他日有缘，我们在江湖再会。

如歌，如梦。创业就是一首诗，有高亢，有低吟。

离职下海再度创业的这三家网站创始人兼 CEO，均属于同一个门庭——阅文集团。这无疑是阅文的三大损失，但这无法撼动阅文的江湖地位：在 36kr 公布的中国创业公司排名中，阅文集团名列 12 位，高于饿了么，低于爱奇艺；估值人民币 127 亿元，是当前很红火的国内文娱产业中的超级独角兽之一；其背后是大佬腾讯互动娱乐事业群，和游戏、动漫、影视并列为四大核心业务。阅文集团和下属众多子网站在股权利益、流量资源上的纷争时有传闻，未料高调离职出现在炎热的六月。

潇湘子等三位文学网站资深大佬，在耕耘、苦撑、慢熬、低声下气、寄人篱下十多年之后，终于迎来了文娱 IP 的火爆岁月。此时，潇湘子再次潇洒，红袖添香伸出玉手，“红杏出墙”了。这是文娱 IP 的大餐。

赵民
2016-6-16
晚上 23:11 分
如果红袖不再添香，潇湘不再言情，我们还读什么？

[赵建民的字文]

赵建民 2016-6-19星期天11:50分

前天6月17日和昨天6月18日没有完成作业，所以，今天就多写一点，聊以补上。

《我们为什么怀念吴建民？》

我们众多中国企业家尊敬的朋友和兄长吴建民大使，昨天在武汉走了，走得很意外，所以大家很悲痛，从昨天到今天的微信朋友圈里，满满刷屏的都是悼念、怀念、追思的文字和文章。真的没想到。

细细一想，这么多人怀念吴老，发自内心地痛心，有着很多共识。

吴大使身上有着中国知识分子的率真和质朴。本人在多个场合，或公开或私下，十多年来当面聆听、当面交流的有限的直接接触，时间跨度长，话题虽不同，但听到的见到的都是没有外交辞令和官腔的真诚而质朴的观点、思考和建议，充满了一个受过良好教育和国际阅历的中国读书人的儒雅和风度。什么叫气质？什么叫中国读书人的气质？什么叫只有高学历广阅历的中国读书男人的优秀气质？一个在官场和外交场合沉浸过几十年的高级人员，如果没有一点内心的坚守和中国传统优秀文化的底蕴，怎么可以有如此的气度和气质？很多人接受吴老师的观点，完全是因为这些话是出自他的口。

吴大使身上有着一个中国知识分子的社会责任。吴大使做的很多事，包括这次在武汉的意外车祸之行的目的（为武大的一个中小企业人才培训班讲课），都和他的外交职业生涯没有一点关系，他以一个77岁高龄老人的身份奔波和忙碌在这些与他无关的事情上，是他对这个国家和社会的一点责任感和对这个时代的年轻如我这辈的年轻人的一点责任感，对这个发展阶段的中国创业者、企业家的一点责任感。热心于与己不大相关的事，这个时代这种人很少了。

一个人的离开可以引起如此的悼念和怀念，是有深刻而浅显的原因的。（完）

我们为什么怀念吴建民

众多中国企业家尊敬的朋友和兄长吴建民大使，昨天在武汉走了，走得很意外，所以大家很悲痛，从昨天到今天的朋友圈里，满屏都是悼念、怀念、追思的文字和文章。真的没想到。

细细一想，这么多人怀念吴老、发自内心地痛心，是因为他们有着很多共识。

吴大使身上有着中国知识分子的率真和质朴。十多年来，本人在多个场合，或公开或私下，与吴大使有过多次直接接触、当面交流，时间跨度长，话题主题不同，但听到的、学到的都是吴大使没有外交辞令和官腔的真诚而质朴的观点、思考和建议，体现了一个受过良好教育和拥有国际阅历的中国读书人的儒雅和风度。什么叫气质？什么叫中国读书人的气质？什么叫中国读书男人的气质？什么叫具有高学历、广阅历的中国读书男人的优秀气质？一个在宦海和外交场合沉浸过几十年的高级官员，如果没有一点内心的坚守和中国传统优秀文化的底蕴，怎么可能有如此的气度和气质？很多人接受吴老的观点，完全是因为这些话是出自他的口。

吴大使身上有着一个中国知识分子的社会责任。吴大使做的很多事，包括这次在武汉的意外车祸之行的目的（为武大的一个中小企业人才培训班讲课），都和他的外交职业生涯没有一点关系，他以一个 77 岁高龄老人的身份奔波和忙碌在这些与他无关的事情上，是缘自他对这个国家和社会的一点责任感，对这个时代的年龄如我这辈的年轻人的一点责任感，对这个发展阶段的中国创业者、企业家的一点责任感。热心于与己不大相关的事，这个时代这种人很少了。

一个人的离开可以引起如此的悼念和怀念，是有深刻而浅显的原因的。

赵民
2016-6-19
星期天 11:50 分
前天 6 月 17 日和昨天 6 月 18 日没有完成作业，
所以，今天就多写一点，聊以补上。

[赵民的字文]
(2016-6-20)

2016-6-20
周一上午7:19分

好公司有什么特征？
万科告诉中国人：一是有土豪追求，二是有贵人相助。

《张利平：万科的贵人？》

三日不读朋友圈，落后时代100天。过去的三天里，如果您还不知道"张利平"这个名字，那么，您真的要问一问自己：您开始变老了吗？您开始落伍了吗？您变成切后了吗？

张利平进入公众视野成为媒体焦点，是因为6月18日上周六早上香港上市公司万科的一则正式新闻稿。(2016年)6月17日下午，万科召开第十七届董事会第十一次会议，审议通过了《关于公司发行股份购买资产暨关联交易方案的议案》及相关议案，11名董事中，张利平董事认为自身存在潜在的关联与利益冲突，申请不对所有相关议案行使表决权，因此相关议案由无关联关系的10名董事进行表决，结果是，7名董事赞成，3名华润董事反对，最终以超过2/3的票数通过此次预案，表决程序符合《公司法》及《公司章程》的有关规定，本次会议作出的决议合法，有效。

虽然房地产行业已是徐娘半老之浊世，但万科作为"金陵第一钗"，还是风韵犹存，所以，心存念想的不仅有新近发财的宝能哥哥、安邦弟弟之类远亲近邻，更有一向以大哥自居的"宝哥哥"华润。现在，万科要认一个新的大哥了：深圳地铁，于是华润很不爽，完全可以理解，谁让万科那么有魅力呢，爱美之心人皆有之嘛。

客观地说，张利平独董的弃权，客观上使万科的议案成为可能的现实。这张弃权票，就是交通灯里的"黄灯"，虽然不是"绿灯"，但绝对不是明令禁行的"红灯"，万科这辆高速奔驰的快车，在黄灯的默许下，已经合法地可以通过，而不致于被《公司法》和《万科公司章程》挡下来。从这个意义上，张利平已经成为万科的贵人。

第一次见到张利平本人，是在几年前的一个盛夏夜，万科主席王石先生在深圳邀请一批企业家朋友作客万科在一座半山上的一处聚会之处，当时的私聊中就听到了张先生对万科的肯定之词；之后，张先生接替梁锦松出任黑石大中华主席；之后，进入万科董事会；之后，有了前天6月18日的朋友圈消息。在每个优秀企业的成长道路上，不同时期都有内内外外的不同贵人。中国的万科，世界的万科，这次又遇到了一位深谙中国企业和企业家的贵人。(完)

张利平：是否是万科的贵人

三日不读朋友圈，落后时代一百天。过去的三天里，如果您还不知道“张利平”这个名字，那么，您真的要问一问自己：您开始变老了吗？您开始落伍了吗？您变成50后了吗？

张利平进入公众视野成为媒体焦点，是因为上周六早上（6月18日）著名上市公司万科的一则正式新闻稿。（2016年）6月17日下午，万科召开第十七届董事会第十一次会议，审议通过了《关于公司发行股份购买资产暨关联交易方案的议案》及相关议案，11名董事中，张利平董事认为自身存在潜在的关联与利益冲突，申请不对所有相关议案行使表决权，因此相关议案由无关联关系的10名董事进行表决，结果是7名董事赞成，3名华润董事反对，最终以超过2/3的票数通过此次预案，表决程序符合《公司法》及《公司章程》的有关规定，本次会议作出的决议合法、有效。

虽然房地产行业是“徐娘半老”的行业，但万科作为“金陵第一钗”还是风韵犹存，所以，对其心存念想的不仅有新近发财的宝能哥哥、安邦弟弟之类的远亲近邻，更有一向以大哥自居的“宝哥哥”华润。现在，万科要认一个新的大哥哥了：深圳地铁，于是华润很不爽，这完全可以理解，谁让万科那么有魅力呢，爱美之心人皆有之嘛。

客观地说，张利平独董的弃权，客观上使万科的议案成为可能的现实。这张弃权票，就是交通灯里的“黄灯”，虽然不是“绿灯”，但绝对不是明令禁行的“红灯”，万科这辆高速急驰的快车，在黄灯的默许下，已经可以合法地通过了，而不至于被《公司法》和《万科公司章程》挡下来。从这个意义上说，张利平已经成为万科的贵人。

第一次见到张利平本人，是在几年前的一个盛夏之夜。万科主席王石先生在深圳邀请一批企业家朋友作客万科在一座山上的聚会之处，当时的私聊中就听到了张先生对万科的肯定之词；之后，他进入万科董事会；之后，张先生接替梁锦松出任黑石大中华主席；之后，有了6月18日的朋友圈消息。在每一家优秀企业的成长道路上，不同时期都有内内外外的不同贵人。中国的万科，世界的万科，这次又遇到了一位深谙中国企业和企业家的贵人。

赵民

2016-6-20

周一上午7:19分

好公司有什么特征？

万科告诉中国人：

一是有土豪追求；

二是有贵人相助。

［赵首民的字文］
（2016-6-20）

2016-6-20 周一 8:22am
乐视的行动，一次次地冲击着行业的常规

《雅虎的旧地，乐视的福地？》

不管是否关心TMT，不管是否在意硅谷，几乎所有的手机用户和互联网触网者，都无一例外地知道大名鼎鼎的雅虎，这是一个为世界互联网作出巨大贡献的伟大公司。当然，少部分关注新闻的有心人也知道，几个月前雅虎就准备跟随Moto、诺基亚和柯达这些昔日传统企业，养老、躺床、寿终、正寝。其中包括雅虎在硅谷的一块土地，也在售中。

这个刚刚过去的周末，这块硅谷的土地有了新的主人：据朋友圈里转发的媒体报道，乐视买下了这块雅虎旧地，准备了大约2.5亿美元，希望在2016年底容纳600人左右的硅谷研发队伍。而目前乐视在美员工总数大约200人。

在2010年之后崛起的新一代移动互联网公司中，除"小美滴"（小米+美团+滴滴）之外，当属乐视最为气势如虹。平均每个月一个小进展，每年一个大新闻，小步快跑，左右开弓，内外出击，让世人惊喜，让同行迷惑，让外人担心，让地方政府[illegible]之若鹜，既代表了2010年之后一大类中国创业企业的商业逻辑、商业模式和商业故事，既以其史无前例的创新实践冲击着中国企业界的神经，又以其有待实践验证的商业结果撕逼着中国企业家的共识：做企业，可以这么做吗？做跨界，可以这么跨吗？做资本市场融资，故事可以这么演绎吗？挖人当商业大佬，制作人可以这么转吗？

在一个笔者参加的小范围企业家闲聊中，就有房地产行业的大腕，对乐视宣布投资30亿元人民币进军房地产行业颇为不屑：30亿，买块地，还嫌少，能干啥？虽然这么个说法不一定科学，但对于房地产行业的投资而言，30亿确实不算多不算大，只够北京五环之内的望京盖一幢小楼楼，恐怕乐视也不愿命名为"乐视大厦"。如今，乐视放弃在美国租房发展的计划，花钱买地自己盖房，我们担心的是：华为、联想这样的公司，跨界发展时，跨国发展时，为什么不是首先买地？即使那块地，是雅虎的旧地，承载着雅虎的光荣与梦想，是否也一定会是乐视的福地呢？（完

雅虎的旧地，会是乐视的福地么

不管是否关心 TMT，不管是否在意硅谷，几乎所有的手机用户和互联网触网者都无一例外地知道大名鼎鼎的雅虎。这是一个为世界互联网作出巨大贡献的伟大公司。当然，少部分关注新闻的有心人也知道，几个月前雅虎就准备跟随 Moto、诺基亚和柯达这些传统企业，养老、躺床、寿终、正寝，雅虎在硅谷的一块土地也对外求售。

这个刚刚过去的周末，这块硅谷的土地有了新的主人：据朋友圈转发的媒体报道，乐视买下了这块雅虎旧地，他们为此准备了大约 2.5 亿美元，并希望在 2016 年年底这儿可以容纳 600 人左右的硅谷研发队伍，而目前乐视在美员工总数大约 200 人。

在 2010 年之后崛起的新一代移动互联网公司中，除“小美滴”（小米 + 美团 + 滴滴）之外，当属乐视最为气势如虹：平均三个月一个小进展，六个月一个大新闻，小步快跑，左右开弓，内外出击，让世人惊喜，让同行迷惑，让外人担心，让地方政府趋之若鹜，代表了 2010 年之后一大类中国创业企业的商业逻辑、商业模式和商业故事，既以其史无前例的创新实践冲击着中国企业界的神经，又以其有待实践证明的商业结果挑战着中国企业家的共识：做企业，可以这么做吗？做跨界，可以这么跨吗？做资本市场融资，故事可以这么演绎吗？拍人生商业大片，制片人可以这么年轻吗？

在笔者参加的一次小范围的企业家闲聊中，就有房地产行业的大腕对乐视宣布投资 30 亿元人民币进军房地产行业颇为不屑：30 亿买块地还嫌少，能干啥？虽然这个说法不一定科学，但对于房地产行业的投资而言，30 亿确实不算多不算大，只够在北京五环之内的望京盖一幢小楼，恐怕乐视也不愿将其命名为“乐视大厦”。如今，乐视放弃在美国租房发展的计划，花钱买地自己盖房，我们担心的是：华为、联想这样的公司跨界发展时、跨国发展时，为什么不是首先买地？即使那块地是雅虎的旧地，承载着雅虎的光荣与梦想，是否也一定会成为乐视的福地呢？

赵民
2016−6−20
周一 8:22am
乐视的行动，一次次地冲击着行业的常规。

【赵树民的字迹】
（2016-6-21）

2016-6-21星期二
上午9:09分
洞见，穿过云层，穿透迷雾

《洞见：认识世界的新途径》

因为偶然的原因，我先于各位读者看到了这本书《洞见：全球20位商界领袖纵论未来5年行业大趋势》，读得很快，读完之后，就有话要说。

只要有过1978年中国改革开放经历的人，都牢牢地记着一句话：实践是检验真理的唯一标准。今天80后90后的大学生和已经走上职业岗位的人，都自觉不自觉地践行着这一点。不错，实践确实担当了这个作用，但是，如果你相信伟人或者各行业资深人士对未来或本行业的深入浅出的理性洞见，那么，你就认真把这本书《洞见：全球20位商业领袖纵论未来5年行业大趋势》读下去，全读完。因为，洞见，可以同样信奉。

大家一定知道爱因斯坦的相对论，这是先有洞见（换个通俗的书本上的说法：推理或推论），后来才被科学实实在在地验证了的。这是洞见的力量，认识世界的新途径。原子弹难道不是先有洞见吗？

今天，我们都非常相信一个活着的伟人霍金的洞见。因为什么？因为霍金的很多关于宇宙的洞见（或叫预言），最后都被验证了。2016年以来有两个科学洞见部分地得到了实现：一个是机器人下围棋可以战胜人类的世界冠军顶级高手，阿尔法狗，一只全世界最出名、最昂贵的狗。人类到今年，才开始抛弃幻想，终于愿意部分承认：至当今机器学习和大数据技术下的机器人，最终可以比人类聪明，机器人在智力和学习能力上可以超越人类。即使这样，还有很多人不愿意实事求是地承认这个洞见的。

第二个2016年得到科学验证的是引力波，对100年前爱因斯坦的广义相对论的实践验证。2016年2月11日天文学家探测到的这个引力波，居然是13亿年前，一个29倍太阳质量的黑洞和另外一个36倍的黑洞合并成一个62倍的黑洞，这种亿万里之外的事。如果没有洞见，怎见？

所以，读这本书，有一个隐含的大前提：总要相信，洞见是认识世界的新途径。

洞见，认识世界的新途径

因为偶然的原因，我先于各位读者看到《洞见：全球20位商业领袖纵论未来5年行业大趋势》这本书。我读得很快，读完之后，就有话要说。

只要经历过1978年中国改革开放的人，都牢牢地记着一句话：实践是检验真理的唯一标准。今天，很多80后、90后的大学生和已经走上职业岗位的人，都自觉或不自觉地践行着这一点。不错，实践确实担当了这个作用，但是，如果你相信伟人或著名行业资深人士对于社会或本行业的深入浅出的理性洞见，那么，你就认真把《洞见：全球20位商业领袖纵论未来5年行业大趋势》这本书读下去，全读完。因为，洞见可以同样信奉。

大家一定知道爱因斯坦的相对论，这是先有洞见（换个通俗的书本上的说法：推理或推论），后来才被科学实实在在地验证了的。这是洞见的力量：认识世界的新途径。原子弹的出现难道不是因为先有洞见吗？

今天，我们都非常相信一个活着的伟人霍金的洞见。为什么？因为霍金的很多关于宇宙的洞见（或叫预言）最后都被验证了。2016年以来，有两个科学洞见部分地得到了实现：一个是机器人下围棋可以战胜人类世界顶级高手，它就是阿尔法狗，一只全世界最出名、最昂贵的“狗”。人类到今年，才开始抛弃幻想，终于愿意部分承认：在当今机器学习和大数据技术下的机器人，最终可以比人类聪明，机器人在智力和学习能力上可以超过人类。即使这样，还有很多人不愿意实事求是地承认这个洞见。

第二个2016年得到科学验证的是引力波，这是对100年前爱因斯坦的广义相对论的实践验证。2016年2月11日天文学家探测到的这个引力波，居然是13亿年前一个29倍太阳质量的黑洞和另外一个36倍太阳质量的黑洞合并成一个62倍太阳质量的黑洞所产生的信号。这种亿万里之外的事，如果没有洞见，怎能看见？

所以，读这本书有一个隐含的大前提：您要相信，洞见是认识世界的新途径。

当您相信了这一点，您从此书中就可以找到部分商业世界的近期规律性的趋势。

我再给各位书友推荐一位深具洞见的人：吴军博士。吴军博士曾以谷歌科研人员的身份写了一本《数学之美》，不仅一举成名，而且从此一发不可收拾，成为当今有关高技术影响人们生活诸多方面最有洞见的人士之一。他的《文明之光》应该是继《十万个为什么》之后，中国人自己原创的最好的科普图书了，只有最好，没有之一。几十年之后，相信很多著名科研成功人士，都会谈到这本书对他们从事科学研究的影响。吴军博士对很多技术趋势的洞见，可以影响我们个人的学习、就业和子女培养。例如，吴军在书里就讲到，今后律师行业中查阅法律规定、档案、过往案例判决的那类岗位很快就会消失。大家可以拭

当您相信了这一点，您从此书的阅读中，就可以找到部分商业世界的近期规律性的趋势。

我再给各位书友推荐一位深具洞见的人：吴军博士。吴军博士曾以谷歌研究员的身份写了一本《数学之美》，从此不仅一举成名，而且一发不可收拾，成为对于高技术影响人们生活诸多方面当今最有洞见的人士之一。他的《文明之光》应该是继《十万个为什么》之后，中国人自己原创的最好的科普图书了，只有最好，没有之一。几十年之后，相信很多著名科研成功人士，都会谈到这本书对他一生从事科学研究的影响。吴军博士对很多技术趋势的洞见，可以影响我们个人的就业、学习、读书和子女培养。例如，吴军在书里就讲到，今后律师到书中查阅法律规定、搜集过往案例判决的那类岗位，很快就会消失。大家可以拭目以待，尤其是现在学法律的大学生，尤其要关注了这点。

大家读完这篇序言，就知道了这个世界上还有商业洞见的人：除了本书正文中推荐的那20位之外，我上面推荐的谈技术趋势的吴军。他们的文章、图书乃至博客和微博，都值得你经常留意、日日跟踪，因为他们在自己擅长的商业领域，充满了洞见。

最后，大家还应该日日阅读天天打开的，是一个叫《正略书院》的微信公众号，那里，专门汇聚各类洞见。

前提是，您真的相信，洞见是认识世界的新途径。

（全文完）

附注：因为出版社约稿，今天的自序文，远远超出通常的篇幅了，向各位朋友致歉！

目以待，尤其是现在学法律的大学生要特别关注这点。

大家读完这篇序言，就知道了这个世界上21位有商业洞见的人：除了本书正文中推荐的那20位之外，还有我上面推荐的谈技术趋势的吴军，他们的文章、图书乃至博客和微博，都值得你经常留意、日日跟踪，因为他们在自己擅长的商业领域都充满了洞见。

最后，大家还应该日日阅读、天天打开的，是一个叫“正略书院”的微信公众号，那里专门汇聚各类洞见。

前提是，您真的相信洞见是认识世界的新途径。

附注：因为出版社约稿，今天的百字文远远超出通常的篇幅了，向各位朋友致歉！

赵民

2016-6-21

星期二上午9:09分

洞见，穿过云层，穿透迷雾。

[赵治民的作文]

2016-6-23 星期四
上午8:59分
一觉醒来，冰岛热了；
一场下来，冰岛火了。

《冰岛都出线了，中国男足还不雄起？》

昨天2016年6月22日拿起笔而放下来，终于当天没写一个字一句话，内心深处一直在等待一个比赛结果。今天凌晨，消息终于传来：冰岛队二比一战胜奥地利队，在欧洲杯足球大赛中创造奇迹，成为黑马，小组出线，晋级下轮！

冰岛全国人口只有区区的33万多，仅仅因为欧洲杯改革扩容，方有机会进入决赛阶段比赛，赛前被普遍认为是一支"陪跑"的弱队，却以一胜二平小组出线，让人意外，让人惊喜，让人兴奋。对于熬夜不眠收看实况转播的中国球迷来说，值！

在世界杯足球大赛的历史上，也有很多小国异军突起，令人侧目，但即使人口少，也有几百万，像冰岛这样以区区不到50万人口而跻身世界级大赛而又成为黑马的，尚属唯一，某个角度可以"前无古人"来点赞。50万人口，北京哪一个区县都超过啊。

冰岛之出线，从某角度再次说明，足球固然和一国人口中踢足球的人数有一定关联，但绝不是关键性因素。中国男子足球今天的这种水平，是和过去这么多年中国足球界的管理弊端分不开的，一个黑幕重重、腐败连连的足球比赛机制，是培养不出世界级水平的球员和球队的。

由于房地产大佬和互联网巨无霸在世的高调介入，中国男子足球引进了一波身价昂贵的世界级名星。这种现状，让人联想起上个世纪九十年代（1990's）的中国汽车制造业，当时的中国大地上奔跑着世界各大汽车厂商的各种档次的名车、豪车，但中国就是无法独立生产汽车发动机，甚至有一种在一定范围内的悲观论调：中国人自己搞不出汽车发动机。20年过去了，自从汽车制造业从重点抓开放转为重点抓改革之后，自从吉利李书福、芜湖奇瑞等一系列新兴厂家崛起之后，从2008年开始，逐渐带动，中国汽车厂家终于越过了发动机技术这个门槛。

中国男子足球是不是也会重演汽车制造业发动机技术的进步历史？今天的大量引进外籍球星是不是可以带来10年后的国产足球巨星？冰岛都出线了，中国男足还不雄起？今年七月，我们都去冰岛度假。

（完）

冰岛都出线了，中国男足还不雄起么

昨天是2016年6月22日，我拿起笔又放下来，终于当天没写一个字一句话，内心深处一直在等待一场比赛的结束。今天凌晨，消息终于传来：冰岛队二比一战胜奥地利队，在欧洲杯足球大赛中创造奇迹，成为黑马，小组出线，晋级下轮！

冰岛全国人口只有区区33万多，仅仅因为欧洲杯改革扩容，方有机会进入决赛阶段比赛。他们在赛前被普遍认为是一支“陪赛”的弱队，却以一胜两平的成绩小组出线，让人意外，让人惊喜，让人兴奋。对于熬夜收看实况转播的中国球迷来说：值！

在世界杯足球大赛的历史上，也有很多小国异军突起，令人瞩目。但即使人口少，那些国家也有几百万人，像冰岛这样以区区不到50万人口跻身世界级大赛而又成为黑马的，尚属难寻，甚至可以用“前无古人”来称赞。33万人口，北京任何一个区县都超过这个数量啊。

冰岛之出线，以某角度再次说明，足球固然和一国人口中踢足球的人数有一定关联，但绝不是关键性因素。

由于房地产大佬和互联网巨无霸企业的高调介入，中国男子足球引进了一波身价昂贵的世界级明星。这种现状，让人联想起上世纪九十年代的中国汽车行业。当时的中国大地上奔跑着世界各大汽车厂商各种档次的名车、豪车，但中国就是无法独立生产汽车发动机，甚至有一种在一定范围内的悲观论调：中国人自己搞不出汽车发动机。20年过去了，自从汽车行业从重点主开放转为重点抓改革之后，自从吉利李书福、芜湖奇瑞等一系列新兴厂家崛起之后，从2008年开始，连买带挖，中国汽车厂家终于迈过了发动机技术这个门槛。

中国男子足球是不是也会重演汽车行业发动机技术的进步历史？今天大量引进外籍球星是不是可以带来10年之后的自产足球巨星？冰岛都出线了，中国男足还不雄起？

今年七月，我们都去冰岛度假。

赵民

2016-6-23

星期四

上午8:59分

一觉醒来，冰岛热了；

一场下来，冰岛火了。

〔赵民的字文〕
（2016-6-25）

赵民 2016-6-25 星期六 上午9:29分

英国脱欧，欧盟也就少了4000多万人口；但如果欧盟有4000多万个机器人，挑战就大了

《机器人和英国脱欧：2020的挑战》

这次英国公投，带来的迷惑、困惑、疑惑恐怕不是哪个经济学家、主流媒体可以解释的，唯有时间可以回答一切和证明一切。但这只是全球化的挑战；还有更大的呢，那就是技术进步带来的社会就业挑战：机器人。

机器人发展肯定是好事，这点不用讨论，但技术进步本身是好事，不一定说对社会的影响也同样一定会是好事：这么多宾馆服务员、银行大厅经理、酒店服务员、医院看护服务人员等等一类的岗位都有机器人帮我们干了，那么，中国有那么多人口、印度有这么多人员、全世界有这么多从农村进城的人员，今后不就有很多人没活干了吗？不管怎么发展，中国不可能人人上大学，全世界也不可能都普及"6+6+4"十六年教育啊。如果以后都无人驾驶电动车了，滴滴和神州的几百万辆车司机上哪儿去要工资和奖金呢？加油站都变成了充电站，中石油、中石化、中海油的加油站职工好几十万呢。这个事情，现在谁能讲明白、说清楚？

英国脱欧谈判要大约花上两年时间，如果接下来还有其他国家也搞公投来退盟，如果威尔士、北爱尔兰人从英国公投退欧中受到了正能量的激发，也来公投脱离，估计这个局势会在2020年看到后果。

日本著名投资家邱永汉就说过，日本如果有上千万的机器人，日本将从衰退的老龄社会，重振辉煌，再度获得国家级的劳动力人口竞争优势，就可以在经济上赢得中日经济比赛。这个机器人技术的进步，到2020年，也差不多有结果。2020年的社会，充满挑战，充满变化，充满惊奇，充满惊喜。

（完）

机器人和英国脱欧：2020 的挑战

这次英国公投带来的迷惑、困惑、疑惑，恐怕不是哪个经济学家、主流媒体可以解释得通的，唯有时间可以回答和证明一切。但这只是在全球化方面的挑战，还有更大的挑战呢，那就是技术进步带来的社会就业挑战。

机器人技术发展肯定是好事，这一点不用讨论，但技术进步本身是好事，不一定说对社会的影响也同样一定会是好事：这么多宾馆服务员、银行大厅经理、酒店服务员、医院陪护服务人员等此类的工作都由机器人帮我们干了，那么，中国有那么多人口，印度有这么多人口，全世界有这么多从农村进城的人员，今后不就有很多人没活干了吗？不管怎么发展，中国不可能人人上大学，全世界也不可能都普及“6+6+4”16 年教育啊。如果以后都变成无人驾驶电动车了，滴滴和神州的几百万辆车的司机上哪儿去要工资和奖金呢？加油站都变成了充电站，中石油、中石化、中海油的加油站职工也有好几十万呢，这个事情现在谁能讲明白、说清楚？

英国脱欧谈判要大约花上两年时间，如果接下来还有其他国家也搞公投来退盟，如果威尔士、北爱尔兰人从英国公投脱欧中受到启发，也要公投脱离，估计这个局势会在 2020 年看到后果。

日本著名投资家孙正义就说过，日本如果有上千万的机器人，那么日本将从衰退的老龄社会重振辉煌，再度获得国家级的劳动力人口竞争优势，就可以赢得中日经济比赛。机器人技术的进步，到 2020 年也差不多有结果。

2020 年的社会，充满变化，充满惊奇，充满惊喜。

赵民

2016–6–25

星期六上午 9:29 分

英国脱欧，欧盟也就少了 4000 多万人口，

但如果欧盟有 4000 多万个机器人，挑战就大了。

［赵明民原创文］

（2016-6-26）

赵明民

2016-6-26 星期天 上午9:12分

中国经济转型如要成功，必须彻底摧毁高房价和土地财政带来的全民惶惶不可终日。

《央行报告：说了良心话》

2015年有一个没想到：六月份股市暴跌是没想到；2016年同样也有一个没想到，但不是六月份英国脱欧，也不是冰岛大黑马小组出线，而是房价暴涨。所以，前几天央行人民银行出了一个报告，媒体转载说，有53.4%的居民认为，目前高房价难以接受，而三四线房地产需求难支并转移去库存越来越难。

这回的央行报告比较接近我们生活中的实际感受，数字也是比较可信，反映了研究报告水平越来越让人尊敬，说出了被现实房价压趴了的良心话。

与此同时，还有二个数字让人也进一步形象体验到了生活在京沪深广杭南苏的房价之高：在北京平均每套房子大约510万左右；中国人大约要花40年的工薪收入才能在这些大城市买房。

很多人对现在的年轻人急功近利很有看法，这也没什么错，但如果换个立场站在80后90后的立场看，年轻人多要点工资多要点奖金，也是被这高房价"逼"的。十年前的2006年，北京很多地方的房价（如朝阳区东四环）才人民币壹万元，现在想想那个时候的人工成本，确实低，房价也比较压力小。

今年的很多应届毕业生最终选择工作，虽然知道有些单位学不到东西混日子，但还是愿意去，无非一图大城市（如北京）户口，二图有机会补贴买房。中国优秀年轻的人才市场化流动，又有可能走上回头老路。

另外一个方面，高房价下创业青年的选择也受影响。很多企业家原来投资于天使和A轮的钱，现在转而投资于更快更短期的房市了。创业之中的年轻人，为了所谓的对赌业绩，找东单广场跳操的老大妈们花钱刷单，在网上卖假货，僵尸粉刷网红直播，诸如此类有悖于创业创新的下三滥动作层出不穷。

高房价间接影响了中国企业的人工成本，间接影响了年轻人的毕业就业，间接影响了创业青年的融资，间接影响了创业企业的诚信经营，这是央行报告字里行间表述出来的良心话。（完）

央行报告：说了良心话

2015 年有一个没想到：六月份股市暴跌；2016 年同样也有一个没想到，但不是六月份英国脱欧，也不是冰岛欧洲杯小组出线，而是房价暴涨。前几天人民银行出了一份报告，媒体转载说，有 53.4%的居民认为目前的高房价难以接受，而三四线城市房价涨幅已透支并需求转移，去库存将越来越难。

这回的央行报告比较接近我们生活中的实际感受，数字也比较可信，反映出的研究报告水平越来越让人尊敬，说出了被沉重房价压趴了的良心话。

与此同时，还有两个数字让人进一步形象地体验到了京沪深广杭南苏的房价之高：在北京平均而言买套房要 510 万元左右，普通中国人大约要花 40 年的工薪收入才能在这些大城市买房。

很多人对现在的年轻人急功近利很有看法，这也没什么错，但如果换个角度站在 80 后 90 后的立场看，年轻人多要点工资多要点奖金也是被这高房价“逼”的。十年前，2006 年北京很多地方的房价（如朝阳区东四环）才每平方米一万元。现在想想那个时候的人工成本确实低，房价压力也比较小。

今年很多应届毕业生最终选择工作时，虽然知道有些单位学不到东西只能混日子，但还是愿意去，无非一图大城市（如北京）户口，二图有机会补贴买房。中国的人才市场化流动，又有可能回头走上老路。

另一个方面，高房价下创业青年的选择也受影响。很多企业家原来投资于天使和 A 轮的钱，现在转而投资于更快更短期的房市了。很多创业的年轻人，为了所谓的对赌业绩，找广场跳操的大妈们花钱刷单，在网上卖假货，买僵尸粉刷直播，诸如此类有悖于创业创新的下三滥动作层出不穷。

高房价间接影响了中国企业的人工成本，间接影响了年轻人的毕业就业，间接影响了创业青年的融资，间接影响了创业企业的诚信经营，这是央行报告字里行间表达出来的良心话。

赵民
2016-6-26
星期天 上午 9:12 分
中国经济转型如要成功，
必须解决房价和土地财政问题。

[建民的字文]

2016·6·27 星期一 6:46分
天亮了，新的一周开始了。
白天和黑夜，交替轮换，客观存在。

《伟大的万科，伟大的王石》

生活在这个时代的人生，真是一种生命的幸福：三天两头，就有一款网红爆款刷屏。在刚刚过去的这个周末，网红全球的是英国公投脱欧，爆款全中国的一定是万科。

当代中国真实生活电视连续剧《宝万之战》（让人想起历史上的《赤壁之战》）2016第二季的剧情，至六月末高潮迭起，精彩纷呈，其情节之出人意料之外，落入人性之中，不是名导编的剧本，胜似其斯皮尔伯格导的大戏，源于生活，超越生活，高于生活，留在今天中国股民和独董、股东和企业家、股市和房市里，刻在中国商业文明进步史的里程碑上，成为照耀中国当今文明进步史的千千万万颗闪亮的恒星之一，燃烧自己，温暖宇宙，照亮地球。

今天中国的经济，绕不开房地产这个话题。年年处在舞台中央，时时写在媒体笔下；成也地产，败也房产，罢也房产，赞也地产；让人爱不够的是房产，让人恨不得跳楼的也是地产；全国投资的神助攻是房产，地方GDP的神队友也是地产；1990's年代如此，2000's年代也如此，2010's年代还如此，三十年男神不倒。

所以房地产创业具备了中国电视连续剧高收视率的一切要素：爱恨情仇，光荣与梦想；富豪美女，阴谋与粗鲁；不老男神上一代，花花公子富二代。

于是乎，万科闪亮登场了，一路从小清新小鲜肉，态度恭谦，好学不倦，则抛弃杂念，专心致志专业化，成为学霸，最终以第一名的身份独占房市鳌头，然后继续开门求学，戒骄戒躁，游学世界，武当比剑，很快以状元的成绩成为宇宙第一大房企，过千亿，过二千亿，过三千亿，一部让万科人永远自豪的创业史，一个让中国人有口皆碑的好企业，一家让创业者和企业家不断解剖和开发的伟大公司。

于是乎，王石成为房地产行业这部中国收视率最高的电视连续剧中充满正能量、充满个性和充满剧情的男主角之一，和任志强、潘石屹、冯仑等不老男神构成了一部连播二十多年的励志人生剧的暖男群体。王石二十多年的奋斗史，不仅造就了万科这样一家创业世界第一，而且造就了一群中国优秀上市公司CEO，不仅当年的专业化之路永载商学院案例库中，而且今天的多元化转型探索可圈可点；不仅成为最能为股东赚钱的公司，而且也是最有企业社会责任的代表公司之一；不仅个人办公司优秀，登山滑雪世人仰慕，而且生活学习有滋有味。中国当今大编剧有谁能编出这样一个电视连续剧的主角呢？

人生有起有伏，剧情有高亢有低吟。这三天来的真实生活，让所有的人更加期待七月一日之后的下一季节目，不管是什么结果，万科已经伟大，王石已经伟大，这一点，爱万科的人承认，恨王石的人，也承认。这就够了，足够吸引广大股民了。

（完）

伟大的万科，伟大的王石

生活在这个时代，真是一种幸福：三天两头，就有“网红”“爆款”刷屏。在刚刚过去的这个周末，全球的“网红”是公投脱欧的英国，全中国的“爆款”一定是万科。

当代中国真实生活电视连续剧“宝万之战”（让人想起历史上的“赤壁之战”）2016第二季的剧情，在六月末高潮迭起、精彩纷呈，其情节出人意料之外，落入人性之中，不是名导编的剧本，胜似斯皮尔伯格导的大戏，源于生活，超越生活，高于生活，留在今天中国股民和独董、股东和企业家、股市和房市里，刻在中国商业文明进步史的里程碑上，成为照耀中国当今文明进步史的千千万万颗闪亮的恒星之一，燃烧自己，照亮地球，温暖宇宙。

谈到今天中国的经济，就绕不开房地产这个“名角”：年年处在舞台中央，时时出现在媒体笔下；成也地产，败也房产；骂也房产，赞也地产；让人爱不够的是房产，让人恨不得跳楼的也是地产；全国投资的神助攻是房产，地方GDP的神队友也是地产；1990s如此，2000s也如此，2010s还如此，三十年屹立不倒。

所以房地产行业具备了中国电视连续剧高收视率的一切要素：爱恨情仇，光荣与梦想；富豪美女，阴谋与粗鲁；不老男神上一代，花花公子富二代。

于是乎，万科闪亮登场了，态度谦恭，好学不倦，抛弃杂念，专心致志专业化，一路从小清新、小鲜肉成为学霸，最终以第一名的身份独占房市鳌头，然后继续开门求学，戒骄戒躁，游学世界，武当比剑，很快以状元的成绩成为宇宙第一大房企，过千亿，过两千亿，过三千亿……这是一部让万科人永远自豪的创业史，这是一个有口皆碑的好企业，这是一家让创业者和企业家不断解剖研究的伟大公司。

于是乎，王石成为房地产行业这部中国收视率最高的电视连续剧中充满正能量、充满个性和个人魅力的男主角之一，和任志强、潘石屹、冯仑等不老男神构成了一部连播二十多年的励志人生剧的暖男群体。王石通过三十多年的奋斗史，不仅创建了万科这样一家行业第一的企业，而且诞生了郁亮等一群中国优秀上市公司CEO；不仅当年的专业化之路永载商学院案例库中，而且今天的多元化转型探索可圈可点；不仅成为最能为股东赚钱的公司，而且也是最有企业社会责任的代表公司之一；不仅个人办公司优秀、登山滑雪让世人仰慕，而且生活学习也有滋有味，中国当今大编剧有谁能编出这样一个电视连续剧的主角呢？

人生有起有伏，剧情有高亢有低吟。这三天来的真实生活，让所有人更加期待七月一日之后的下一季节目。不管最终是什么结果，万科已经很伟大，王石已经很伟大，这一点，爱万科的人承认，恨王石的人也承认。这就够了，足够吸引广大股民了。

赵民

2016-6-27

星期一 6:46 分

天亮了，新的一周开始了。白天和黑夜，交替轮换，客观存在。

[赵民的字迹]

《冰岛队虽败犹荣》

2016-7-5 早上7:43分
我们祝贺法国队取胜，但鲜花献给冰岛队

7月4日是美国的传统大节：独立日，配合独立日的美国大片《独立日：卷土重来》也以3D的方式在中国的各大影院院线热映。但是，北京时间7月4日凌晨播出的CCTV5体育频道的一场欧洲杯，冰岛和法国足球队的大战，却足以让美式大片相形见绌：法国5球冰岛2球的进球数，让7月4日成为亿万球迷狂欢的喜庆日子，也让冰岛队的传奇以让人接受的方式落幕。

纵观全场比赛，冰岛队最伟大的贡献是让这场球成为本届欧洲杯上的进球高峰，并一举成为欧洲杯历史上进球数并列第二。90分钟里进7个球，平均13分钟进一个，这是最好的一场观赏性足球比赛，既让东道主在法兰西大球场上一逞高卢雄鸡之英豪，又向世人展示了冰岛人对足球精神的深刻理解和深入践行。一支好的球队，就是被人叫做“冰岛队”的球队。

冰岛在本次比赛上原本有机会再逞英雄，那个机会就是69分钟时的一个手球：法国队明显手球犯规，但裁判居然没吹哨，本来的一个点球就这样溜去了。当时场上比分还是4:2，法国队领先二个球，如果这个禁区手球被判罚点球，如果球进了，那么就是4:3，或许接下来还有20分钟，顽强的法国队和更加顽强的冰岛队可以再进二个球，或许最终全场可以进9个球，或许最后谁赢也可能是一个未知数。

是无良的无能的裁判让球迷们失去一场可能的更好的比赛？也许。

从这个意义上，我们更有理由认为，冰岛队虽败犹荣。

这场比赛让我们更加同情冰岛的还有一个地方：冰岛入球场的球迷人数不是3万而是只有1.5万，有一半的冰岛球迷没有机会入场。想想冰岛三万球迷倾国倾城来到法兰西助阵，这不让人家入场内呐喊助威，难道全世界的球迷会说你法国大度吗。

所以，当最终比赛临近结束之时，老天爷也看不下去了，先下小雨，再下大雨，老天为冰岛队而鸣不平！

2016年北京时间7月4日，中国球迷记住了一句话：一支好的球队，就是被人叫做“冰岛队”的球队！

冰岛队虽败犹荣

7月4日是美国的传统节日独立日，配合独立日的美国大片《独立日：卷土重来》也已在中国的各大院线热映。但是北京时间7月4日凌晨三点CCTV5体育频道直播的一场欧洲杯大战，却足以让这部美式大片相形见绌：法国5球、冰岛2球的进球数，让7月4日成为亿万球迷狂欢的喜庆日子，也让神奇的冰岛队以让人可以接受的方式谢幕。

纵观全场比赛，冰岛队最伟大的贡献是让这场比赛成为本届欧洲杯上的进球高峰，并成为欧洲杯历史上进球数并列第三的比赛。90分钟里进7个球，平均12分钟进一个，这是非常具有观赏性的一场足球比赛，既让东道主在法兰西大球场上一逞高卢雄鸡之英豪，又向世人展示了冰岛人对足球精神的深刻理解和深入践行。

冰岛在本场比赛中原本有机会再逞英豪，那个机会就是63分钟时法国队球员禁区内手球。但裁判居然没吹哨，本来的一个点球就这样溜走了。当时场上比分还是4:1，法国队领先三个球，如果这个禁区手球被罚点球，如果球进了，那么就是4:2，接下来还有20分钟，或许顽强的法国队和更加顽强的冰岛队可以再进两个球，或许最终全场可以进9个球，最后谁赢也可能是一个未知数。

是裁判让球迷们失去了一场可能更好的比赛？也许。

从这个意义上，我们更有理由认为，冰岛队虽败犹荣。

这场比赛让我们更加同情冰岛的还有一个小地方：冰岛入球场的球迷人数不是3万而是只有1.5万，有一半的冰岛球迷没有机会入场。想想冰岛3万球迷不远千里来到法兰西助阵，还不让人家入场呐喊助威，确实挺让人同情的。

2016年北京时间7月4日，中国球迷记住了一句话：一支好的球队，就是叫作“冰岛队”的球队！

赵民

2016-7-5

早上7:43分

我们祝贺法国队取胜，

但鲜花献给冰岛队。

[赵民的字文]

赵民
2016-7-5

早上8:50分
果然，进入7月1日之后的“宝万大战”
第三季，刚刚第4天，剧情高潮渐起

《万科开始反击》

2016年7月4日是一个值得记住的日子，不是因为美国独立日，也不是因为欧洲杯，高卢雄鸡轻取大黑马冰岛队，而是因为，微信朋友圈被一篇实名举报信所刷屏：万科最大自然人股东实名举报华润和宝能。

万科和宝能的“宝万大战”，剧情走向悬疑谍战片阶段。

这封写给中国证监会等七大监管部门的举报信，来自万科最大自然人股东刘元生，一个自万科1988年股改即与万科相随相伴的名字。刘先生的万科股份目前大约是超过1%，价值估计7亿元人民币，利益相关巨大。

现实生活是最伟大的编剧和导演。

生活电视连续剧是这么展开本集情节的：宝能和华润，有多少合作项目？正在建设的华润置地前海项目是2013年华润置地以109亿人民币公开竞标获得的，之后引入宝能系公司：2015年7月（请特别注意导演给我们标出的这个时间点，这个时间点，宝万大战处于什么阶段？），华润置地将其中二块土地权益合计150,000平米建筑面积全部转给宝能系，另有一块35万平米建筑面积的商住用地则是华润置地和宝能系共同开发，宝能系出资59亿，占60%左右的权益，出任董事长和法人代表。3个月后，华润信托为宝能系融资36个亿。2015年7月24日，宝能系增持万科至5%，2015年7月28日华润置地将前海项目50%权益转让宝能系，合计350,000平方建筑面积。以上举报信内容确实令人震惊，如果属实，自然让人联想丰富，疑问自起。剧情原来如此跌宕起伏。

7月4日的剧情继续展开：华润方面在万科6月18日董事会上，如果成功否决重组预案，万科因重组失败必须在6月21日周一复牌，此时，就会出现如华生教授分析的那样，中小股东一定以为万科股权保卫战已宣告失败，宝能系可以无阻碍的增持上位全面控盘，故而会抛售持股结清。市场上也会有大批投资者冲进来。此时，去跟随宝能系杀入万科的各路资金的内幕知情者，必然高位出货。事情真相大白，宝能让华润做第一大股东清仓售出，市场势必狂跌，从而坑死持股或买入的老股东和高位杀入的市场投资者。举报信如此分析。

镜头转到现实：7月4日万科A股一字跌停。（完）

万科开始反击

2016 年 7 月 4 日是一个值得记住的日子，不是因为美国独立日，也不是因为欧洲杯高卢雄鸡轻取黑马冰岛队，而是因为微信朋友圈被一篇实名举报信所刷屏：万科最大自然人股东实名举报华润和宝能。

万科和宝能的“宝万大战”，剧情走向悬疑谍战片阶段。

这封写给中国证监会等七大监管部门的举报信，来自万科最大自然人股东刘先生，一个自万科 1988 年股改即与万科相随相伴的名字。刘先生的万科股份目前大约超过 1%，价值估计 27 亿元人民币，利益相关巨大。

现实生活是最伟大的编剧和导演。

生活电视连续剧是这么展开本集剧情的：宝能和华润有多少合作项目？正在建设的华润置地前海项目是 2013 年华润置地以 109 亿元人民币公开竞标获得的，之后，引入宝能系公司：2015 年 7 月（请特别注意导演给我们标出的这个时间点，在这个时间点，“宝万大战”处在什么阶段？）华润置地将其中两块土地权益合计 150，000 平米建筑面积全部转让给宝能系，另有一块 35 万平米建筑面积的商住用地则是华润置地和宝能系共同开发，宝能系出资 59 亿，占 60% 左右的权益，出任董事长和法人代表。三个月后，华润信托为宝能系融资 36 亿。2015 年 7 月 24 日，宝能系增持万科至 5%，2015 年 7 月 28 日，华润置地持前海项目 50% 权益转让宝能系，合计 350，000 平方建筑面积。以上举报信内容确实令人震惊，如果属实，自然让人联想丰富，疑问自起。剧情原来如此跌宕起伏。

7 月 4 日，剧情继续展开：华润方面在万科 6 月 18 日董事会上，如果成功否决重组预案，万科因重组失败必须在 6 月 21 日周一复牌，此时，就会完全如华生教授分析的那样，中小股东一定以为王石股权保卫战已宣告失败，宝能系可以无阻碍地增持上位全面控盘，故而肯定持股待沽。市场上也会有大批投资者冲进来。此时，去年追随宝能系杀入万科的各路资金的内幕知情者必然高位出货。等到真相大白，宝能让华润重做第一大股东的消息传出，市场势必狂跌，从而坑死持股不卖的老股东和高位杀入的市场投资者。举报信如此分析。

镜头移到现实：7 月 4 日，万科 A 股一字跌停。

赵民

2016-7-5

早上 8:50 分

果然，进入 7 月 1 日之后的“宝万大战”第三季，刚刚第四天，剧情高潮渐起。

〔赵民的字文〕

2016-7-6 星期三 早上9:52分
华生作为独董进入万科董事会，由证监会深圳本地负责人推荐，是特别符合剧情需要的神来之笔

赵民

《感谢华生》

有位哲人说过：现实生活是最伟大的编剧和导演。

万科这家迄今为止中国最优秀的房地产公司之一，"宝万之战"这场商业史上尤如《赤壁之战》一样的大戏，同样有应验这位哲人的这句名言。一个名叫"生活"的伟大编导和导演，早在很多年前，为2015~2016的《宝万大战》布下闲棋冷子、埋下各类角色，从而才能使我们中国股民、中国老百姓在2016年以一睹全貌、全方位、全角度地了解正在进行的真实剧情，在信息对称的前提下，各成各的影迷，各做各的粉丝。

在我今天20160706之前关于宝万之战的文章中，我已经提到了二位由伟大导演"生活"早早布局安排的关键性人物：1988年即据实存在的"万科最大的小股东"刘元生先生（这是28年前就埋下的关键小角色，"生活"是多么伟大的编剧），以及独立董事张利平先生（"生活"导演的剧情，于细节之处见功力）。今天，我们来看《宝万大战》中的第3个"关键小人物"：独立董事华生先生。

媒体上、朋友圈里对独董华生先生的最多批评和指责，是质疑其独董身份是否应该在《上海证券报》上发表那篇6月24日的文章《我为什么不支持大股东意见》。这是观众入戏了，很好很对很正确。但于广大中国股民和中国老百姓而言，我们从了解宝万大战进展的真实情况这一角度而言，我们都应该感谢独董华生先生。中国人和中国股民如果没有这篇文章，又如何这般详尽地知道那次董事会上的商战细节和由此表现出来的角色思想？一切没有细节呈现、没有真实情节的商战，又怎么能影响中国、影响社会？

感谢华生。因为你的文章，中国股市信息公开有了新的标杆和高度。

我们更感谢"生活"这个伟大的编剧和导演，在本届万科董事会的仅有不多的独董席位上，已经关键性地出现了两个伟大的人，两位在剧情透明度和恪守身份角色上值得尊敬的人。

没有一部商战大作的导演比"生活"这个伟大的导演更具功力。

（完）

感谢华生

有位哲人说过，现实生活是最伟大的编剧和导演。

万科这家迄今为止中国最优秀的房地产公司之一，“宝万之战”这场商业史上犹如《赤壁之战》的商业大片，同样应验了这句名言：一个名叫“生活”的伟大编剧和导演，早在很多年前，就为2015—2016年的“宝万大战”布下闲棋冷子，埋下各类角色，从而才能使我们中国股民、中国老百姓在2016年以一斑窥全豹，全方位、全角度地了解正在上演的真实剧情，在信息对称的前提下，各成各的影迷，各做各的粉丝。

在我之前关于宝万之战的文章中，我已经提到了两位由伟大导演“生活”早早布局安排的关键性人物：1988年即据实存在的“万科最大的小股东”刘元生先生（这是26年前就埋下的关键角色，“生活”是多么伟大的编剧），以及独立董事张利平先生（“生活”导演的剧情，于细节之处见功力）。今天，我们来看“宝万大战”中的第三个“关键小人物”：独立董事华生先生。

媒体、朋友圈里对独董华生先生批评和指责最多的地方，是质疑其以独董身份是否应该在6月24日的《上海证券报》上发表那篇《我为什么不支持大股东意见》。这是观众入戏了，很好很对很正确。但对于广大中国股民和中国老百姓而言，从我们了解宝万大战进展的真实情况这一角度来说，我们都应该感谢独董华生先生，如果没有这篇文章，中国人和中国股民如何这般详尽地知道那次董事会上的商战细节和由此表现出来的角色恩怨？一场没有细节呈现、没有真实情节的商战，又怎能影响中国、影响社会？

感谢华生，因为你的文章，中国股市信息公开有了新的标杆。

我们更感谢“生活”这个伟大的编剧和导演，在本届万科董事会不多的独董席位上，已经关键性地出现了两个伟大的平凡人，两位左右剧情透明度和恪守身份角色的值得尊敬的人。

没有一部商战大片的导演比“生活”这个伟大的导演更具功力。

赵民
2016-7-6
星期三 早上9:52分
华生作为独董进入万科董事会，
由证监会深圳本地负责人推荐，
是特别符合剧情需要的神来之笔。

[赵民白字文]　　　　2016-7-6 星期三 上午8:32分

《大众153亿美元：一个新时代的开始》　谁买了德国大众的车？竟到惊喜，或许必然

在刚刚过去的六月份，除了大战飞雕的美洲杯和欧洲杯之外，除了万科股权大战之外，还有一件必将影响产生和未来的小事情发生了：德国大众汽车公司因为违法超标排放而在美国赔偿153亿美元。

这是中国老百姓生活里的一件小事情，毕竟这153亿美元是给美国人民的，但从这件小事情的影响波及面看，可能是一件影响中国老百姓生活的大事情。

第一个直接影响是：德国大众在美赔偿这么大的数字，是人类历史上汽车行业第一次因为一个型号的发动机（2.0TDI）超标排放而一次性支付100亿美元级别以上的补偿金（即：向拥有2.0TDI车型的车主给予100.33亿美元补偿金）。一个车型就要赔入100.33亿美元啊！这除了说明美元货币超发了，还说明，接下来德国大众的3.0升车型的赔偿呢？按美国监管机构的认定，2.0升发动机超标40倍，3.0升发动机超标是9倍。9倍也是超标，不应该赔偿？

第二个直接影响是：在中国的德国大众汽车车主，能否同样获得赔偿？能获得多少赔偿？汽车排放监管机构，是不是配得上"监管有力"的荣誉，考试来了。中国的消费者在等待。

第三个直接影响是：从此之后，电动汽车新时代正式启动。伟大如德国大众汽车公司这样的世界级500强，严谨踏实如德国骑士，在日益高标准的人类环保要求下，都无法通过技术革命让自己的汽车排放满足社会要求，只能说明一点：以石油为基础的汽车工业，已经无法跟上人类社会进步的要求了。电动汽车新时代，悄然诞生。

如此看来，大众153亿美元，换来了一个人类新时代，很值。（完）

大众 153 亿美元：一个新时代的开始

在刚刚过去的六月份，除了激战正酣的美洲杯和欧洲杯之外，除了万科股权大战之外，还有一件必将影响产业和未来的事情发生了：德国大众公司因为违法超标排放而在美国赔偿 153 亿美元。

这对中国老百姓来说是一件小事情，毕竟这 153 亿美元是给美国人民的，但从这件小事情的影响波及面看，这可能是一件影响中国老百姓生活的大事情。

第一个直接影响是：德国大众在美赔偿这么大的数字，是人类历史上汽车行业第一次因为一个型号的发动机（2.0TDI）超标排放而一次性支付 100 亿美元级别以上的补偿金（即：向拥有 2.0TDI 车型的车主发放 100.33 亿美元补偿金）。一个车型就要补偿 100.33 亿美元啊！这除了说明美元货币超发了，还说明接下来德国大众的 3.0 升车型也面临同样问题。按美国监管机构的认定，2.0 升发动机超标 40 倍，3.0 升发动机超标是 9 倍。9 倍也是超标，应不应该赔偿?

第二个直接影响是：在中国的德国大众汽车车主，能否同样获得赔偿？能获得多少赔偿？汽车排放监管机构是不是配得上“监管有力”的荣誉？考试来了，中国的消费者在等待。

第三个直接影响是：从此之后，电动汽车新时代正式启动。伟大的德国大众汽车公司这样的世界级 500 强企业，这样严谨踏实的“工匠”，在日益高标准的人类环保要求下，都无法通过技术革命让自己的汽车排放满足社会要求，只能说明一点：以石油为基础的汽车工业，已经无法满足人类社会进步的要求了。电动汽车新时代正在悄然诞生。

如此看来，大众 153 亿美元换来了人类新时代，很值。

赵民
2016-7-6
上午 8:32 分
谁买了德国大众的车？
意外惊喜，或许来临。

[赵振宇文]

《当贵阳遇到王石》

2016-7-9 星期六 下午13:31分
多彩贵州，多彩万科；
爽爽的贵阳，爽爽的王石。

"爽爽的贵阳"从2009年始，在炎炎的夏日季节，有几天总会那么的车水马龙。生态文明贵阳国际论坛，让很多外国政要和重量级人物，不远千里专程来印证"绿水青山就是金山银山"的当代生态胜地。

2016年7月9日星期六，处于"宝万大战"风口浪尖上的万科董事会主席王石，现身于2016生态文明贵阳国际论坛年会开幕式的大会会场，白衬衫黑西装蓝色领带，精神矍铄，面带微笑。

在论坛官方提供的《演讲嘉宾名册》上，是这么介绍王石的："王石，1951年1月生，安徽金寨人，本科学历。现任万科集团董事会主席、中国房地产协会常务理事、中国房地产协会城市住宅开发委员会副主任委员、深圳市房地产协会副会长、深圳市总商会副会长"。轻描淡写，朴素简洁。

趁周围王石身边换名片介绍自己的人陆续散去，我就上去打招呼，王石见面，还是一脸淡淡的微笑。中国房地产行业的"四大名旦"：王石、任志强、冯仑、潘石屹中，年龄稍长的两位：任志强和王石，都有一个容易让人误解的"大不毛病"：见到熟悉的老朋友，和见到陌生的媒体记者一样，都是一样的淡然微笑，和年轻的潘石屹、冯仑见到熟悉的老朋友时的那种似火热情，截然相反。如果你不是和老王、任大炮长期交往熟悉习惯了，你可能还觉得老任老王不会做人。

正聊着万科上周的事呢，又有开会的嘉宾上来求合影王石，老王依旧是一口答应，不管是否认识。想到这个时间点和此情此景的和王石的合影，恐怕也是廿年后怀旧的念想，于是也向老王开口，合了几张影，猜想是否有历史纪念意义。

大会开幕了。正前方的大屏幕上依次跳出熟悉和不熟悉的领导嘉宾的面孔。突然出现了王石，只听见现场渐渐响起了一片温暖而跳跃的掌声。这掌声回荡在贵阳的上空。

（完）

当贵阳遇到王石

从 2009 年之后，在炎炎的烈日季节，“爽爽的贵阳”有几天总会有那么的车水马龙。生态文明贵阳国际论坛的举办，让很多外国政要和重量级人物，不远千里专程来到这“绿水青山就是金山银山”的当代生态胜地。

2016 年 7 月 9 日星期六，处于“宝万大战”风口浪尖的万科董事会主席王石，现身 2016 生态文明贵阳国际论坛年会开幕式的大会会场，白衬衫黑西装蓝色领带，精神抖擞，面带微笑。

论坛官方提供的“演讲嘉宾名册”上是这么介绍王石的：“王石，1951 年 1 月生，安徽金寨人，本科学历。现任万科集团董事会主席、中国房地产协会常务理事、中国房地产协会城市住宅发展委员会副主任委员、深圳市房地产协会副会长、深圳市总商会副会长。”轻描淡写，朴素简洁。

看到围在王石身边换名片介绍自己的几个人陆续散去，我就上去打招呼，王石见面，还是一脸淡淡的微笑。中国房地产行业的“四大名旦”王石、任志强、冯仑、潘石屹中，年龄稍长的两位任志强和王石，都有一个容易让人误解的“坏毛病”：见到熟悉的老朋友，和见到陌生的媒体记者一样，都是一样的淡然微笑，和年轻的潘石屹、冯仑见到熟悉的老朋友那种似火热情截然相反。如果你不是和老王、老任长期交往习惯了，你可能还觉得老任、老王不会做人。

正聊着万科上周的事呢，又有开会的嘉宾上来求合影王石，老王依旧是一口答应，不管是否认识。想到这个时间点和此情此景的王石的合影，恐怕也是三十年后怀旧的念想，于是也向老王开口，合了几张影，猜想是否有历史纪念意义。

大会开幕了。正前方的大屏幕上依次跳出熟悉和不熟悉的领导嘉宾的面孔，突然，出现了王石，只听见现场渐渐响起了一片温暖而跳跃的掌声。这掌声，回荡在贵阳的上空。

赵民

2016-7-9

星期天下午 13:31 分

多彩贵阳，多彩万科。

爽爽的贵阳，爽爽的王石。

［赵民的字文］　　赵民

2016年7月12日周二7:16分 拜托大数据了，你给我们留出一点空间吧，让葡萄牙也尝尝50年之后的冠军之味

《葡萄牙夺冠：大数据很难预言？》

北京时间昨天2016年7月11日凌晨三点开战之前，很多人就看好大黑马"红魔军团"葡萄牙队，预言其能登上欧洲杯的冠军领奖台。结果现在我们当然知道了。

但是，如果时光倒流30天和60天，有多少人、多少人工智能机器人、有多少大数据敢于预言：葡萄牙能2016问鼎冠军宝座？

同样的问题还可以用在冰岛队、威尔士队身上，恐怕最大的大数据，都无法从历史的云端上，推导演绎出：冰岛、威尔士和葡萄牙这样的体育竞技大赛的大黑马。

也许，这还是人类可以保留的一块人工智能机器人今后无法推演大数据做预言预测预断的净土？

也许，这是我们目前对此还孤陋寡闻的一块未开垦的荒地，人类还根本没有进入其领地，从而也不能以摸索其规律，从而做出基于大数据的预言？

也许，这也能解释和说明：为什么有那么多的北京人、中国人在周一凌晨三点放弃睡觉爬床起来挑灯观战的激情和牵挂：这一切皆是因为足球是圆的，充满了不确定性，充满了意外，充满了让人难以想像的惊喜？

我知道，我周围的很多朋友辞去旧职，勇敢地踏上未知的人生道路，就是因为对目前一眼看到头的单调生活的内心不甘：我不想这么活一辈子了，所以，我要开始一种新的尝试。

如果人生都可以被大数据全部预测，那么，生活又有何色彩和乐趣？（完）

葡萄牙夺冠：大数据恐难预言

北京时间2016年7月11日凌晨三点开战之前，很多人就看好大黑马“红魔军团”葡萄牙队，预言其能登上欧洲杯的冠军领奖台。结果现在我们当然知道了。

但是，如果时光倒流30天和60天，有多少人、多少人工智能机器人、有多少大数据可以预言葡萄牙能问鼎冠军宝座？

同样的问题还可以用在冰岛队、威尔士队身上，恐怕最大的大数据，都无法从历史的云堆上，推导演绎出冰岛、威尔士和葡萄牙这样的体育竞技大赛的黑马。

也许，这还是人类可以保留的一块人工智能机器人今后无法推行大数据做预言预测预断的净土？

也许，这是我们到目前为止还孤陋寡闻的一块未开垦的荒地，人类还根本没有进入其领地，从而也难以摸索其规律，从而做出基于大数据的预言？

也许，这也能解释和说明，为什么有那么多的中国人在周一凌晨三点放弃睡觉爬床起来挑灯观战的激情和牵挂：这一切皆是因为足球是圆的，充满了不确定性，充满了意外，充满了让人难以想象的惊喜？

我知道，我周围的很多朋友辞去旧职，勇敢地踏上未知的人生道路，就是因为对前辈和自己可以看到尽头的单调生活的内心不甘，我不想这么活一辈子，所以，我要开始一种新的尝试。

如果人生可以被大数据全部预测，那么，生活又有何色彩和乐趣？

赵民
2016年7月12日
周二7:16分
拜托大数据了，
你给我们留出一点空间吧，
让葡萄牙也尝尝时隔50年的冠军之味。

[赵民时文]　赵民　2016-7-19 星期二 早上6:18分

有多大困难，就有多大力度，这才有戏

《中国经济：下半年呼唤更多大力度措施》

中国国家统计局7月15日发布了上半年中国经济的部分主要指标。虽然有些指标最新数据如6.7%增速看起来不错，但结合具体的实际情况，中国经济上半年的转型虽有不少可喜之处，但依旧缓了一点。所以，可以预期和相信的是，下半年经济依然匍匐于山谷的谷底，二下半年中国经济呼唤更多的大力度对策措施，否则2017年情况会更困难。

为什么这么说？

首先我们对照一下党的十八届三中全会提出的各项改革目标中的经济篇，很多目标实现了吗？明年就是2017年开十九大了，国企改革推进得怎么样了呢？对照一下三中全会文件，如果能够落到实处，很多经济问题就不是问题。

其次，看一下金融行业和资本市场。大的不说了，只举一件事：现在各地又纷纷成立了处理不良资产的资产管理公司，如当年的信达等融四大家那样的公司，每个省至少一家吧（大部分省），这20多家公司的出现说明了什么？地方政府背景的各类公司现在贷款那么方便，利率那么低，符合资源配置市场化的特征吗？

第三，看一下特定行业，好的行业如房地产行业、民间私募行业、出国旅游和出国读书，这些行业红火，反过来说明什么？深圳、上海、北京房价如此高，对这些城市本身，对社会阶层流动，对创业，对国家是有百利无一弊？全世界的房地产公司，唯有中国的房地产公司黄金10年最有含金量。

限于篇幅，不再多言。让我们期待八月份的各项举措和措施吧。（完）

中国经济：下半年呼唤更多大力度措施

中国国家统计局 7 月 15 日发布了上半年中国经济的部分主要指标，有些指标数据如 6.7% 的 GDP 增速看起来不错，但结合具体的实际情况，中国经济上半年的转型虽有不少可喜之处，但依旧缓了一点，所以，可以预期和相信的是：第一，下半年经济依然匍匐在山谷的谷底；第二，下半年中国经济呼唤更多的大力度对策措施，否则 2017 年情况会更困难。

为什么这么说？

首先，我们对照一下党的十八届三中全会提出的各项改革目标中的经济篇，所有目标全都实现了吗？明年就是 2017 年，要召开十九大了，国企改革推进得怎么样了呢？对照一下三中全会文件，如果所有政策都能够落到实处，很多经济问题就不是问题了。

其次，看一下金融行业和资本市场。大的不说了，只举一件事为例：现在各地又纷纷成立了处理不良资产的资产管理公司，如当年的信达华融四大家那样的公司，每个省至少一家吧（大部分省），这 20 多家公司的出现说明了什么？

第三，看一下特定行业，好的行业如房地产行业、民间私募行业、出国旅游和出国读书，这些行业红火，反过来说明什么？深圳、上海、北京房价如此高，对这些城市本身、对社会阶层流动、对创业、对国家是否有百利无一弊？全世界的房地产公司，唯有中国的房地产公司黄金 20 年最有含金量。

限于篇幅，不再多言。让我们期待八月份的各项举措吧。

赵民
2016-7-19 星期二
早上 6:18 分
有多大困难，就有多大力度，这才有戏。

［赵青民的唠叨］　李建永的　2016-7-20 星期二 上午8:51分 今年是谍战片婴儿潮，哇哇乱叫，牵动人心

《解密：谍战片和偶像剧生出来的儿子》

拍电影电视剧，最好拍的是古代电影和科幻电视，因为你可以随便胡编乱造，只要编得看起来有逻辑，再加上一点笑料和情怀，就可以大卖。

拍电影和电视剧，最难拍的是战争片和谍战片，其中尤以谍战片为最难。为什么？因为你不能胡编乱造，因为你有明线暗线，有时代大背景下的技术限制和人物立场，因为打仗和情报充满血腥和残暴，要拍出男女主角内心的好坏大片，要把人世间的悲惨和悲剧用英雄主义和好莱坞式大结局来终局，实在有点难。

顺便说一下，都市片和情感剧是最不需要编剧导演功力的，它们需要明星，明星的脸和Feiwen，所以，刚出道的小明星升级为红星，都从日常生活的片子开始，因为熟悉啊，容易啊。

从《潜伏》到《悬崖》，从《风声》到《黎明之前》，中国电视剧中的谍战片类大片层出不穷，好戏连台，让人浮想。规模化投资和工业化大生产基础上的创新能力确实今非昔比，让人刮目相看。而现在，这种典型代表，就到了《解密》和《猎人》，当然还有《伪装者》和《追击者》和《父亲的身份》。

这五部谍战片的新一代典型大片中，尤以《解密》开创了谍战片的一种最新风格：我把这种风格称之为"谍战片为父，偶像剧为母，生出来的好儿子"。当然，主线还是谍战片，但偶像剧的色彩已经很浓很浓了，浓到谍战情节都无法在生活中发生。

《解密》这部片子的诞生，说明了新一代谍战片已经难以在剧情上更加复杂和新奇，所以，就开始寻找创新，融入现代年轻人的喜闻乐见的元素和要素，帅哥美女，A爱上B，B爱上C，C在追D，虽然有点俗，但在谍战情节下，还是口味提新。

于是，这个谍战偶像儿子，就成了好儿子。于是，解密了。　（完）

解密：谍战片和偶像剧生出来的儿子

拍电影电视剧，最好拍的是古代电影和科幻电视，因为你可以胡编乱造，只要编得看起来有逻辑，再加上一点笑料和情怀，就可以大卖。

拍电影和电视剧，最难拍的是战争片和谍战片，其中以谍战片最难。为什么？因为你不能胡编乱造，因为你有明线暗线，有时代大背景下的技术限制和人物主场，因为打仗和情报充满血腥和残暴，要拍出老少皆宜的好片大片，要把人世间的悲惨和悲剧用英雄主义和好莱坞式大结局来展现，实在有点难。

顺便说一下，都市片和情感剧是最不需要考验编剧和导演功力的，它们只需要明星，明星的脸和绯闻。所以，刚出道的小明星升级为当红明星，都从出演日常生活类型的片子开始，因为熟悉啊，拍起来容易啊。

从《潜伏》到《悬崖》，从《风声》到《黎明之前》，中国电视剧中的谍战类大片层出不穷、好戏连台，让人深感规模化投资和工业化大生产基础上的创新能力确实今非昔比，让人刮目相看。而现在，这种典型代表轮到了《解密》和《猎人》，当然还有《伪装者》《追击者》和《父亲的身份》。

这五部新一代的典型谍战大片中，《解密》开创了谍战片的一种最新风格，我把这种风格称为“谍战片为父，偶像剧为母，生出来的好儿子”。当然，主线还是谍战片，但偶像剧的色彩已经很浓很浓了，浓到谍战情节都无法在生活中发生。

《解密》这部片子的诞生，说明了新一代谍战片已经难以在剧情上更加复杂和离奇，所以就开始跨界创新，融入现代年轻人喜闻乐见的元素和要素，帅哥女神，A 爱上 B，B 爱上 C，C 在追 D，虽然有点俗，但在谍战情节下还是口味挺新。

于是，这个谍战偶像儿子就成了好儿子。于是，解密了。

赵民
2016-7-20 星期二
上午 8:51 分
今年是谍战片婴儿潮，
哇哇乱叫，牵动人心。

[赵民的字文]　　　　　　　　　　　　　　　　赵民　2016-7-21 星期四。早上7:31分

《创业投资：一次大炼钢铁？》　　　　　　　在狂风暴雨后，天空格外湛蓝

随着我的气候进入到七月份，中国大地一片夏日炎炎，连最为偏远的北方大兴安岭也满眼翠绿，凉爽中热浪滚滚。但是，对于中国的创业者们，对于整个中国的天使和创业投资者们，2016年的7月份，却正是创业投资的寒冬。

有某位新进入创业投资的投资新贵，在一次公开讲话中，敢於洋洋洒洒地自恩自己在过去一年多中心情的"过山车"。其实，从两年前的创投界高调价争抢项目，到2015年的由热转凉，到今年的由凉而寒，这到底是创业者的错，还是投资方的错？

2014-2016年的这个创业投资行业，从某种角度看，是人为无意识地在投资界大炼了一次钢铁，投出了很多低端的"小高炉"，炼出了很多名声赫赫的网红"废钢铁"，既浪费了媒体的版面（现在媒体的版面确实太多不值钱了），更浪费了年轻创业者们的激情和感情。

从2010年开始，由于移动互联技术的全面进化和升级，创业者的空间前所未有地升华般地打开，创业项目如瀑布般涌来，产生的连带效应是，创业投资界便在大炼钢铁。此时，一个很奇怪的现象出现了：很多从来没有把自己的资金交给大的几百个亿字的小公司老板，以及一些自己一个人只带二个助手的职业经理人，摇身一变，纷纷进入了创业投资界，拿了某些大公司和私人的钱，忽悠各类富人和机构的多余的银行存款，为了自己拿到一个点二个点三个点的各种中台目的费用，而开始营造概念，拼凑团队，大事干嚎，然后，开始大炼钢铁。

当一个行业的从业者充满了毛头小伙和外行生手时，这个大炼钢铁的局面就开始形成了。现在，趁着炎热的七月，创业投资界，可以去除杂质了。（完）

创业投资：一次大炼钢铁

进入到七月份，祖国大地一片夏日炎炎，连最为偏远的大兴安岭也满眼翠绿，凉爽中透着热浪滚滚。但是，对于中国的创业者和天使投资者们而言，2016年的7月份，却正是创业投资的寒冬。

有某位新进入创业投资的投资新贵，在一次公开讲话中故作深沉地反思自己在过去一年多中心情的“过山车”。其实，从两年前的创投界高溢价争抢项目，到2015年的由热转凉，到今年的由凉而寒，这难道是创业者的错，难道是乙方的错?

2014—2016年三年的创业投资行业，从某种角度看，是人为无意识地在投资界大炼了一次钢铁，投出了很多低端的“小高炉”，炼出了很多名声赫赫的网红“废钢铁”，既浪费了媒体的版面（现在有些媒体的版面确实不值钱了），更浪费了年轻创业者的激情和感情。

从2010年开始，由于移动互联技术的全面进化和升级，创业者的空间前所未有地骤然开阔，创业项目如瀑布般涌来，产生的连带效应是：创业投资界人手产生巨大短缺。此时，一个很奇怪的现象出现了：很多从来没有把自己的皮包公司办大的几近于个体户的小公司老板，以及一些自己一个人只带两个助手的职业经理人，摇身一变，纷纷进入了创业投资界，拿了某些大公司和名人的品牌，忽悠各类富人和机构的多余的银行存款，为了自己拿到一个点两个点三个点的各种名目的费用，而开始营造概念、拼凑团队、大声干嚎，然后开始“大炼钢铁”。

当一个行业的从业者充满了毛头小伙和外行生手时，这个大炼钢铁的局面就开始形成了。现在，趁着炎热的七月，创业投资界可以去除杂质了。

赵民
2016-7-21 星期四
早上7:31分
在狂风暴雨后，天空于是湛蓝。

[赵民自学文]

赵民 2016-7-21 星期四上午8:53分

《中国企业国际化：希望在海归人才》 大海航行靠海归人才

昨天晚上，参加完一个活动之后，和几位企业老总聊天。这几位都来自山东的一个中等城市，在充满行业前景的环保及医疗健康行业以及看似最为辛苦的制造业。但最近三年，企业效益不断看好，利润蒸蒸日上，行业口碑全国第一。

这么好的业绩，在媒体普遍报道中国制造业艰难使困的大环境下，细问追问不断问，终于搞明白了：企业的创始人是一名早年留学美国的海归人才，在历经各种磨炼磨难之后，悟出了真经，于是有了逆行业大势、跌同行眼镜、受政府青睐、为员工爱戴的亮丽业绩。

小企业活下来，固然很难，但只要了解中国社会和国情市情行情，挣点小钱捞点小利其实不难。小企业如果要发展壮大，那就不能只靠小聪明，耍小心计，而是要有视野、格局和胸怀，要有技术资金和资源。这个时候，从中学到大学的学习经历，就基本决定了你是否有可能进化成被称为"赚钱机器印钞机"的成功企业家行列。

企业做到10亿之后，做到65亿人民币（10亿美元）被称为独角兽之后，能否进一步做大，则取决于最高决策群体和大股东的视野、格局和胸怀。只要持公允心理，这些方面，相对而言，国外学习归来的人要好很多。尤其当企业要国际化的时候，或者即使你公司分支机构没有国际化而产品已经卖到跨国公司的时候（产品国际化和客户国际化），从小独立生活、游历广泛、经历丰富的海归人才就是你这家企业的不二选择。

对于中国企业而言，没有企业老板和老总的人才结构国际化，就没有中国企业的国际化。

至于海归中有吃喝玩乐、眼高手低、只会大动干戈的高学历低能力之辈，怎么配得上"海归人才"这四个字呢？那是海归草包。（完）

中国企业国际化：希望在海归人才

昨天晚上，参加完一个活动后，和几位企业老总聊天。这几位都来自山东的一个中等城市，在充满希望的环保及医疗健康行业从事着最为辛苦的制造业务。最近三年，企业效益不断变好，利润蒸蒸日上，行业口碑全国第一。

这么好的业绩，在媒体普遍报道中国制造业艰难度日的大环境下显得非常醒目，我细问追问不断问，终于搞明白了：企业的创始人是一名早年留学美国的海归人才，在历经各种磨练锻炼磨难之后，自己悟出了真经，于是有了逆行业大势、跌同行眼镜、受政府青睐、被员工爱戴的亮眼业绩。

小企业活下来固然很难，但只要深谙中国社会和国情市情行情，挣点小钱捞点小利其实不难。小企业如果要发展壮大，那就不能只靠小聪明、要要小心机，而是要有视野、格局和胸怀，要有技术、资金和资源。这个时候，从中学到大学的学习经历，就基本上决定了你是否有可能“进化”成被戏称为“赚钱机器”“印钞机”的成功企业家行列。

企业做到 10 亿之后，做到 65 亿人民币（10 亿美元）被称为“独角兽”之后，能否进一步做大，则取决于最高决策群体和大股东的视野、格局和胸怀。只要持公允心理，在这些方面，相对而言，国外学习归来的人要好很多，尤其当企业要国际化的时候，或者即使你公司分支机构没有国际化而产品已经卖到跨国公司的时候（产品国际化和客户国际化），从小独立生活、游历广泛、经验丰富的海归人才，就是你这家企业的不二选择。

对中国企业而言，没有企业老板和老总的人才结构国际化，就没有中国企业的国际化。

至于海归中那些吃喝玩乐、眼高手低、口气大动手能力差的高学历低能力之辈，怎么配得上“海归人才”这四个字呢？那是海归草包。

赵民

2016-7-21 星期四

上午 8:53 分

大海航行，靠海归人才。

[走进民间学说]

2016-7-22 星期五
晚上23:45分
垂直执法管理，成本低见效快

《环保执法：省下垂管》

中央全面深化改革领导小组今天7月22日下午通过了很多重要的决定，笔者注意到其中有一个文件《关于省以下环保机构监测监察执法垂直管理制度改革试点工作的指导意见》。这个文件的功效将很快得到实践的证明。

中国的环保问题长期以来一直存在法律不全和执法不力的双重问题。自从环保法修正之后，现在法律文件上对环保污染企业的处罚已经从过去的人民币几十万到几百万罚款升到以亿为单位，第一个案例是江苏的泰州江边一个企业排污入长江被罚上亿元人民币。于是，执法问题就成了关键。

中国环保执法不力的根本原因是地方政府的利益决定了地方政府自觉自愿强力执法的动力是不足的。怎么解决这个问题？

中国地方太大，各省市自治区经济和环保差异很大。如果把中国的全国版图和欧盟的版图作一个类比，那么，中国的一个省级行政区域从面积、到人口到经济发展程度，类比于欧盟内部的一个个欧洲国家，大概是如此吧，作个比喻，以方便理解和说明。以省级为单位，对省以下地级市和县乡进行环保监察的垂直管理可以说，是目前状况下，成本较低、改革较易的一个措施。省级政府不管一寸土地，省级财政是架在地县财政之上的，因此具有相对的"超脱性"（但也是相对的），具备可以不要GDP和税收的执法姿态。同时，你要垂直管理，免不了要对部门负责人实行一定程度上的异地调动，从而切割和长期工作环境相关的各种人情世故带来的羁绊，但因为是在本省内调动，生活习惯、生活环境等各方面也没多大差异，容易适应，所以人事调动的合理性可操作性都相当明显。当然，更重要的是，熟悉本省情况，方便开展工作。

中国的空气污染是显性污染，水污染是显性污染，而土壤污染是隐性的，危害更大。我们切实期待，这三大污染在环保执法省下垂管之后，马上就能看到明显的改进。我们也相信有这一天。（完）

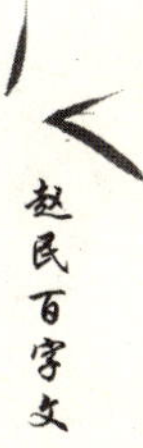

环保执法：省下直管

中央全面深改小组今天下午（7 月 22 日）通过了很多重要的决定，笔者注意到其中有一个文件:《关于省以下环保机构监测监察执法垂直管理制度改革试点工作的指导意见》。这个文件的功效将很快得到实践的证明。

中国的环保问题长期以来一直存在法律不全和执法不力的双重问题。自从《环保法》修正之后，现在法律文件上对环保污染企业的处罚已经从过去的人民币几十万元到几百万元骤升至以亿元为单位，第一个案例是江苏沿长江的一个企业排污入江被罚上亿元人民币。于是，执法问题就成了关键。

怎么解决这个问题?

中国地方太大，各省市自治区经济和环保差异很大。如果把中国的版图和欧盟的版图作一个对比，那么，中国的一个省级行政区域从面积到人口到经济发展程度，相当于欧盟内部的一个个欧洲国家，大概如此吧，作个比喻，以方便理解和说明。以省级为单位，对省以下地级市和县乡进行环保监察的垂直管理，可以说，是目前状况下成本较低、改革较易的一个措施。省级政府不管一寸土地，省级财政是架在地县财政之上的，因此具有相对的“超脱性”（但也是相对的），具备可以不要 GDP 和税收的执法姿态。同时，你要垂直管理，免不了要对部门负责人实行一定程度上的异地调动，从而切割和长期工作环境相关的各种人情世故带来的羁绊，但因为是在本省内调动，生活习惯、生活环境等各方面也没多大差异，容易适应，所以这种人事调动非常具有合理性和可操作性。当然，更重要的是，被调动者熟悉本省情况，方便开展工作。

中国的空气污染是显性污染，水污染是显性污染，而土壤污染是隐性的，危害更大。我们亟待这三大污染在环保执法省下直管之后，马上就能看到明显的改进。我们也相信有这一天。

赵民

2016-7-22 星期五

晚上 23:45 分

垂直执法管理，成本低见效快。

[赵杏民的杂文]

（签名） 2016-7-23 星期六
下午14:12分
这个"1+6"，没有亚洲开发银行

《从"6+1"到"1+6"》

只要是1980s年代前后出生的人，都一定记得中央电视台的一档节目：《非常"6+1"》。这档节目是当年很多中国百姓周末和平时晚上必看的合家欢节目，李咏也因这档节目而为普通中国老百姓家庭带来无数的欢乐和难忘的记忆。这档节目现在已经成为中国人美好生活欢乐时光的一部分，留在亿万电视观众的幸福岁月中。

昨天，2016年7月22日星期五，"1+6"来了：李克强总理和国际金融机构负责人举行"1+6"圆桌对话会，讨论了全球经济形势和挑战，讨论了中国经济转型中的增长新动能。这样的圆桌对话，以前没有见过，应该是改革开放以来的第一次吧。

六大国际经济金融机构中，世界银行和国际货币基金组织总部都在美国首都华盛顿D.C.，和在纽约的联合国，都是二战后维持和构建世界秩序的主要创新。而另一个世界贸易组织，则是中国人耳熟能详的三个英文字母WTO，当年为了加入这个国际组织，中国费了多大劲啊，吃奶的劲都拿出来了做改革，看看现在的"中国制造"，想想当年的巨大担心，十五年弹指一挥间啊。这六大经济金融组织中，国人最陌生的是金融稳定理事会，其源头是G20金融峰会。这么多大机构一齐来谈，含义颇丰，解读甚多。

但我们关心的是：今年下半年经济和金融会因为这次"1+6"而变好吗？我们还关心：这个事是外交部张罗的，还是财政部张罗的？应该不是商务部张罗的。

希望"1+6"也如同"6+1"那样，给中国老百姓带来好经济、好金融。（完）

从“6+1”到“1+6”

1980s之后出生的人，大都会记得中央电视台的一档节目：《非常“6+1”》。这档节目是当年很多中国老百姓周末和平时晚上必看的合家欢节目，李咏也通过这档节目为普通中国老百姓家庭带去无数的欢乐和难忘的记忆。这档节目已经成为中国人美好生活和欢乐时光的一部分，留在亿万电视观众的幸福岁月中。

昨天，2016年7月22日星期五，“1+6”来了。李克强总理和国际金融机构负责人举行“1+6”圆桌对话会，讨论了全球经济形势和挑战，讨论了中国经济转型中的增长新动能。这样的圆桌对话，以前没有见过，应该是改革开放以来的第一次吧。

这次前来的六大国际经济金融机构中，世界银行和国际货币基金组织总部都在美国首都华盛顿D.C.，它们和在纽约的联合国，都是二战之后维持和构建世界秩序的主要力量。而世界贸易组织，它的英文简称就是中国人耳熟能详的WTO，当年为了加入这个国际组织中国费了多大劲啊，看看现在的“中国制造”，想想当年的巨大担心，十五年弹指一挥间啊。这六大经济金融组织中，国人最陌生的是金融稳定理事会，其源头是G20金融峰会。这几个大机构一齐来谈，含义颇丰，解读甚多。

但我们关心的是：今年下半年国内的经济和金融会因为这次“1+6”而变好吗？我们还关心：这个事是外交部张罗的，还是财政部张罗的？应该不是商务部张罗的。

希望“1+6”也如同“6+1”那样，给中国老百姓带来好经济、好金融。

赵民
2016-7-23 星期六
下午14:12分
这个“1+6”，没有亚洲开发银行。

【赵德民的字文】

2016-7-23 星期六
晚上23:23分
窗外电闪雷鸣，窗内温暖如春

《成都信心：英国脱欧满月》

今天2016年7月23日星期六，很多中国老百姓心目中的"中国第四大名城"和"中国最宜居住的休闲之城"天府蓉城成都，贵客临门，高朋满座。2016年第三次G20财长和央行行长会议开张举行了，一时间，锦江宾馆和青城山谈笑皆鸿儒，往来无白丁。

整整一个月之前，6月23日，英国公投脱欧，脱欧派险胜，世界金融市场马上惊慌失措：各国股市暴跌（中国例外，是它方大战带来的），英镑和欧元大幅贬值，日元剧升最高摸到1美元兑99日元。各国政府多方努力，终于把剧烈跳上窜下的这头世界金融"狂牛"摁住，暂时乖乖趴下。

整整一个月以来，6月23日到7月23日，法国尼斯卡车恐袭，土耳其军事政变，德国列车和慕尼黑两次恐袭，英国首相卡梅伦下台，美国共和党特朗普上位总统候选人，美国狙击手专射警察，脸书无人机首飞96分钟成功，世界发生的大事中坏消息似乎更多一些。此时此地，此情此景，成都G20财长央行行长会议，世界对信心的期待要更多一分。

整整一个月来，中国经济中信心最足的是二种人：一是中国大妈们，黄金投资全面解套。3年前，当那些所谓的专业人士看空黄金走势，却不如天天在广场跳操健身的中国大妈阅尽人生沧桑，决定买入黄金，静候世界政经行情变幻，如愿迎来凯旋：别忙，先卖掉一半，再留一半，金价恐怕还有上行空间。第二类人是中国的房地产公司老板：万科、万达、恒大竟然入选《财富》杂志500强名单：万科第356位，万达第385位，恒大第496名。2016年就能进《财富》世界500强，完全在这三家公司掌门人的意料之外，大家想想就知道，国家统计局统计到的那些房价的信息，能让老百姓没有问题吗。

成都，一个国家中心城市和国际化大都市，一个具有全球影响力的科创中心，一个国际知名的文创中心，这次两天的G20财长行长盛会，又会给这个动荡的世界，带来天府之国的福音和信心吗？

（完）

成都信心：英国脱欧满月

2016年7月23日星期六，很多中国老百姓心目中的“中国第四大名城”和“中国最宜居住的休闲之城”天府蓉城成都贵客临门，高朋满座。2016年第三次G20财长和央行行长会议举行了，一时间，锦江宾馆和青城山“谈笑有鸿儒，往来无白丁”。

整整一个月之前，6月23日，英国公投脱欧，脱欧派险胜，世界金融市场马上“感冒发烧”：各国股市暴跌（中国例外，是宝万大战带来的），英镑和欧元大幅贬值，日元剧升至1美元兑99日元的高位。经过各国政府多方努力，终于把剧烈跳上蹿下的这头世界金融“狂牛”摁住，让它暂时乖乖趴下。

整整一个月以来，6月23日到7月23日，法国尼斯卡车恐袭，土耳其军事政变，德国列车和慕尼黑两次恐袭，英国首相卡梅伦下台，美国共和党特朗普成为总统候选人，脸书无人机首飞96分钟成功，世界发生的大事中坏消息似乎更多一些。此时此地，此情此景，世人对成都的G20财长和央行行长会议更多了一分期待。

整整一个月来，中国经济中信心最足的是两种人。

一是中国大妈，黄金投资全面解套。想当年，多少所谓的专业人士看空黄金走势，却不如天天在广场跳操健身的中国大妈阅尽人生沧桑，淡定购入黄金，静候世界政经行情变幻，如愿迎来凯旋：别忙，先卖掉一半，再留一半，金价恐怕还有上行空间。

第二类人是中国的房地产公司老板。万科万达恒大意外入选《财富》杂志500强榜单：万科第356位，万达第385位，恒大第496名。2016年就能进财富世界500强，完全在这三家公司掌门人的意料之外。大家想想就知道，国家统计局统计到的那些房价的信息，能让老百姓没有问题吗？

成都，一个国家中心城市和国际化大都市，一个具有全球影响力的科创中心，一个国际知名的文创中心，这次为期两天的G20财长和央行行长盛会，又会给这个动荡的世界带来天府之国的福音和信心吗？

赵民

2016-7-23 星期六

晚上23:23分

窗外电闪雷鸣，窗内温暖如春。

[建民的学文]　　王建民　2016-7-25 星期一 上午8:57分

世界的万科，中国的万科 这句话，从此更加响亮

《万科入选500强，未必利好》

上周，就在中国证监会对宝能和万科各打50大板，维护小股民利益持中约谈之际，《财富》杂志500强隆重出炉了。中国企业入围世界500强的数量，达到110家，仅次于世界GDP老大美国，这个结果符合一般媒体的正常预期，并无意外。让人稍感意外的是，中国一下子有三家房企第一次齐刷刷跨入世界500强：万科（356名），万达（385名），恒大（496名）。

万科首度进入500强即破400，是一种难得的好，很好，非常好。很多央企入围世界500强多年也没跨过400名这条线。当年联想集团第一次入围世界500强也是排在400名之后。依据2016年6月24日万科事业合伙人大会执委会的那封公开信《同心者同路》看，万科今年入围世界500强属意料之中、情理之外。

同样是入围世界500强，对万达和恒大而言，这当然是高兴事，尤其是恒大，虽然名列496名，但今年全国各地庆生的盛大活动占据了很多城市的热门新闻榜。但对万科而言，《财富》杂志在这个时间点上宣布这个结果，却未必是在正确的事在正确的时候公布。

这个时间点，财富500强名单公布，对万科管理层未必是最有利的。上周，恰好是中国证监会公开批评宝万大战双方，深圳证监会约谈双方主要负责人。如果入世界500强消息是在今年初公布，那么，对万科管理层而言更加利好。

这个消息，对宝能同样也不是利好的帮助。普通中国老百姓看到这条新闻，自然会这样想：万科已经是356名了，你们还折腾个啥子哟，好好地坐下来谈谈不行吗？谁把万科折腾出世界500强，谁就是股民罪人。

这个消息，对于中国证监会来说，却是一个来得早不如来得巧的好新闻：我这个时候出面让你们双方坐下来，非常正确啊。（完）

万科入选500强，未必利好

上周，就在中国证监会对宝能和万科各打五十大板，维护小股民利益持中约谈之际，《财富》杂志500强隆重出炉了。中国企业入围世界500强的数量达到110家，仅次于世界GDP老大美国，这个结果符合一般媒体人的正常预期，并无意外。让人稍感意外的是，中国一下子有三家房企第一次齐刷刷跨入世界500强：万科（356名），万达（385名），恒大（496名）。

万科首度进入500强即破400，是一种难得的好，很好，非常好。很多央企入围世界500强多年也没跨过400这条线，当年联想集团第一次入围世界500强也是排在400名之后。依据2016年6月27日万科事业合伙人大会执委会的那封公开信《同心者同路》来看，万科今年入围世界500强属意料之中、情理之外。

同样是入围世界500强，对万达和恒大而言肯定是高兴事，尤其是恒大，虽然名列496名，但他们今年在全国各地庆祝的盛大活动占据了很多城市的热门新闻榜。但对万科而言，《财富》杂志在这个时间点上宣布这个结果，却未必是将正确的事在正确的时候公布。

这个时间点公布财富500强名单，对万科管理层未必是最有利的。上周，恰好是中国证监会公函批评宝万大战双方，深圳证监会约谈双方主要负责人。如果入围世界500强的消息是在今年三月份公布，那么，对万科管理层而言更加利好。

这个消息对宝能而言同样也不是非常利好。普通中国老百姓看到这条新闻，自然会这样想：万科已经是356名了，你们还折腾个啥子哟，好好地坐下来谈谈不行吗？谁把万科折腾出世界500强，谁就是股民罪人。

这个消息对中国证监会来说，却是一个来得早不如来得巧的好新闻：我这个时候出面让你们双方坐下来，非常正确啊。

赵民

2016-7-25 星期一

上午8:57分

世界的万科，中国的万科。

这句话，从此更加响亮。

[赵民的字文]

2016-7-27 星期三
下午16:41分
古训言：亡羊补牢，未为晚也

《雅虎CEO的价值在哪里？》

对于美国特朗普胜出共和党总统候选人和英国公投脱欧，有媒体分析称，这是草根选民对于长期以来"精英们"的很多做法的一种厌恶及唾弃的反映和结果。从这个角度来看，雅虎CEO梅耶尔最近被曝光的天价薪酬和最后雅虎被美国Verizon公司最终收购的新闻，会从某个侧面和角度，进一步给这种分析提供依据。

梅耶尔作为雅虎被收购前的最后一任CEO，任职业绩表现平平，否则雅虎怎么会是这个下场呢？但与此同时，作为明星CEO，梅耶尔在这业绩乏善可陈的四年中，获得的报酬是1.4亿美元（但有的地说是1.396亿美元），再加上期权和"黄金降落伞"离职费，合计拿到2.189亿美元，平均一年大约5000万美元左右。

雅虎的日落西山，实事求是公平地说，不能全部由梅耶尔来担责。雅虎创始人杨致远毕竟重出江湖也没有扭转局面，否则董事会也不会高薪延请梅耶尔出镜了。但在杨致远重出江湖的这一段时间里，杨致远为雅虎在最后的岁月里，挣下了最为丰富的一笔资产：杨致远以惊人的眼光，以现金加雅虎中国的押注，换来了旭日东升般冉冉升起的阿里巴巴集团的价值巨大的股份，这也可能是后来马云很是懊悔的一个交易。阿里的资产使雅虎在相当一段时间里保持了身份和身价，这个价值绝对会是广大雅虎股民点头认同的。

与之相对应，我们再来看看梅耶尔主掌雅虎的这四年，雅虎又有什么事可圈可点让董人和股民点赞称道呢？

我们确实应该有契约精神，兑现任何对一个糟糕的职业经理人的薪酬，但同时，我们不应反思和总结这种安排的缺陷和不足吗？（完）

雅虎 CEO 的价值在哪里

对于美国特朗普胜出共和党总统候选人和英国公投脱欧，有媒体分析称，这是草根选民对于长期以来“精英”们的很多做法的一种厌恶及唾弃的反映。从这个角度来看，雅虎 CEO 梅耶尔最近被曝光的天价薪酬和雅虎被美国 Verizon 公司最终收购的新闻，会从某一个侧面进一步给这种分析提供依据。

梅耶尔作为雅虎被收购前的最后一任 CEO，任职期间表现平平，否则雅虎怎么会是这个下场呢？但与此同时，作为明星 CEO，梅耶尔在这业绩乏善可陈的四年中，获得的报酬是 1.4 亿美元（准确地说是 1.396 亿美元），再加上期权和“黄金降落伞”离职费，合计拿到 2.189 亿美元，平均一年大约 5000 万美元。

雅虎的日落西山，实事求是地说，不能全部由梅耶尔来担责。毕竟雅虎创始人杨致远重出江湖也没有扭转局面，否则董事会也不会高薪延请梅耶尔出镜了。但杨致远重出江湖的这一段时间里，为雅虎在最后的岁月里挣下了最为丰富的一笔资产：杨致远以惊人的眼光，以现金加雅虎中国的摊子，换来了旭日东升般冉冉升起的阿里巴巴集团价值巨大的股份，这也可能是后来马云很懊恼的一笔交易。阿里的资产使雅虎在相当长的一段时间里保持了身份和身价，这么说绝对会让广大雅虎股民点头认同的。

与之相对应，我们再来看看梅耶尔执掌雅虎的这四年，又有什么事可圈可点、值得旁人和股民点赞称道呢？

我们确实应该有契约精神，兑现任何一个糟糕的职业经理人的薪酬，但同时，我们不应反思和总结这种安排的缺陷和不足吗？

赵民

2016-7-27 星期三

下午 16:41 分

古训言：亡羊补牢，未为晚也。

[赵民的字]

2016-7-30 星期六

外界流行的很多措施都不如抓住根本的措施。星移斗转，规律依旧。

《向优秀企业学什么？》

时光很快地流逝，又到了半年董事会和高管会和半年工作总结的时间。这几天，奔波在长城内外和大江两岸，到场也好、参加也好、发言也好，听了几场企业的内部高层会议。整体看来，回顾起来，以利后来者思考。

不管你身处什么样的行业，不管你2016年上半年的成绩单怎么好看或难堪，年中的会议都不应该流于自喜或垂头丧气，你都没有资格或不到画句号的时刻。因此，什么样的努力奋斗目标，就成了半年总结会的一个重要话题、一个重要差异和一个重要标志。

对此，我们战略的忠告是：找个优秀的企业，或者找一个比你在某些方面优秀的企业，找一个在2016年你必需战胜的困难和挑战点，用剩下的半年时间，攻下它。

不同的企业有自己不同的问题，所以很难在一篇短文中写到完整和全面。但向优秀企业学什么，可以作为半年总结会的一个普遍适用的讨论主题。

一学商业模型，或称"战略转型"。怎么为客户提供更好的产品和服务，怎么跟上客户和竞争市场的最新趋势和形势，先抢市场份额还是先抢技术抑或人才，在只剩下五个月的2016年，应该是清晰的、稳健的、唯一的。不要树立太多的目标，不要一口吃成一个胖子，吃胖了还需要减肥。对于大多数中国传统服务业或制造业，这是重要的标准：找个商业模式更优秀的优秀企业，向它学习战略转型。

二学管理效率，或称"内部提升"。当今中国地王层出不穷，二线三线城市房价飞涨的今天，如果要留住和招聘到优秀的员工，就必须提高利润率和经营效率。否则，无以为长远竞争力。管理效率的提升，最大的困难在于内部思考。这个既需要狂风暴雨，又需要和风细雨的长期+短期的一场自我革命。向优秀企业学习，就是从自我思想观念的革命开始的。（完）

向优秀企业学什么

时光流逝，又到了半年董事会和高管会及半年工作总结的时间了。这几天，奔波在长城内外和大江两岸，列席也好、参加也好、发言也好，听了几场企业的内部高层会议。趁着周末，回顾一下，以利后来者思考。

不管你身处什么样的行业，不管你2016年上半年成绩单多么好看或难看，年中的会议都不应该沾沾自喜或垂头丧气，因为还不到画句号的时刻。因此，选择什么样的努力奋斗目标，就成了半年总结会的一个重要话题、一个重要差异和一个重要标志。

对此，我们正略的态度是：找一个优秀的企业，或者找一个比你在某些方面优秀的企业，找一个在2016年你亟需战胜的困难和挑战点，用剩下的半年时间攻下它。

不同的企业有自己不同的问题，所以很难在一篇短文中罗列完整和全面，但向优秀企业学什么，可以作为半年总结会的一个普遍适用的讨论主题。

一学商业模型，或称"战略转型"。怎么为客户提供更好的产品和服务，怎么跟上客户和竞争市场的最新趋势和形势，先抢市场份额还是先抢技术抑或人才，在只剩下五个月的2016年，这些问题应该是清晰的、确定的、唯一的，不要树立太多的目标，不要一口吃成一个胖子，吃胖了还需要减肥。对于大多数中国传统服务业或制造业企业来说，主要的目标是：找一个商业模式更优秀的企业，向它学习，战略转型。

二学管理效率，或称"内部提升"。在地王层出不穷、二线三线城市房价飞涨的今天，如果要留住和招聘到优秀的员工，就必须提高利润率和效能效率，否则，长远竞争力无从谈起。管理效率的提升，最大的困难在于内部思考，这是一场既需要狂风暴雨，又需要和风细雨的长期 + 短期的自我革命。向优秀企业学习，就是从自我思想观念的革命开始的。

赵民

2016-7-30 星期六

外界流行的很多措施，

都不如抓住根本的措施。

星移斗转，规律依旧。

[赵民白话文]　　赵民　　2016-7-30 星期六
上午10:28分
移动是物流,移动是人流,
移动是万物,移动是宇宙

《不懂移动互联的人才就是旧人才》

最近参加了几次企业客户的内部高层会议,有的是半年总结会,有的是半年战略经营会,有的是战略转型半年回顾。在某次会上,我谈了一个观点:不懂移动互联的企业管理人才,就是旧人才。会议结束后,现场客户老大对我说,你这句话点出了我想说但又一直没找到合适词汇的表达要点。

"互联网+"成为当今中国国家战略的今天,在移动互联技术全面结合各行各业产业升级转型的2016年,一个合格的企业管理人员,如果还不懂移动互联的创业模式、商业模式、组织结构新特点、市场开拓新途径、品牌营销新方式、技术创新新趋势、业绩指标新体系,那么,你怎么带来企业去未来升阶、跨阶的新发展?

懂移动互联,首先要懂当今时代下的新创业模式,如果不懂商业计划书BP,不懂天使、不懂VC、不懂基金、不懂新三板、不懂资本市场对创新企业的估值和评价,你怎么看得懂BAT的战略版图的大手笔布算?你怎么理解透为何小米抓住了风口,建立了没有小米集团总公司的小米集团生态系统群体公司?你怎么看得懂京东进入了世界500强而BAT却被远远地甩在后面、怎么会知道京东是中国最大的工业地产企业之一呢?你怎么知道360的AK步枪为什么在2015年如此走俏而2016年却进入了"保养期"?当然,你就可能更加无视滴滴打车今后在新的智能汽车无人驾驶和电动新能源汽车上的战略空间?

商业生态系统、行业壁垒、政府政策和企业管理的基础理论,在移动互联技术的冲击下,已经出现"决口到决堤"的不可逆转的进化和演化。

前两天看手机朋友圈的微新闻,有一个某私立医院的某著名医生因低头下楼梯边看手机而踩空跌倒,身体受伤躺在家中后悔。建议医院增开一个科室:手机病防治科,今后一定越来越受欢迎。

当手机在这"让中国人人人用上手机"的梦想成真的时候,懂手机的企业管理人员,就如同今天会用电脑上班的企业员工,成为企业管理的底线要求和"标配"。　　(完)

不懂移动互联的人才就是旧人才

最近参加了几次企业客户的内部高层会议，有的是半年总结会，有的是半年战略经营会，有的是战略转型半年回顾。在某次会上，我谈了一个观点：不懂移动互联的企业管理人才就是旧人才。会议结束后，现场客户老大对我说：“你这句话点出了我想说但又一直没找到合适词汇的表达要旨。”

在“互联网 +”成为中国国家战略的今天，在移动互联技术全面结合各行各业产业升级转型的2016年，一个合格的企业管理人员，如果还不懂移动互联的创业模式、商业模式、组织结构新特点、市场开拓新途径、品牌营销新方式、技术创新新趋势、业绩指标新体系，那么，你怎么为企业带来未来三年、五年的新发展？

懂移动互联，首先要懂当今时代下的新创业模式，如果不懂商业计划书 BP，不懂天使、不懂 VC、不懂基金、不懂新三板、不懂资本市场对创新企业的估值和评价，你怎么看得懂 BAT 的战略版图的内在逻辑？你怎么理解透为何小米抓住了风口，建起了“没有小米集团总公司”的小米集团生态系统群体公司？你怎么看得懂京东进入了世界 500 强而 BAT 却被远远地抛在后面、怎么会知道京东是中国最大的工业地产企业之一呢？你怎么知道 360 的“AK 步枪”为什么在 2015 年如此连发而 2016 年却进入了“保养期”？当然，你就可能更加无视滴滴打车今后在新的智能汽车无人驾驶和电动新能源汽车上的战略空间。

商业生态系统、行业壁垒、政府政策和企业管理的基础理论，在移动互联技术的冲击下，已经出现“决口到决堤”的不可逆转的进化和演化。

前两天看到朋友圈的微新闻，有一家主流医院的某著名医生因为边下楼梯边看手机而踩空跌倒，身体受伤躺在家中后悔。建议医院增开一个科室：手机病防治科，今后一定会越来越受欢迎。

当手机企业“让中国人人人用上手机”的梦想成真的时候，懂手机的企业管理人员，就如同今天会用电脑上班的企业员工，成为企业管理的底线要求和“标配”。

赵民
2016-7-30 星期六
上午 10:28 分
移动生物流，移动生人流。
移动生万物，移动生宇宙。

[趙民的字文]　　2016-7-30 星期六 上午10:54分 于摇篮中，始稳根基

《没有三级科目的全面预算管理，就是伪预算》

七月份是很多企业的财年报表半年报，也是部分企业习惯使用的新财年的第一个月份。毕竟，在火热的夏天开启崭新的一个财年，对企业股东会、董事会和高管层，更让人容易充满干劲和冲劲，总比寒冷的一月份需要靠喝酒来取暖沟通更加绿色健康和环保节约吧。

这样，同时财年预算的半年执行和年度预算，就成了基本功和管理水准。此时，企业高管要牢牢把握一个观点和观念：没有三级科目预算和决算细节的全面预算管理和决算管理，就是虚预算，就是伪预算，就是建立在沙滩上的望京双子座。

没有三级子科目，就无以判断如何执行和提升。2016年的各项社会公共成本支出、各项企业常见费用标准，有很多变数，需要与时俱进地调整和修正。这都归结于三级和三级以下的子科目。例如，由于2016年是B2B企业级服务创业企业的新兴高潮期，各类涉及企业服务的供应商竞争激烈，服务价格下降得很快，如果稍有常识，就可节省很多支出。尤其是涉及奖励旅游、分享住宿等方面，由于分享经济和移动技术进步带来的成本下降，差额巨大或比例巨大。但与此同时，由于中国证监会下属私募基金行业主管部门在中基协弄出来的全国从业人员“国考”资格考试及基金合规律师意见书的横空降临，因此而多出的律师费等无谓增加企业经营成本和人力物力的内部消耗，大大增加。当年搞P2P的那些无良无底线的骗人互联网金融网站，有关部门不去好好管一管，让他们去参加一下全国统考？现在那些骗子网站抓的抓，跑的跑，关的关，现在来布置全国资格统一考试，还给某几个人以“特殊特许豁免考试”，这是搞的哪门子事呢？

在中国，讲实事求是和与时俱进，操作层面的学问，大得很。

因此，当一个企业高层批准一个全面预算管理下的半年决算或预算，如果不细看三级科目子预算，那么这种批准就是不负责任。（完）

没有三级科目的全面预算管理就是伪预算

七月份是很多企业的财年报表半年报的时间，也是部分企业习惯使用的新财年的第一个月份。毕竟，在火热的夏天开启崭新的一个财年，对企业股东会、董事会和高管层来说，更容易让人充满干劲和冲劲，这总比寒冷的一月份需要靠喝酒来取暖沟通更加绿色健康和环保节约吧。

因此，回顾财年预算的半年执行情况和年度预算状况，就成了企业高管的基本功，非常能反映一个人的管理水准。此时，企业高管要牢牢树立一个观点和观念：没有三级科目预算和决算细节的全面预算管理和决算管理就是虚预算、就是伪预算，就是建立在沙滩上的望京双子座。

没有三级子科目，就无从判断如何执行和提升。2016 年的各项社会公共成本支出、各项企业常见费用标准有很多变数，需要与时俱进地调整和修正，这都反映在三级和三级以下的子科目。例如，由于 2016 年是 B2B 企业级服务创业企业的高潮年，各类涉及企业服务的供应商竞争激烈，服务价格下降得很快，如果稍有常识，就可节省很多支出。尤其是涉及奖励旅游、分享住宿等方面，由于分享经济和移动技术进步带来的成本下降，数额巨大或比例巨大。但与此同时，由于中国证监会下属私募基金行业主管部门无中生有弄出来的全国从业人员“国考”资格考试及基金合规律师意见书的横空降临，因此而多出的律师费等无谓增加了企业经营成本和人力物力的内部消耗。当年搞 P2P 的那些无良知、无底线的骗人互联网金融网站有关部门不去好好管一管，让他们去参加一下全国统考？今天那些骗子网站抓的抓、跑的跑、关的关，现在来布置全国资格统一考试，还给某几十号人以“特许豁免考试”权，这是搞的哪门子事呢？

在中国，讲实事求是和与时俱进，操作层面的学问大得很。

因此，当一个企业高层批准一个全面预算管理下的半年决算或预算，如果不细细看看三级科目子预算，那么，这种批准就是不负责任。

赵民

2016-7-30 星期六

上午 10:54 分

在摇晃中站稳根基。

【赵民的字文】

2016-8-2 星期二早上6:26分
我们今后多付的车费，就当作捐给滴滴去向国际、在全球和Uber竞争吧

《滴滴优步中国在一起：第二个阿里+雅虎中国案例？》

对于滴滴和优步中国Uber China双方在一起的新闻，昨天被炒到了如同这大热天的高温一般，有些热过头了。

滴滴打车如果真的完成对优步中国的并购，这意味着什么？

第一，共享经济的发展在中国将更加得到推崇。凡是属于分享过剩资源的创业项目，会将获得更多的天使、VC青睐。来吧，让分享经济来得更猛烈些吧。

第二，金沙江创投一战成名，因此跻身中国VC第一阵营。任何一家伟大企业的背后，经验表明，都站着一位伟大的母亲，如果说创业者是伟大企业的父亲的话。从公开报道的滴滴打车创业史的史实看，如果没有朱啸虎的金沙江创投的50万美元，就没有今天的滴滴。运气也好，眼光也好，任君猜测，任你解读，但由此一投，金沙江从创业投资圈中出列。让掌声来得更猛烈些吧。

第三，又一家千亿美元市值的公司触手可及。如果今年国庆节十一之前完成此并购交易，那么，明年六七月份，最迟至明年年底，估值过美元1000亿或许梦想成真。最好的计划是明年2017年9月完成挂牌上市。

第四，这是在分享经济时代，又一次当年阿里并购雅虎中国的案例的翻版。差别在于，今天的滴滴已经不缺现金，所以雅虎杨致远的10亿美金这次就不需要了。滴滴要的是，在中国这，可以和Uber竞争了。

第五，毫无疑问，我们作为消费者的打的钱，相对会涨价，变相会涨价，不管以什么名义出现。这是迟早的事，差别是，你心里接受还是不接受，滴滴公开承认还是躲躲闪闪。

（完）

滴滴优步中国在一起：第二个阿里 + 雅虎中国案例

对于滴滴和优步中国（Uber China）双方在一起的新闻，昨天被炒到了如同这大热天的高温，有点热过头了。

滴滴打车如果真的完成对优步中国的并购，意味着什么？

第一，共享经济在中国将更加得到推崇。凡是属于分享过剩资源的创业项目，定将获得更多的天使、VC 青睐。来吧，让分享经济来得更猛烈些吧。

第二，金沙江创投一战成名，至此跻身中国 VC 第一阵营。经验表明，任何一家伟大企业的背后，都站着一位伟大的母亲，如果说创业者是伟大企业的父亲的话。从公开报道的滴滴打车创业史来看，如果没有当初的金沙江创投的 50 万美元，就没有今天的滴滴。运气也好，眼光也好，任君猜测，凭你解读，但经此一投，金沙江从创业投资圈中出列。让掌声来得更猛烈些吧。

第三，又一家千亿美元市值的公司触手可及。如果双方在今年国庆节之前完成此并购交易，那么，明年六七月份，最迟到明年年底，滴滴估值过 1000 亿美元或许梦想成真。最好的计划是明年也就是 2017 年 9 月完成挂牌上市。

第四，这是在分享经济时代，当年阿里并购雅虎中国的案例的翻版。差别在于，今天的滴滴已经不缺现金，所以雅虎杨致远的 10 亿美元这次就不需要了。滴滴要的是，在中国之外可以和 Uber 竞争了。

第五，毫无疑问，我们消费者的打的钱相对会涨价，变相会涨价，不管以什么名义出现。这是迟早的事，差别是，你心里是接受还是不接受，滴滴是公开承认还是躲躲闪闪。

赵民

2016-8-2 星期二

早上 6:26 分

我们今后多付的车费，就当作捐给滴滴，让它走向国际，在全球和 Uber 竞争吧。

[赵民日学文]

《前半生，后半生：中国企业的二条命》

赵民 2016-8-2 星期二 早上7:46分

上半身国际视野，下半身中国实践 于是就有前半生，还是有后半生

昨天是8月1日，整整一天是在一座绿荫环抱的会议室里度过的，会议期间理所当然地听到多次拿企业管理和军队管理作类比的内容。闻着树香，嗅着草香，听着知了的纯朴坚韧的声声鸣叫，佛云涌动，一切都像回到农耕文明的时代，和谐而又安祥。

但手机里不时蹦出来的滴滴打车并购优步中国的新闻和传闻，时时在提醒着参会的企业高管：商场如战场。

进入2016年的中国优秀企业，按照企业成立时间的长短，或按照创始企业的创业者团队的创业经历，大致可以分为：第一次创业就成功的企业并延续到2016年在资本的寒冬里依然成功的，这样的企业有，但属于少数，大多数的中国企业是属于创业成立10年以上，或者创业者团队第二次乃至更多次创业的优秀企业。对于前者，我们看到的多是年轻人的冲动和激情，企业还处在青春躁动的成功阶段；对于后者，我们看到的更多的是成年人的成熟和激情，企业已然进入人生40不惑的成熟阶段。

有的企业，在2016年刚开始前半生；有的企业，更多的中国成功优秀企业，在2016年已经进入了她的后半生。

猫有几条命：众说纷纭，但比较公认的是猫有二条命。在2016年依然优雅地活着的中国企业，绝大多数，都已经历经磨难，饱经市场经济的洗礼，才能在红海里脱颖而出成为成功的前三甲，成为优秀的领先者。

中国企业的前半生，靠创始人的眼光、人品和格局，靠望远镜、显微镜和放大镜；中国企业的后半生，靠创业团队的信心、决心和恒心，靠IQ、EQ和IP。凡是创业历史10年以上的成功企业、凡是创业时间15年以上的优秀创业者，都有前半生和后半生。滴滴并购完优步中国就提前开始了后半生。（完）

前半生，后半生：中国企业的两条命

昨天是 8 月 1 日，我整整一天是在一座绿荫环抱的会议室里度过的，会议期间理所当然地听到多次拿企业管理和军队管理作类比的内容。闻着树香，嗅着草香，听着知了的声声鸣叫，佛云涌动，一切都像回到农耕文明的时代，和谐而又安详。

但手机里不时蹦出来的滴滴打车并购优步中国的新闻和传闻，时时在提醒着参会的企业高管：商场如战场。

进入 2016 年的中国优秀企业，按照企业成立时间的长短，或按照创办企业的创业者团队的创业经历，大致可以分为：第一次创业就成功并延续到 2016 年在资本的寒冬里依然成功的企业，这样的企业有，但属于少数，大多数的中国企业是属于创业成立 10 年以上，或者创业者团队是第二次乃至更多次创业。对于前者，我们看到的多是年轻人的冲动和激情，企业还处在青春躁动的成功阶段；对于后者，我们看到的更多的是成年人的成熟和激情，企业已然进入人生四十不惑的成熟阶段。

有的企业，在 2016 年刚开始前半生；更多的中国成功优秀企业，在 2016 年已经进入了它的后半生。

猫有几条命？众说纷纭，但比较公认的是猫有两条命。在 2016 年依然优雅地活着的中国企业，绝大多数都已经历经磨难，饱经市场经济的洗礼，然后才能在行业里脱颖而出成为成功的典范，成为优秀的领先者。

中国企业的前半生，依赖于创始人的眼光、人品和格局，依赖于望远镜、显微镜和放大镜；中国企业的后半生，依赖于创业团队的信心、决心和恒心，依赖于 IQ、EQ 和 IP。凡是创业历史 10 年以上的成功企业、凡是创业时间 15 年以上的优秀创业者，都有前半生和后半生。滴滴并购完优步中国，就提前开始了后半生。

赵民

2016-8-2 星期二

早上 7:46 分

上半身国际视野，下半身中国实践。

于是就有前半生，于是才有后半生。

[李稻葵的微文]　　李稻葵　2016-8-3 上午10:47分
刚进八月，并购潮涌，热浪炎炎

《埃隆马斯克合并特斯拉和SolarCity：又怎么样》

正当中国城市人被滴滴和优步中国的合并新闻搞得很爽和很不爽之际，隔着太平洋遥远的海那边，一个可能对全球新能源产业产生的未来重大影响的并购接踵而至：硅谷奇人埃隆马斯克（Elon Musk）将他先后一手创办的两家不同行业的创业上市公司：电动汽车特斯拉和太阳能面板SolarCity索性合并了。

明明白白，落落大方，够胆够胆，开价还高出大投行的普遍预期。

一直敢于脑洞大开的马斯克先生，这回提出的新思路新思维同样让人吃惊和震撼，当然也同样让人惊喜和看不懂：特斯拉的未来总体规划是"新四步"：整合能源再生与存储，丰富产品线，自动驾驶，共享出行。

瞧瞧，这四条，包涵了滴滴，包含了Uber，还包含了阿里私人车，还包含了常州天合光能+宁夏银星能源+中国国家电网+北汽电动车+无数小公司…

如果真的这两家公司将来没有其他出价更高的报价方（说真的，谁还会傻乎乎地去和两家公司的创始人+大股东较劲呢），那么，意味着什么？

第一是直接打开了全世界股市上市公司跨界并购的"眼力界"（江南用语）。哦，原来跨界还可以这么跨啊。真是"英雄俊豪杰，各领风骚"。

第二是给中国证监会出了一道新的难题：刚公布的不允许上市公司跨界并购的政策，怎么办？是等一等还是也跟进开绿灯？

第三是直接把对国家电网的挑战从理论纸面上落到现实中了：以前只是"砖家"们清谈，现在美国真有企业要用电动车储能分布式发电+分布式储能+分布式用电，好像真的梦想成真了哎，怎么应对？不理还是不睬？或者，以国家安全的名义，强调中国国情不同？

第四，下周起到下半年，中国A股上市公司新能源概念股和电动汽车概念股，到新三板里找自己的另一半，然后照猫画虎出击的，要严防死守。（完）

埃隆·马斯克合并特斯拉和 SolarCity: 又怎么啦

正当中国城市人被滴滴和优步中国的合并新闻搞得很爽和很不爽之际，隔着太平洋宽阔的海面，一个可能对全球新能源产业的未来产生重大影响的并购接踵而至：硅谷超人埃隆·马斯克（Elon Musk）将他先后一手创办的两家不同行业的创业上市公司——电动汽车特斯拉和太阳能面板 SolarCity 索性联合在一起了。

明目张胆，落落大方，够牛够胆，开价还高出大投行的普遍预期。

一直让人脑洞大开的马斯克先生，这回提出的新思路新思维同样让人吃惊和震撼，当然也同样让人怀疑和看不懂：特斯拉的未来总体规划是“新四军”：整合能源再生与存储，丰富产品线，自动驾驶，共享出行。

瞧，这四条，包含了滴滴，包含了 Uber，包含了百度无人车，还包含了常州天合能源 + 原无锡尚能 + 中国国家电网 + 北汽电动车 + 无数小公司……

如果 45 天之内真的没有其他出价更高的报价方（说真的，谁还会傻乎乎地去和这两家公司的创始人、一个大股东较劲呢），那意味着什么？

第一是直接扩大了全世界股市上市公司跨界并购的“眼力界”（江南用语）。哦，原来跨界还可以这么跨啊。真是“英雄豪杰，各领风骚”。

第二是给中国证监会出了一道新的难题：刚公布的不允许上市公司跨界并购的政策怎么办？是等一等还是也跟进开绿灯？

第三是直接把对国家电网的挑战从理论上落到现实中了：以前只是专家们清谈，现在美国真有企业要用电动车储能分布式发电 + 分布式储能 + 分布式用电，好像真的梦想成真了哎，怎么应对？不理还是不睬？或者，以国家安全的名义强调中国国情不同？

第四，下周起到下半年，中国 A 股上市公司新能源概念股和电动车概念股，到新三板里找自己的另一半，然后照猫画虎出老千的，要严防死守。

赵民

2016-8-3 星期三

上午 10:47 分

刚进八月，并购潮涌，热浪炎炎。

[走进股民的空间]

2016-8-3 星期三上午11:59分

《马斯克：新能源的梦和太阳城的痛》 忍着痛，奔向梦

名人固然值得羡慕，但名人的腋下，自有外人不知的痒；伟人当然值得学习，但伟人的腋下，也有常人一样的痛。

硅谷奇人马斯克，旗下特斯拉Teslar和太阳城SolarCity（这家公司居然在各大中文网站上没有公认的正式中文译名，是这家公司不准备进入中国市场呢，还是媒体都是译出比亚迪的粉丝不想让这家公司的中文名字出现？）合并案上所表现出来的雄心壮志和股市无奈，最好地诠释了上面的人之常情及世态炎凉。

拥有美好情怀的SolarCity，开创了"租用家庭太阳能设备"的商业模式，迅速向未来，也赢得了美人谷歌的芳心：2015年2月，Google向SolarCity投资3亿美元。但即使这样，SolarCity也难以在通向梦想成真的道路上继续独自一人走下去：资产负债率80%，净亏2500万美元（2016年第一季度），帐上余粮也不多了，仅剩三亿美元，比滴滴和Uber少得可以忽略不计。虽然理想很丰满，现实很骨感。

我们可以初步以小人之心测伟人之腹的是，这个Teslar和SolarCity的合并，一定不是一早就计划好的"发展战略"，而是创业道路上走一步看一步的灵活机动应对之策，如同当年红军四渡赤水一样。

滴滴和UberChina的幸运是，双方都还没有上市，所以不需要经受股民和投行分析师的拷问。幸福地一起呆着去吧，滴滴和优步。

但这一个合并，或许加快落地了分布式新能源在地球上的梦，特斯拉的充电桩，今后将真的会用SolarCity的太阳能技术来作支撑。中国的那些还在用煤电能源的充电桩厂商们，该醒醒了。

虽然我们不能确定合并后的Teslar公司就是这个地球上最好的太阳能整合一体新能源公司，但作为第一家这样模式的公司，特别值得我们尊敬。（完）

马斯克：新能源的梦和太阳城的疼

名人固然值得羡慕，但名人的腋下自有外人不知的痒；伟人当然值得学习，但伟人的胯下也有常人一样的疼。

在特斯拉 Tesla 和太阳城 SolarCity（这家公司居然在各大中文网站上都没有公认的正式中文译名，是这家公司不准备进入中国市场呢，还是媒体都是深圳比亚迪的粉丝不想让这家公司的中文名字出现？）合并案上，硅谷超人马斯克所表现出来的雄心壮志和在股市方面所表现出来的无奈，最好地诠释了上面所说的人之常情及世态艰难。

拥有美好情怀的 SolarCity，开创了“租用家庭太阳能设备”的商业模式，并依靠这一模式迅速后来居上，赢得了“美人”谷歌的芳心：2015 年 2 月，Google 向 SolarCity 投资 3 亿美元。但即使这样，SolarCity 也难以在梦想成真的道路上继续独自一人走下去：资产负债率 80%，净亏 2500 万美元（2016 年第一季度），账上余粮也不多了，仅剩 3 亿美元，与滴滴和 Uber 相比少得可以忽略不计。这真叫理想很丰满，现实很骨感。

我们可以初步以小人之心度伟人之腹的是，这次 Tesla 和 SolarCity 的合并一定不是一早就计划好的“长远战略”，而是创业道路上走一步看一步的灵活机动应对之策，如同当年红军四渡赤水一样。

滴滴和优步中国的幸运是双方都还没有上市，所以不需要经受股民和投行分析师的拷问。幸福地一边待着去吧，滴滴和优步。

但这一次合并，或许加快了分布式新能源在地球上的落地速度：特斯拉的充电桩，今后将真的会用 SolarCity 的太阳能技术来做座垫。中国那些还在用煤电能源的充电桩厂商们，该醒醒了。

虽然我们不能确定合并后的特斯拉公司就是这个地球上最好的太阳能垂直一体新能源公司，但作为第一家这种模式的公司，特别值得我们尊敬。

赵民

2016-8-3 星期三

上午 11:59 分

忍着疼，奔向梦。

［赵氏评说］

2016-8-8
星期一早上5:55分
一到比赛，老想夺金，易忘初心

《回归初心，回归本来》

这个世界上，总是有一些没有想到的事情会经常发生。昨天2016年8月7日星期天，一天安排得满满的：早上是与客户公司和项目团队开会，下午是和法律上的客户喝茶喝咖啡，晚上是安排下周的行程，确认种种客户的反馈和需求。工作忙碌之余，抽空打开手机上的《今日头条》看一眼里约的奥运新闻，期待着那个为中国队夺得首金的幸运儿的名字跳入眼帘：杜丽、易思玲抑或孙杨？

结果，杜丽得了银牌，孙杨也得了银牌。如果我昨晚入睡前的新闻《今日头条》没有遗漏并且准确的话，那么，里约奥运首日中国队没有金牌入帐。

肯定有点失落之余，一觉醒来，忽然明白：我这是过于苛求那些已经拼尽了全力的杜丽们、孙杨们。

本来，体育比赛的第一目的，就不是人人夺金牌。

本来，竞技体育的目的，就是让新秀冒出来，亮出来。

本来，奥运大赛的主要目的，就是四年一次，全球人类中的专项才能突出者大聚会，大团圆的聚会的快乐。

从这个意义上说，即使中国是第二大经济体了，奥运会比赛场上第一天中有没有拿到金牌，是一个没有必然联系的事情。从这个意义上说，即使中国的那些曾经拿过奥运金牌的选手昨天没有再夺金牌，是一个意料之中的正常概率：比赛充满了即时偶然性。高手面前，人人平等。

所以，只要我们回归体育的初心，回归竞技体育的本来，那么，奥运首日是否夺金折银，就不是一个包袱，也就没有包袱了。（完）

回归初心，回归本来

这个世界上，总是有一些让人意想不到的事情发生。昨天，2016 年 8 月 7 日星期天，我的一天安排得满满的：早上是在客户公司和项目团队开会，下午是和潜在的客户喝茶喝咖啡，晚上是安排下周的行程，确认种种客户的反馈和需求。在忙忙碌碌之余，我抽空打开手机上的“今日头条”看一眼里约的奥运新闻，期待着哪个为中国队夺得首金的幸运儿的名字跳入眼帘：杜丽、易思玲抑或孙杨？

结果，杜丽得了银牌，孙杨也得了银牌。如果我昨晚入睡前“今日头条”的新闻没有遗漏并且准确的话，那么，里约奥运首日中国队没有金牌入账。

颇为失落之余，一觉醒来，忽然明白：我这是过于强求那些已经拼尽了全力的杜丽们、孙杨们。

本来，体育比赛的第一目的，就不是人人夺金牌。

本来，竞技体育的首要目的，就是让新秀冒出来、亮起来。

本来，奥运大赛的主要目的，就是四年一次让全球人类中的专项才能突出者来次大聚会，大趴因为聚会而快乐。

从这个意义上说，虽然中国已经是第二大经济体了，但这与中国选手在奥运会比赛场上第一天有没有拿到金牌并无关系，两者没有必然联系；从这个意义上说，即使中国那些曾经拿过奥运金牌的选手昨天没有再夺金牌，也是一件意料之中的事：比赛充满了即时偶然性。高考面前，人人平等。

所以，只要我们回归体育的初心，回归竞技体育的本来，那么，奥运首日是否夺金斩银就不再是一个包袱，也就没有包袱了。

赵民

2016-8-8 星期一

早上 5:55 分

一到比赛，光想夺金，易忘初心。

［赵巍的字文］　　赵巍　2016-8-8　星期一　下午6:46分

失败的意外成功的意外的奥运会

《意外是竞技体育之魂》

奥运首日的比赛结果一出来，虽然中国队首日没有金牌显得多少有点让人意外，但这反倒再次证明了：里约奥运和历届奥运一样，是一场充满意外结果，创造意外惊喜的真正的人类竞技大赛。意外，是竞技体育之魂。没有意外，就没有体育新星的冉冉升起，就没有体育巨星的傲人记录，就失去了奥运大赛的真正魅力。

中国人记忆中，关于奥运的第一个意外，首推1984年洛杉矶奥运会许海峰比赛首日首个项目夺得当届奥运和1984年中国恢复参加奥运大赛之后的首块金牌。这种意外，时隔32年，依然深深地铭刻在中华儿女的精神文化传承的丰碑上。如果没有意外，这块金牌怎么如此令人难忘？

昨天的里约奥运会首日，匈牙利选手霍和巴斯打破了女子400米混合泳的世界纪录和奥运会记录，也打破了中国选手叶诗文四年前在伦敦创造的双项记录。这是一个令人惊奇的意外结果。与此同时，叶诗文本人没有进入决赛，成绩比四年前慢了很多秒，都不忍心读，这实是一个意外。从伦敦奥运造就中国游泳史上第一位集奥运冠军+世界锦标赛冠军+短池世界锦标赛冠军+亚运会金牌于一身的"傲人大满贯"这项荣誉，到四年之后里约奥运双记录被匈牙利新人所打破，叶诗文16岁的传奇和2016年里约的挫折，都是"意外是竞技体育之魂"这句话的最好诠释。

一切没有意外的奥运，即使在万里之外的里约召开，这样的比赛，又有谁会去看呢？又有谁没有期待呢？让我们继续期待里约的意外。（完）

意外是竞技体育之母

奥运首日的比赛结果一出来，虽然中国队没有金牌进账多少有点让人意外，但这反倒再次证明了一件事：里约奥运和历届奥运一样，是一场充满意外结果、创造意外惊喜的真正的人类竞技大赛。意外，是竞技体育之母。没有意外，就没有体育新星的冉冉升起，就没有体育巨星的傲人纪录，就失去了奥运大赛的真正魅力。

中国人记忆中，关于奥运的第一个意外，首推 1984 年洛杉矶奥运会许海峰比赛首日首个项目夺得当届奥运和 1984 年中国恢复参加奥运大赛之后的首块金牌。这种意外，时隔 32 年依然深深地铭刻在中华儿女的精神文化传承的丰碑上。如果没有意外，这块金牌怎么会如此令人难忘。

昨天的里约奥运会首日，匈牙利选手霍斯祖打破了女子 400 米混合泳的世界纪录和奥运纪录，也打破了中国选手叶诗文四年前在伦敦创造的双项纪录。这是一个令人惊奇的意外结果。与此同时，叶诗文本人并没有进入决赛，成绩比四年前慢了很多秒，这更是一个意外。从伦敦奥运造就中国游泳史上第一位集奥运冠军 + 世界锦标赛冠军 + 短池世界锦标赛冠军 + 亚运会金牌于一身的“傲人大满贯”，到四年之后里约奥运双纪录被匈牙利新人所破，叶诗文 16 岁创造的传奇和 20 岁经历的挫折，都是对“意外是竞技体育之母”这句话的最好诠释。

一场没有意外的奥运，那样的比赛又有谁会去看呢？又有谁还有期待呢？让我们继续期待里约的意外。

赵民

2016-8-8 星期一

上午 6:46 分

失败的意外 + 成功的意外 = 奥运会。

[走近民间写文]　　2016-8-8　星期一　晚7:30分

《孙杨输了，孙杨赢了》　孙杨在磨砺中慢慢成熟

奥运会首日晚上，当孙杨高大魁梧的身影出现在男子400米自由泳决赛的泳池边上时，关心里约奥运比赛的中国人，都把夺金的希望默默地寄托在孙杨的身上。这种寄托，因为白天举行的射击等比赛没有拿下首日首金，而又平添了更多的内涵。

3分钟之后，比赛成绩水落石出，孙杨以0.13秒痛失本项比赛金牌，从竞技体育的比赛结果看，孙杨此项决赛输了。

但接下来的意外一抱，却让国人为孙杨泽感一喜。媒体是这么描述这个"意外一抱"的：比赛结束后，孙杨的心情非常沮丧，离开场馆，路过中央电视台的直播机位的时候，他摆了摆手，婉拒了央视的采访。然而，在混合采访区，面对着簇拥上来的一大群中国记者，他再也无法控制情绪，一把抱住其中的一位腾讯记者痛哭起来。

这意外一抱，真情流露，纯朴而厚朴。

这意外一抱，孙杨让国人看到他在慢慢成长成熟。

这意外一抱，孙杨输了比赛，腾讯赢了，腾讯赢了媒体奥运报道竞赛。

这意外一抱，孙杨输了，孙杨赢了。

这意外一抱，让冷酷的比赛结果，充满了人性的温暖。

这意外一抱，让澳大利亚获胜选手霍顿的对孙杨恶意人身攻击的恶劣言行，顿显毫无素质。

奥运充满意外；孙杨，让我们充满期待。　　（完）

孙杨输了，孙杨赢了

奥运的首日晚上，当孙杨高大魁梧的身影出现在男子 400 米自由泳决赛的泳池边上时，关心里约奥运比赛的中国人，都把夺金的希望默默地寄托在孙杨的身上。这种寄托，因为白天举行的射击等比赛没有拿下首日首金而又平添了更多的内涵。

几分钟之后，比赛成绩水落石出，孙杨以 0.13 秒痛失本项比赛金牌，从竞技体育的比赛结果看，孙杨此项决赛输了。

但接下来的意外一抱，却让国人为孙杨深感一喜。媒体是这么描述这个“意外一抱”的：比赛结束后，孙杨的心情非常沮丧，离开场馆，路过中央电视台的直播机位的时候，他摆了摆手，婉拒了央视的采访。然而，在混合采访区，面对着围上来的一大群中国记者，他再也不能控制情绪，一把抱住其中的一位腾讯记者痛哭起来。

这意外一抱，真情流露，纯洁而质朴。

这意外一抱，孙杨让国人看到，他在慢慢成长成熟。

这意外一抱，孙杨输了比赛，腾讯赢了，腾讯赢了媒体奥运报道竞赛。

这意外一抱，孙杨输了，孙杨赢了。

这意外一抱，让冷酷的比赛结果，充满了人性的温暖。

这意外一抱，让澳大利亚获胜选手霍顿对孙杨恶意人身攻击的恶劣言行，顿显毫无素质。

奥运，充满意外；孙杨，让我们充满期待。

赵民

2016-8-8 星期一

上午 7:30 分

孙杨在磨砺中慢慢成熟。

[赵雅的字迹]　　　　　　　　　　　　　　2016-8-8
星期一上午8:58分

《孙杨一抱，腾讯大笑》　　　　腾讯今天的股价，会不会涨？

昨天奥运首日的比赛，孙杨以0.13秒的微弱差距痛失男子400米金牌，失去了首日为中国代表队摘首金的巨大荣誉的宝贵机会。但随后在混合采访区对腾讯记者抱头大哭的一幕，却让国人看到了一个真实的孙杨，淳朴的孙杨，孙杨虽败犹荣，泳道失金，一抱得国人之心。

作为签约孙杨的腾讯传媒，在这毫无准备的尽情一抱下，瞬间成为男子400米决赛这场比赛赛场之外的意外赢家，不，最大的赢家。

奥运不常有，四年一次；孙杨不常输，一抱更少见。此时此刻，此情此景下的随性举动，胜过精心策划的宣传文案，胜过孙杨如果男子400米摘金后的喜悦激动，更能打动善良观众读者的心。失败之后的英雄落泪，在摄像机前一经传播，夺去人心。

我们不知道当初腾讯是谁决策签约孙杨，现在我们只能说，幸运之花不常开，但奥运首日的幸运之花落在了腾讯小记的头上，躲也躲不掉，挡也挡不住。不得不羡慕，不得不嫉妒，决策签约孙杨的今天推出无疑是一个非常意外惊喜而正确的决策。腾讯应该为孙杨发一个红包。

我们同样可以预测，今后的奥运比赛日子里，各种让国人惊喜的"尽情一抱"类个性真情展现，将越来越多。但无论今后有啥创新，孙杨的这个尽情一抱，载入史册。

孙杨一抱，腾讯大笑

昨天奥运会首日的比赛，孙杨以 0.13 秒的微弱差距痛失男子 400 米自由泳金牌，失去了获得首日为中国队夺取首金这一巨大荣誉的宝贵机会。但随后在混合采访区对腾讯记者抱头大哭的一幕，却让国人看到了一个真实的孙杨、淳朴的孙杨，孙杨虽败犹荣，泳道失金，一抱得国人之心。

作为签约孙杨的腾讯传媒，在这毫无准备的尽情一抱下，瞬间成为男子 400 米决赛这场比赛赛场之外的意外赢家，不，是最大的赢家。

奥运不常有，四年才一次；孙杨不常输，一抱更少见。此时此刻、此情此景下的随性举动，胜过精心策划的宣传文案，胜过孙杨如果男子 400 米摘金之后的喜悦激动，更能打动普通观众读者的心。失败之后的英雄落泪，在摄像机前一经传播，更加直击人心。

我们不知道当初腾讯是谁决策签约孙杨的，现在我们只能说，幸运之花不常开，但奥运首日的幸运之花落在了腾讯小记的头上，躲也躲不掉，挡也挡不住。不管是羡慕，不管是嫉妒，决策签约孙杨到今天为止无疑是一个带给人意外惊喜且非常正确的决策，腾讯应该为孙杨发一个小红包。

我们同样可以预测，今后的奥运比赛日子里，各种让国人惊喜的“尽情一抱”类个性真情展现将越来越多。但无论今后有啥创新，孙杨的这次尽情一抱，将载入史册。

赵民

2016-8-8 星期一

上午 8:58 分

腾讯今天的股价，会不会涨？

[趙氏日常文]

趙 2016-8-10 星期三 上午8:52分

有灵性的洪荒之力，造就傅爷

《当洪荒教主傅园慧成为奥运冠军时》

前天2016年8月8日星期一下午，一个吉祥但炎热的出关日，忽然被微信群里的一段采访傅园慧的视频所捧腹大笑。大汗淋漓的我一下子充满了清凉：这样可爱的奥运小选手，前无古人，闻所未闻。

和大多数中国人一样，这是我第一次听到这位喀山世锦赛冠军的名字，但刚一[涂改]知道，就被电激：一个奥运选手，以自己比赛之外的杰出表现，娱乐了广大网民和中国百姓，让国人在2016年房价高企、烈日高照的夏日里充满快乐和轻松，让里约奥运给国人带来别样的美好和永远的记忆。以后大家一提洪荒Girl傅园慧，马上就会想起巴西里约。

昨天晚上，再打开微信朋友圈时，傅园慧已荣升"洪荒教主"了，如同江湖世界里的教主，满屏流传着教主的表情包做成的各种创作。人远在万里之外，但江湖上到处流传着教主的传说。于是，从2016年8月10日起，衡量一个中国人是否落伍、是否廉颇老矣的标准，已刷新为下面二个新的标准：第一，你是否知道"洪荒之力"的出处？第二，你是否知道洪荒教主傅园慧是哪省人？

今天早上起床，已经可以在《今日头条》里轻松搜到九十篇媒体或自媒体文章谈这位"傅爷"了。乖乖里的咚，一夜成"爷"了。那傅爷她老该怎么称呼呢：傅大爷还是傅老爷呢。还有，傅爷以后嫁人时怎么叫法呢：新娘傅[涂改]爷，今天大喜。其实不用我们瞎操心，傅爷自己会挑好新词的。你看，"洪荒之力"这四个字的选择和表达，似信手拈来，实充满智慧，用词水准已然达到水到渠成的层次。要不傅爷名字叫傅园慧，有个慧字。

现在，国人翘首以待的是，今后的某日，当洪荒教主傅爷拿下金牌，成为奥运冠军之时，她又会有什么表情包呢？那一定是个特大的特大的表情包。（完）

当洪荒教主傅园慧成为奥运冠军时

前天，2016年8月8日星期一下午，一个吉祥但炎热的出差日，忽然被微信群里一段采访傅园慧的视频逗得捧腹大笑。大汗淋漓的我一下子充满了清凉：这样可爱的奥运小选手，前无古人，闻所未闻。

和大多数中国人一样，这是我第一次听到这位喀山世锦赛冠军的名字，但刚一知道，就被电到：一个奥运选手，以自己比赛之外的杰出表现，娱乐了广大网民和中国百姓，让国人在2016年房价高企、烈日高照的夏日里充满快乐和轻松，让里约奥运给国人带来别样的美好和永远的记忆。以后大家一提洪荒Girl傅园慧，马上就会想起巴西里约。

昨天晚上，再打开微信朋友圈时，傅园慧已荣升“洪荒教主”了，满屏流传着教主的表情包：人还在万里之外，但江湖上已到处流传着教主的传说。于是，从2016年8月10日起，衡量一个中国人是否落伍、是否廉颇老矣的标准，已刷新为下面两个新的标准：第一，你是否知道“洪荒之力”的出处；第二，你是否知道洪荒教主傅园慧是哪省人？

今天早上起床，已经可以在“今日头条”里轻松搜到几十篇媒体或自媒体文章谈这位“傅爷”了。乖乖隆地咚，一夜成“爷”了。那“傅爷”她爸该怎么称呼呢，傅大爷还是傅老爷呢？还有，“傅爷”以后嫁人时怎么叫呢：新娘傅爷，今日大喜？其实不用我们瞎操心，“傅爷”自己会挑好新词的。你看，“洪荒之力”这四个字的选择和表达，看似信手拈来，实则充满智慧，用词水准已然达到水到渠成的层次。要不“傅爷”名字叫傅园慧，里面有个慧字。

现在，国人翘首以待的是，今后的某日，当洪荒教主“傅爷”拿下金牌，成为奥运冠军之时，她又会有什么表情包呢？那一定会是个特大特大的表情包。

赵民
2016-8-10 星期三
上午8:52分
有灵性的洪荒之力，造就“傅爷”。

[赵根的寄文]

[illegible] 2016-8-11 星期四 上午9:13分。

弱弱地问一句：瓷娃娃的教练是谁？

《福原爱对阵李晓霞：奥运比的是教练》

昨天晚上有场比赛一定让所有的观众觉得不过观众瘾：在8月10日（北京时间）晚上举行的中国李晓霞对阵日本瓷娃娃福原爱的奥运女子单打半决赛中，李晓霞以4:0横扫瓷娃娃，用时仅24分钟。

比赛结束后，瓷娃娃又哭了，让很多中国观众看了心疼。说实在的，在当今中国老百姓中知名度颇高而又很受到欢迎的，福娃娃恐怕是少有的几位日本名星（是名星，不是明星）之一。苍井空也颇有知名度，但是否很受欢迎，你懂的。

媒体对此颇有同情心，悠叹瓷娃娃生不逢时，在张怡宁时代一直被张怡宁压打，现在张怡宁退了，又遇到李晓霞这些对手。这样的分析只说对了一半。

奥运比赛，场上是运动员在比赛，场下是教练员在比赛，归根到底是教练员在比赛。运动员的比赛最多二届奥运、三届奥运，极个别的四届奥运及以上，而教练员的比赛，一比就是20年、30年、一代人的年龄。上场进行比赛的只是教练员的心血的结晶，是教练员个人水平、品德和格局的比拼，也是一个教练小组、训练团队的集体水平、品德和格局的比拼。

看一下中国在奥运会历史上历届比赛的成绩，中国优秀运动员层出不穷的项目：乒乓球、羽毛球、跳水、射击等，奥运冠军群星灿烂的背后是"梦之队"般的教练团队。一个体育项目持续20年、30年的长盛不衰，是教练员队伍的风气好、素质高、能力强。

从这个意义上说，瓷娃娃福原爱的0:4失利是偶然的，但中国队在张怡宁之后再现李晓霞，从总体规律上，是必然的。

（完）

福原爱对阵李晓霞：奥运比的是教练

昨天晚上有场比赛一定让所有的观众觉得不过瘾：在 8 月 10 日（北京时间）晚上举行的中国李晓霞对日本“瓷娃娃”福原爱的奥运女子乒乓球单打半决赛中，李晓霞以 4 : 0 横扫“瓷娃娃”，用时仅 24 分钟。

比赛结束后，“瓷娃娃”又哭了，让很多中国观众看了心疼。说实在的，在当今中国老百姓中知名度颇高而又很受欢迎的日本名星没几个（是名星，不是明星），“瓷娃娃”就是其中之一。苍井空也颇有知名度，但是否很受欢迎，你懂的。

媒体对此颇有同情心，感叹“瓷娃娃”生不逢时，在张怡宁时代一直被张怡宁吊打，现在张怡宁退了，又遇到李晓霞这些对手。这样的分析只说对了一半。

奥运比赛，场上是运动员在比赛，场下是教练员在比赛，归根到底是教练员在比赛。运动员的比赛最多两届奥运、三届奥运，极个别的四届奥运及以上，而教练员的比赛，一比就是 20 年、30 年、一代人的岁月。上场进行比赛的只是教练员心血的结晶，是教练员个人水平、品德和格局的比拼，也是一个教练小组、训练团队的集体水平、品德和格局的比拼。

看一下中国在奥运会历史上历届比赛的成绩，中国优秀运动员层出不穷的项目主要集中在乒乓球、羽毛球、跳水、射击等，奥运冠军群星灿烂的背后是“梦之队”般的教练团队。一个体育项目持续 20 年、30 年的长盛不衰，是教练员队伍的风气好、素质高、能力强。

从这个意义上说，“瓷娃娃”福原爱的 0 : 4 失利是偶然的，但中国队在张怡宁之后涌现李晓霞，从总体规律上是必然的。

赵民

2016-8-11

星期四 上午 9:13 分

弱弱地问一句：“瓷娃娃”的教练是谁？

[赵氏百字文]　　2016-8-14 星期天 下午14:15分

梦想成真 人生境界

《战胜菲尔普斯》

四年大赛，新星的突然升起固然值得惊喜，但老将恒星的复出更令人期待。本届里约奥运再让人期待的复出老将，当数美国泳坛"飞鱼"菲尔普斯。

里约当地时间8月9日，奥运会男子4×100米自由泳决赛，飞鱼领衔美国队勇夺金牌，将本人的第19块奥运金牌收入囊中。

里约当地时间8月13日，奥运会男子4×100米混合泳接力，菲尔普斯所在的美国队再次拿下金牌，飞鱼将个人的奥运会金牌总数增加到令人难以置信的23块。与此同时，飞鱼正式宣布退役。

奥运历史上，菲尔普斯将永远是一座大山，一座高峰，一座丰碑，矗立在往来者的夺金纪录史上，屹立在人类运动的奇迹创造史上：23块金牌3块银牌2块铜牌=28块奖牌，足以让很多国家望尘莫及。

但是，这样的飞鱼，依然可以击败。

昨天早上打开手机，《今日头条》里传颂着一名新加坡年轻奥运选手的名字：斯库林（又译斯古林），男子100米蝶泳奥运冠军，成绩50秒39，刷新奥运会纪录，战胜飞鱼。历史在这里呈现出很有乐趣的一面：菲尔普斯和他的老对手勒克洛斯及切赫居然同样的成绩一分一毫也不差并列第二名。

值得斯库林这个名字被年轻人记住的一个原因是：就在仅仅八年之前，13岁的新加坡小孩斯库林还仅仅是飞鱼的一个小粉丝，八年后，小粉丝就战胜了他的大偶像。（完）

最后，值得一提的是，斯库林的这块金牌，是新加坡奥运史首金。

战胜菲尔普斯

每逢大赛，新星的突然升起固然值得惊喜，但老将恒星的复出更令人期待。本届里约奥运最让人期待的复出老将，当数美国泳坛“飞鱼”菲尔普斯。

里约当地时间8月7日，奥运会男子4×100米自由泳决赛，“飞鱼”领衔美国队勇夺金牌，也将本人的第19块奥运金牌收入囊中。

里约当地时间8月13日，奥运会男子4×100米混合泳接力，菲尔普斯所在的美国队再次拿下金牌，“飞鱼”将个人的奥运会金牌总数增加到令人匪夷所思的23块。与此同时，“飞鱼”正式宣布退役。

奥运历史上，菲尔普斯将永远是一座大山、一座高峰、一座丰碑，矗立在后来者的夺金纪录史上，屹立在人类运动的奇迹创造史上：23块金牌+3块银牌+2块铜牌=28块奖牌，这个数量让很多国家都望尘莫及。

但是，这样的“飞鱼”依然可以超越。

昨天早上打开手机，“今日头条”里传诵着一名新加坡年轻奥运选手的名字——斯库林（又译斯顾林）：男子100米蝶泳奥运冠军，成绩50秒39，破奥运纪录，战胜“飞鱼”。历史在这里呈现出很有乐趣的一面：菲尔普斯和他的老对手勒克洛斯及切赫居然以同样的成绩并列第二名，一分一毫也不差。

斯库林这个名字值得被年轻人记住的一个原因是：就在仅仅八年之前，13岁的新加坡小孩斯库林还仅仅是“飞鱼”的一个小粉丝，八年后，小粉丝就战胜了他的大偶像。

最后，值得一提的是，斯库林的这块金牌是新加坡奥运史上的首金。

赵民

2016-8-14 星期天

下午14:15分

梦想成真，人生境界。

[赵曹民的字文]

2016-8-18
星期四下午13:48分

万科开会，市场关注，影响巨大，超过奥运

《万科819董事会怎么开》

今天是2016年8月18日星期四，明天8月19日周五，万科又要开董事会了。这是万科董事会在今年6月17日之后的一次关键会议，不同寻常地重要，因而引起了不同寻常的关注。此时，奥运会也可以放一放。

从6月17日到8月19日，整整两个月又两天（63天），风声雨声雷声，声声在告诉万科：一切皆已改变。

在过去的这63天中，万科已被《财富》杂志正式公布，成功入选世界500强，中国房地产界的一个光辉里程碑，从梦想变成现实。

在这过去的63天中，深圳的房价一路高涨，7月份深圳房价涨幅达到惊人的幅度：据今天8.18国家统计局公布的7月份70个大中城市住宅销售价格统计公布的数据：深圳7月份同比价格涨幅达到41.4%，是全国所有这70个大中城市中的带头大哥。

在这过去的63天中，宝能系不断增持股份已占万科25.4%，8月至今涨幅已达60%以上，宝能系浮盈340多亿。

在这过去的63天中，恒大横刀杀入，已持股6.82%，仅从涨幅带来的浮盈7.8亿，买入以来浮盈总计60多亿。恒大是谁？中国房地产2015年度亚军，和万科一同入选世界500强。宝能团队被广大基金和股民质疑其房地产管理能力，但恒大团队在这方面的被质疑"较很少"。恒大杀入是万科管理层没料到的。

在这过去的63天中，香港"大D会"郑家纯和钱林桥家族扫货万科H股，斥资约170多亿港币，万科H股8月日之后涨幅连连。

在这过去的63天中，万科和深圳地铁于6月12日在深圳市政府的标志性宾馆五洲宾馆连签四份战略合作协议备忘录，为此，王石临时改变出访以色列行程。深圳地铁总经理简民在现场演讲说，深圳地铁六月份干了两件大事，一是11号线六月底投运，二是大家都知道，你知我知。诡异的是，万科8月16日发公告说，深圳地铁入股万科在股东层面仍未达成共识。

现在这个局面，肯定不是万科管理层想看到的和当初预测到的。这次819董事会怎么开，就看华润的了。但归根结底，万科股价涨上来了，就下不去了。

（完）

万科“8·19”董事会怎么开

今天是2016年8月18日星期四，明天8月19日周五，万科又要开董事会了。这是万科董事会在今年6月17日之后的一次关键会议，不同寻常地重要，因而引起不同寻常的关注。此时，奥运会也可以放一放。

从6月17日到8月19日，整整两个月又两天（63天），风声雨声雷声，声声在告诉万科：一切皆已改变。

在过去的这63天中，万科已被《财富》杂志正式公布，成功入选世界500强，这是中国房地产界的一个光辉里程碑，梦想终于变成现实。

在这过去的63天中，深圳的房价一路高涨，7月份深圳房价涨幅达到惊人的幅度：据国家统计局今天公布的7月份70个大中城市住宅销售价格统计数据，深圳7月份同比价格涨幅达到41.4%，是这70个大中城市中的带头大哥。

在这过去的63天中，宝能系不断增持万科股份，已占万科总股本的25.4%，8月至今涨幅已达60%以上，宝能系浮盈320多亿元。

在这过去的63天中，恒大横刀杀入，已持股6.82%，每天涨幅带来的浮盈2.8亿元，买入以来浮盈总计60多亿元。恒大是谁？中国房地产2015年度亚军，和万科一同入选世界500强。宝能团队被广大基金和股民质疑其房地产管理能力，但恒大团队在这方面就很少“被质疑”。恒大杀入，是万科管理层没料到的。

在这过去的63天中，香港“大D会”郑家纯和张松桥秘密扫货万科H股，斥资约170多亿元港币，万科H股8月1日之后涨幅连连。

在这过去的63天中，万科和深圳地铁于6月12日在深圳市政府的标志性宾馆五洲宾馆连签四份战略合作协议备忘录，为此，王石临时改变前往以色列的行程。深圳地铁总经理肖民在现场演讲说，深圳地铁六月份干了两件大事，一是11号线六月底投运，二是大家都知道的，你知我知。诡异的是，万科8月16日发公告说，深圳地铁入股万科在股东层面仍未达成共识。

现在这个局面，肯定不是万科管理层想看到的和当初预测到的。这次“8·19”董事会怎么开，就看华润的了。但归根结底，万科股价涨上来了，就下不去了。

赵民

2016-8-18 星期四

下午13:48分

万科开会，市场关注。

影响巨大，超过奥运。

［赵民的字文］

2016-8-19星期五 早上7:58分

《万绿丛中一点红：国企也能当股东》 这样的人才竞争，将是充分的市场竞争

对于民营企业和外资企业来说，大范围的人才竞争，可能还没有到来，但信号已经发出：2016年8月18日，国务院国资委官方网站发布的国企员工持股试点方案，如果真的广泛实施，那么，对于很多高管中的优秀人才，市场化的身价就不是当年的年薪了，此时，选择去民企还是国企，差别都不大了。

这个文件细看一下，魔鬼在细节之中：

不是什么人都可以持股的：职工代表监事就不能参与，直系亲属多人在同一企业，只能一人持股。问题来了：今后如何选择职工代表？职工代表不能持股，监事还有什么激励？当然，不需要经济激励的政治先进人物不在此处之列。直系亲属一人持股算什么安排，决定了是否会鼓励直系亲属调离或辞职。这点，倒和我们已经类似。

持股比例最高上限和预留股权用以引进人才。1%的上限虽然有点"硬"，但执行方容易操作。预留股份是明确了，但预留多少给执行方留足了空间。

特别需要点明的是：持股方式可以用合伙制企业和资产管理计划，这对很多企业是救了命的可执行措施。个人持股和公司制持股在我国目前的公司法大环境下，是无法真正操作的，风险很大。

股权拿到之后的约束：要求36个月（3年）锁定，上市之后也是36个月，这样总共六年，基本上是一个5年规划也过去了，中层以上骨干的业绩是很能看出来了。离职、辞职、调离后，12个月内转让。换句话说：不在其位，不取其益。这和管理咨询公司的合伙人制度是接近了。

问题都会提出来了：国企员工买股份的钱从哪里来？卖房变现是最大的可能。但愿房地产中介不要欺负这些国企员工。（完）

万绿丛中一点红：国企也能当股东

对于民营企业和外资企业来说，大范围的人才竞争可能还没有到来，但信号已经发出：2016 年 8 月 18 日，国务院国资委官方网站发布了国企员工持股试点方案，该方案如果真的广泛实施，那么，对于很多国企的优秀高管人才来说，市场化的身价就不是现在的年薪了，此时，选择在民企还是国企差别都不大了。

这个文件细看一下，魔鬼在细节之中。

不是什么人都可以持股的：职工代表监事就不能参与，很多直系亲属在同一企业，只能一人持股。问题来了：今后如何选择职工代表？职工代表不能持股，监事还有什么激励？当然，不需要经济激励的政治先进人物不在此处讨论。直系亲属一人持股怎么作定位，决定了是否会鼓励直系亲属调离或辞职？这点倒和我们正略类似。

持股比例最高上限和预留股权用以引进人才。1% 的上限虽然有点“硬”，但执行方容易操作。预留股份是明确了，但预留多少给执行方留足了空间。

特别需要点明的是：持股方式可以用合伙制企业和资产管理计划。这对很多企业是救了命的可执行措施。个人持股和公司制持股在我国目前的公司法大环境下是无法真正操作的，风险很大。

股权拿到之后的约束：要求 36 个月（三年）锁定，上市之后也是 36 个月，这样总共六年，基本上是一个五年规划过去了，中层以上骨干的业绩可以很清楚地看出来了。离职辞职调离后，12 个月内转让。换句话说：不在其位，不取其益。这和管理咨询公司的合伙人制度很接近了。

问题也提出来了：国企员工买股份的钱从哪里来？卖房变现是最大的可能。但愿房地产中介不要欺负这些国企员工。

赵民

2016-8-19 星期五

早上 7:58 分

这样的人才竞争，才是充分的市场竞争。

[建民日学文]

2016-8-18
星期四 19:15pm

当NBA的球星都是中国人之时，美国人是不是就不行？

《女排 vs 男篮：战略定位不同命运结果迥异》

昨天8月17日，全国人民都沉浸在中国女排姑娘们给炎热盛夏带来的一股喜悦清凉中：女排苦战五局，反败为胜逆袭东道主巴西队，成功晋级半决赛，一雪八年前北京奥运会在家门口被巴西女排挡在了半决赛仅获铜牌的"耻辱"，报了一剑之仇。看到这个新闻时，恰好在飞机场的候机室里，满屋子旅客很多人泪水盈眶。

中国女排成了三大球中在里约奥运会大赛中仅剩的"独苗"。

与中国女排相映不是成趣而是让人没想到不想再看奥运比赛的是中国男篮的一败涂地。官方公布的技术统计，中国男篮在篮板、助攻、失误、三分命中数、犯规、效率这六项数据上位列全部球队的垫底，在平均得分、投篮命中率、三分命中率、罚球命中率这四项技术数据上是12支参赛队伍的倒数第二，排名最好的是抢断，排第四名。这样的男篮还不如不去里约。

这种成绩，和国内CBA热火朝天很不相配，让人惊诧莫名。

中国男篮主教练宫鲁鸣在采访时说：回我的厉害。"你们仔细看一下CBA的比赛，到最后的关键球，哪个队不是指望老外？"一针见血，振聋发聩：奥运会比赛不允许"外援"球员代表你中国上场比赛，所以，中国男篮外线就不行了。

这里有一个根本的问题：CBA的战略定位是什么？是一个汇聚外援大牌球星娱乐大众大球迷的"大秀场"呢，还是一个磨砺运动员意志和培养运动员经验的"大赛场"？中国女排获得的社会关注度远不如男子篮球，商业赞助也远不如男篮，没有钱引进大牌外援，反而定位清晰正确：国内大赛是国际大赛的练兵"大赛场"。

外援打天下的CBA，如同吃了伟哥，一旦外援没了，也就萎了。

媒体报道，今天8月18日中国男篮回到北京，有队员接受媒体采访时要给自己打6分。这个6分，中国老百姓很难接受，中国球迷很难接受。

其实，男篮还是相对"好"的，对比同样依靠外援的男子足球命运。（完）

女排 VS. 男篮：战略定位不同，命运结果迥异

昨天，北京时间 8 月 17 日，全国人民都沉浸在中国女排姑娘们给炎烈盛夏带来的一股喜悦清风中：女排苦战五局，反败为胜逆袭东道主巴西队，成功晋级半决赛，一雪八年前北京奥运会在家门口被巴西女排挡在了半决赛仅获铜牌的“耻辱”，报了一箭之仇。看到这个新闻时，我恰好在飞机场的候机室里，很多旅客泪水盈眶。

女排成了中国三大球中在里约奥运会大赛上仅剩的“独苗”。

与中国女排相映不是成趣而是让人沉重到不想再看奥运比赛的是中国男篮的一败涂地。从官方公布的技术统计来看，中国男篮在篮板、助攻、三分命中数、场均失分、场均净负分、犯规这六项数据上位列全部球队的垫底，在平均得分、投篮命中率、三分命中率、罚球命中率这四项技术数据上是 12 支参赛队伍的倒数第二，排名最好的是抢断排第四名。这样的男篮，还不如不去里约。

这种成绩和 CBA 的热火朝天很不相配，让人惊诧莫名。

中国男篮主教练宫鲁鸣在采访时说：自我的厉害。你们仔细看一下 CBA 的比赛，到最后的关键球，哪个队不是指望老外？一针见血，振聋发聩：奥运会比赛不允许“外援”球星代表中国上场比赛，所以，中国男篮外战就不行了。

这里有一个根本的问题：CBA 的战略定位是什么？是一个汇聚大牌球星外援娱乐广大球迷的“大秀场”呢，还是一个磨砺运动员意志和培养运动员经验的“大赛场”？中国女排获得的社会关注度远不如男子篮球，商业赞助也远不如男篮，没有钱引进大牌外援，反而定位清晰正确：国内大赛是国际大赛的练兵“大赛场”。

外援打天下的 CBA 如同吃了伟哥，一旦外援没了，也就蔫了。

媒体报道，今天中国男篮回到北京，有队员接受媒体采访时还给自己打了 6 分。这个 6 分，中国老百姓很难接受，中国球迷很难接受。

其实，男篮还是相对“好”的，对比同样依靠外援的男子足球而言。

赵民

2016-8-18 星期四

19:15pm

当 NBA 的球星都是中国人之时，美国队是不是就不行了？

【赵氏阿宝文】

2016-8-21 星期天早上8:12分
杨振宁李政道获诺贝尔奖，
是华裔美籍科学家获奖。
赵帅夺金，西北大学最高兴了

"跆拳道，苏州造"

谁说父母取名是一件无足轻重的小事？谁说给自己家孩子取个吉利帅气的好名字对下一代成长成功没有作用？里约奥运男子58公斤级跆拳道诞生的这位年仅21岁的奥运冠军——赵帅，用自己的拳头打出一片天下一块金牌之际，也用自己的名字：一个响当当的"赵帅"，加上自己的1米88的个子，给了天下生二胎的生头胎的父母们一个最好的提醒。

这是中国男子在奥运跆拳道的首金。一个历史性的突破的首金。

但这不是苏州培养出来的中国奥运跆拳道首金，赵帅之前，那个在北京奥运会和伦敦奥运会连取两枚女子49公斤级金牌的奥运冠军吴静钰，那个在里约奥运痛失奖牌后哭成泪人向刘鹏局长请罪鞠一躬的吴静钰，就是苏州培养出来的奥运冠军。

在中国体育界，苏州的跆拳道是一道亮丽的风景。

这样生猛彪悍的打打杀杀流汗流血的运动，居然在满城书卷味、吵架也动听的苏州古城扎根发芽、开花结果、香满天下，让所有不了解内情的中国奥运观众，尤其是苏州出来的外地人，多少有点惊异。

苏州不仅有东吴大学的法学院，有乡镇企业的江南模式，今天，苏州还有中国体育界独创的苏州奥运模式：专业管理、奥运目标、引进人才、省队市管。这样的模式下，不仅跆拳道，苏州造，而且女子举重（江苏女子可以举起那么重的杠铃？呵呵）、男子手球（这个好像还有点戏呢，苏州男子短跑全国闻名）、现代五项、田径中长跑也有苏州专业队直奔奥运会，最近又新增了轮滑、速度滑冰等项目。呵呵，苏州又要造速度滑冰奥运冠军啊。

这个机制，和中国射击队有一个独一无二的"国家二队"——清华大学射击队，是不是一个道理？

从战略上讲：一是城市要有钱。苏州可能是江苏最有钱、江南除了上海以外最有钱的城市地方政府了（所以苏州房价贵去了去了）。二是要有机制，国家体育总局和江苏省支持。三是要敢于人才引进。没有出生黑龙江、落户常州武进的赵帅，哪有里约奥运跆拳道的苏州造？

（完）

跆拳道，苏州造

谁说父母取名是一件无足轻重的小事？谁说给自己家孩子取个吉利帅气的好名字对下一代的成长成功没有作用？年仅 21 岁的里约奥运男子 58 公斤级跆拳道冠军赵帅，用自己的拳头打出一片天下、一块金牌之际，也用自己的名字——响当当的“赵帅”，加上自己的 1 米 88 的个子，给了天下生头胎的、生二胎的父母们一个最好的提醒。

这是中国男子在奥运跆拳道项目的首金，是一个历史性的突破。

但这不是苏州培养出来的中国奥运跆拳道首金。赵帅之前，那个在北京奥运会和伦敦奥运会连取两枚女子 49 公斤级金牌的奥运冠军吴静钰，那个在里约奥运痛失奖牌后哭成泪人向刘鹏局长深鞠一躬的吴静钰，就是苏州培养出来的奥运冠军。

在中国体育界，苏州的跆拳道是一道亮丽的风景。

这样生猛彪悍、打打杀杀、流汗流血的运动，居然在满城书卷味、吵架也动听的苏州古城扎根生芽、开花结果、香满天下，让所有不了解内情的中国观众，尤其是苏州以外的人多少有点惊讶。

苏州不仅有东吴大学的法学院，有乡镇企业的江南模式，还有中国体育界独创的苏州奥运模式：专业管理，奥运目标，引进人才，省队市管。这样的模式下，不仅“跆拳道，苏州造”，而且女子举重（江南女子可以举起那么重的杠铃？呵呵）、男子手球（这个好像还有点戏呢，苏州男子短跑全国闻名）、现代五项、田径中长跑也有苏州专业队直奔奥运会，最近又新增了轮滑、速度滑冰等项目。呵呵，苏州又要造速度滑冰奥运冠军啊。

这个机制，和中国射击队有一个独一无二的“国家二队”——清华大学射击队，是不是一个道理？

从战略上讲：一是城市要有钱，苏州可能是江苏最有钱、江南除了上海之外最有钱的城市了（所以苏州房价贵啊）；二是要有机制，国家体育总局和江苏省支持；三是要敢于人才引进，没有出生辽宁、落户常州武进的赵帅，哪有里约奥运跆拳道的“苏州造”？

赵民
2016-8-21 星期日
早上 8:12 分

杨振宁、李政道获诺贝尔奖，是华裔美籍科学家获奖。赵帅夺金，西北大学最高兴了。

〔赵氏随笔〕

2016-8-21
星期天早上7:17分

从林丹到谌龙，中国羽
成林丹到谌龙，宗伟不幸

《林丹+谌龙：李宗伟之叹和赞》

昨天2016年8月20日星期六周末晚上的鲜花，都是属于那个湖北荆州小伙的：里约奥运羽毛球男单决赛，谌龙大战李宗伟，成功拿下冠军。李永波的那句平淡的名言："8月份是你的天下，相信自己"，顿时传遍宇宙银河系。

这是一场回肠荡气的决赛，和8月19日前一天林丹李宗伟半决赛的"林李大战"同样惊心动魄，是水准，是功力，是节奏，是心理大战。虽然本届奥运会中国羽毛球队成绩不是很理想，金牌拿少了，尤其是女子羽毛球成绩太差，但是，客观地说，贡献了8月19日的"林李大战"和8月20日的"龙伟"之战，对奥运观众和奥运精神，也许有所交待了：这都是"世界波"典范之战。

赛后媒体迅速采访了谌龙。这是一个在激动中也保持清醒逻辑的聪者智者慧者，谌龙提到了昨天的"林李大战"对他今天成功的不可磨灭的作用：林李大战消耗了李宗伟的体力。

李宗伟之叹，叹就叹在他遇到了李永波这样大师级的教头，遇到了中国羽毛球男单的"黄金一代"：林丹+谌龙为代表的代际群星。谁能说人生没有一点点运气？人生命不讲时来运转，那是蒙上双眼讲瞎话。

李宗伟之叹之余，相信只要看了手机上播放出镜中李宗伟从上到下从前到后的一条条伤疤照，就会油然而生对一个伟大运动员的肃然起敬：这样的银牌，含金量同样沉甸甸；这样的选手，虽败犹荣；这样的奥运，是人生最好的励志大片。有啥可看的韩流青春剧，比照里约奥运的伟大林丹、李宗伟和谌龙这三人的两场决赛半决赛人生大战呢。

林丹、李宗伟和谌龙，是用生命在这个火热的八月，拼搏人生。

顺便说一句：以谌龙在羽毛球场后答央视记者之问的回答内容，谌龙退役后，可以从商经商，如同当年李宁那样。这个头脑，有商海潜质。

最后说一句，女单的中国队两名名额，应该给王适娴一个，用老将，不如启新军。（完）

林丹 + 谌龙：李宗伟的叹和赞

昨天，2016 年 8 月 20 日星期六晚上的鲜花都是属于那个湖北荆州小伙的：里约奥运羽毛球男单决赛，谌龙大战李宗伟，成功拿下冠军。李永波的那句平淡的名言“8 月份是你的天下，相信自己”，顿时传遍世界。

这是一场荡气回肠的决赛，和前一天半决赛的“林李大战”同样惊心动魄，见水准，见功力，见节奏。虽然本届奥运会中国羽毛球队成绩不怎么样，金牌拿少了，尤其是女子羽毛球成绩太差，但是，客观地说，贡献了 8 月 19 日的“林李大战”和 8 月 20 日的“龙伟之战”，他们对奥运观众和奥运精神也算有所交代了：这都是“世界级”典范之战。

赛后媒体迅速采访了谌龙。这是一个在激动中也保持清醒逻辑的聪者、智者、慧者，谌龙提到了昨天的“林李大战”对他今天的成功具有不可磨灭的作用：“林李大战”消耗了李宗伟的体力。

李宗伟之叹，叹就叹在他遇到了李永波这样大师级的教头，遇到了中国羽毛球男单的“黄金一代”：以林丹 + 谌龙为代表的代际群星。谁说人生没有一点点运气？人生而不讲时来运转，那是蒙上双眼讲瞎话。

相信只要看了比赛的观众，就会注意到李宗伟身上从上到下、从前到后那一条条止痛膏贴，就会油然地对这样一个伟大运动员肃然起敬：这样的银牌，含金量同样沉甸甸；这样的选手，虽败犹荣；这样的奥运，是最好的励志大片。有什么韩流青春剧能比得了里约奥运上林丹、李宗伟和谌龙这三个人的两场大战呢？

林丹、李宗伟和谌龙，是用生命在这个火热的八月拼搏。

顺便补一句：以谌龙在赢球后答央视记者之问的水平来看，谌龙退役后可以经商，如同当年李宁那样。这个头脑，有从商的潜质。

最后说一句，中国女单的两个名额应该给王适娴一个，用老将不如启新军。

赵民
2016-8-21 星期日
早上 7:17 分
从林丹到谌龙，中国之幸。
战林丹到谌龙，宗伟不幸。

[赵民同学]

2016年8月22日星期一
上午8:18分

女排是一部最好的励志大片
郎平是一个最好的生活榜样

《团队学女排，个人学郎平》

郎平率领下的中国女排，昨天2016年8月21日星期天生命之花怒放，勇夺奥运冠军，给本届里约奥运会中国代表团赢得了最有份量的一块金牌。时隔35年之后，为女排精神谱写了最新的辉煌一页。

举国为之振奋，全民为之欢呼。

这种振奋和欢呼，一方面是因为中国女排在本届奥运会上夺冠之路的回肠荡气，另一方面，更深层次的原因，是中国社会和中国老百姓，对这种艰难困境下中国女排身上如同天然基因般迸发出来的顽强精神的一种激动和欢呼，是对民族精神的一种激动和欢呼。

女排精神从1981年中国女排在袁伟民率领下首次夺冠开始，到2016年35年之后在郎平率领下第三次夺得奥运冠军，其间2004年雅典奥运会梅开二度，有兴有衰，有荣耀有失败，有泪花有汗水，特别像我们每个人所经历的生命之路、生活经历，特别像我们每个公司和单位集体所走过的艰难创业之路，特别像我们祖国三十多年来改革开放所走过的民族复兴之路。这种骨子里的认同和继承，不是时间和困难可以磨灭的，一旦遇到一个爆点，就如同火山喷发那样马上喷放而出。

这次夺冠的中国女排，平均年龄24岁，年轻的有19岁的，多数为90后出生，她们在赛场上是万众敬佩的冠军人、拼命三郎，每一次强攻、一次救球都奋不顾身，在球场下，她们就是邻家女孩，自拍唱歌，普通凡人。她们让我们普通老百姓觉得，她们能做到的，我们也能做到。中国女排，是一群最好的"精神富二代"，一个最好的人生励志电视剧的女主角群体。

郎平本次夺冠后还得到粉丝们送的"郎圣母"的称呼，无比的尊敬中包涵着国民的无比亲近，完成了个人形象和人生价值的一次升华和飞跃。郎平成长和成功于举国体制，但后来选择了一条既终身以事自己热爱而也擅长的排球专业工作（不同于李宁退役之后的转型），而又不让组织操心安排官职，走大多成奥运冠军依靠体制搭建辉煌成功员退休之后的人生道路，和30年人生磨砺，在自己55岁之际，不仅实现了事业梦想，而且，更重要的是，以自己35年的实践之路告诉国人走自己想走的路，拼搏人生，终能成功。（完

团队学女排，个人学郎平

郎平率领下的中国女排，在昨天（2016 年 8 月 21 日，星期天）上演了一出王者归来、玫瑰怒放的大戏，经过四局的苦战勇夺奥运冠军，给本届里约奥运会中国代表团赢得了最有分量的一块金牌。时隔 35 年之后，她们为女排精神再次谱写了辉煌一页。

举国为之振奋，全民为之欢呼。

这种振奋和欢呼，一方面是因为中国女排在本届奥运会的夺冠之路让人回肠荡气，更深层次的原因是中国社会和中国老百姓为中国女排在艰难困境下迸发出来的顽强精神所激动和欢呼，这是对民族精神的一种激动和欢呼。

女排精神始于 1981 年中国女排在袁伟民率领下首次奥运夺冠，2004 年雅典奥运会梅开二度，今年又在郎平率领下第三次夺得奥运冠军，其间有兴有衰，有荣耀有失败，有泪花有汗水，特别像我们每个人所经历的生命之路，特别像我们每个公司和单位集体所走过的艰难创业之路，特别像我们祖国 30 多年来改革开放所走过的民族复兴之路。这种骨子里的认同和继承，不是时间和困难所能够磨蚀的，一旦遇到一个爆点，就如同火山喷发那样马上喷薄而出。

这次夺冠的中国女排，平均年龄 24 岁，最年轻的 19 岁，多数为 90 后。她们在赛场上，是万众敬佩的拼命三郎，为一次强攻、一次救球而奋不顾身；在球场下，她们就是邻家女孩，自拍唱歌，如同所有普通人。她们让普通老百姓觉得，她们能做到的，我们也能做到。中国女排是一群最好的“精神富二代”，一部最好的励志电视剧的女主角群体。

郎平在本次率队夺冠后迅速地被粉丝们冠以“郎圣母”的称呼，无比的尊敬中包含着国民的无比亲近，完成了个人形象和人生价值的一次升华和飞跃。郎平成长和成功于举国体制，但后来选择了一条既终身从事自己热爱又擅长的排球专业工作（不同于李宁退役之后的转型），又不让组织操心安排官职走大多数奥运冠军依靠体制度过辉煌运动员生涯之后的人生道路，积 30 年人生磨砺，在自己 55 岁之际，不仅实现了事业梦想，而且以自己 35 年的实践之路告诉国人，走自己想走的路，拼搏人生，终能成功。

赵民

2016 年 8 月 22 日

星期一

上午 8:18 分

女排是一部最好的励志大片，郎平是一个最好的生活榜样。

[赵民的字迹]　　　　李XX 2016-8-24 星期三 早上9:28分

《要姚明，更要郎平》

只有国际视野的明星运动员，中国还很缺；拥有世界经历的明星主教练，中国更急需。

里约奥运会毕竟东流去，金牌拿过来，女排打得喜。此时此刻，对于中国女排的总结，化作了对女排精神中的学习和弘扬。

在女子三大球中，女排是最棒的；在男子三大球中，男篮是最好的。所以，如果要在东京奥运会弘扬女排精神中，争取为国家为民族增光添彩，那么，选择中国男子篮球这样的项目做些有针对性的分析和研究，比寄希望于中国男子足球，更现实和靠谱些。

中国男子篮球在过去的30多年改革开放中，确实也前进了很多，虽然里约奥运会成绩让国人很是不爽，但毕竟是培养出了一大批世界上也可圈可点的著名优秀运动员和体育明星代表人物，诸如易建联，还如姚明。

姚明作为中国人的骄傲，让国人对中国人也能建成世界一流篮球队充满自信：中国人打篮球可以征服篮球王国的美国人，那么，总有一天，一支由姚明们组成的明星男篮，当可奥运前三，争金夺银。

所以，当奥运归来阿联再赴美国签约湖人队的消息传来，我们心中充满了高兴，满满的自豪。

但是，男子篮球有上世界一流俱乐部打球队员的，和中国女排相比，还没有回国当国家队主教练的，还没有在国外当高水平队伍的助教和教练的，还没有到国外大学学习体育相关专业硕士研究生的（是那种认真读书读进去的），一句话，还没有郎平。

郎平本人虽然不可复制，但其郎平的成长经历、成长经验可以总结和推广。中国有那么多优秀运动员退役后出国工作、学习和生活，却鲜有继续在世界范围从事自己本来的运动项目当助教、当教练、当俱乐部主教练、当诸如美国队主教练的优秀国家队主教练的，这是为什么？是什么原因？是个人和运动项目的原因，还是社会和人才流动的原因？

中国需要更多的姚明和阿联，但中国东京奥运会，呼唤更多的郎平。（完）

要姚明，更要郎平

里约奥运会，毕竟东流去；金牌拿过来，女排夺冠喜。此时此刻，对中国女排的点赞，化作了对女排精神的学习和弘扬。

在中国女子三大球中，女排是最棒的；在中国男子三大球中，男篮是最好的。所以，如果要在东京奥运会弘扬女排精神，争取多为国家为民族增光添彩，那么选择中国男子篮球这样的项目做些有针对性的分析和研究，比寄希望于中国男子足球更现实和靠谱些。

中国男子篮球在过去的 30 多年改革开放中确实也前进了很多。虽然他们在里约奥运会的成绩让国人很是不爽，但毕竟培养出了一大批在世界范围内也可圈可点的优秀运动员和代表人物，近如易建联，远如姚明。

姚明是中国人的骄傲，他让国人对中国也能打造世界一流篮球队伍充满信心：中国人打篮球可以征服被誉为“篮球王国”的美国，那么，总有一天，一支由“姚明”们组成的明星男篮，当可进入奥运前三，并斩金夺银。

所以，当奥运归来后阿联再赴美国签约湖人队的消息传来，我们心中充满了高兴和满满的自豪。

中国男子篮球队有在世界一流俱乐部打球的队员，但和中国女排相比，还没有回国当国家队主教练的，还没有任国外高水平队伍的助教和教练的，还没有在国外大学学习体育相关专业的（是那种认真读书读进去的），一句话，还没有郎平。

郎平本人虽然不可复制，但郎平的成长经历、成长经验可以总结和推演。中国有那么多优秀运动员退役之后出国工作、学习和生活，却鲜有继续在自己本来的运动项目上当助教、当俱乐部主教练、当诸如美国队这样的优秀国家队主教练的，这是为什么？是个人和运动项目的原因？还是社会和人才流动的原因？

中国需要很多的姚明和阿联，但中国呼唤更多的郎平。

赵民

2016-8-24 星期三

早上 9:28 分

具有国际视野的明星运动员，中国还很缺；

拥有世界经历的明星主教练，中国更急需。

[赵民的字文]　　（签名）2016-8-24星期三上午8:42分
郎平本人不可复制，中国女排可以借鉴

《中国备战东京奥运会战略：郎平和女排的启示》

里约奥运会结束了，中国女排拿到了中国代表团26枚金牌中最后一枚，也是含金量最大、影响力最广、对中国代表团备战东京奥运会很有启发意义的一块金牌。

中国女排和郎平，给中国备战东京奥运会的战略，提供了这样的启示：

第一，要敢于启用突破旧体制的优秀教练、明星教练。一个明星队员是带不出一支明星球队的，但一个敢于突破旧体制的优秀教练和明星教练，就可以调教出一支优秀的球队，一支具有顽强拼搏精神的队伍。建议总结郎平从一个1984年洛杉矶奥运会冠军队成员，成长为2016年里约奥运会冠军队主教练的成长路径。怎么总结？认真研读郎平自己写的那本书是办法之一。在某些长期冷门或积弱项目，从体制外引进既有强烈爱国情怀和事业心，又有国际视野专业水准的优秀教练，不妨试一下。反正长期积弱，又有什么可怕输也不了的呢？

第二，办"大国家队"。把中国排协当年三顾茅庐请出郎平时答应的那几条承诺翻出来，对比一下总结一下，研究一下，推广一下。好经验，要广泛传播，到处播种。

第三，郎平本人不可复制，但郎平组队伍、用新人的经验，可以好好总结，多多复制。到了东京奥运会，我们面临的挑战更多，对争冠军最有力的保障，还是要把人才搭配好，在特定位置上，大胆用新人。本届奥运会涌现出来的那两个19岁的运动员（如龚翔宇），还可以打几届奥运？

最后一点，第四点，对比一下中国女排，看看中国男子足球和中国男子篮球好好想一下，怎么让中国男子足球不要拖到2050年才登上世界水准最高峰。如某足坛体育权威人士之语，让中国人伤透心，让中国男人丢尽脸。2050年，难道还要等34年吗？中国男足、中国男篮，呼唤"郎平式主教练"。　（完）

中国备战东京奥运会战略：郎平和女排的启示

里约奥运会结束了，中国女排拿到了中国代表团26枚金牌中最后一枚也是含金量最大、影响力最广，对中国代表团备战东京奥运会很有启发意义的一块金牌。

中国女排和郎平，给中国备战东京奥运会提供了这样的启示：

第一，要敢于重用突破旧体制的优秀教练、明星教练。一个明星队员是带不出一支明星球队的，但一个敢于突破旧体制的优秀教练和明星教练，就可以调教出一支优秀的、具有顽强拼搏精神的队伍。建议相关机构总结郎平以一个 1984 年洛杉矶奥运会冠军队成员，成长为 2016 年里约奥运会冠军队主教练的成长路径。怎么总结？认真研读郎平自己出的那本书是办法之一。在某些长期冷门或积弱项目上，不妨试一下从体制外引进既有强烈情怀和事业心，又有国际视野专业水准的优秀教练。反正长期积弱，又有什么可怕的呢？

第二，办“大国家队”。把中国排协当年三顾茅庐请出郎平时的那几条承诺翻出来，对比一下，总结一下，研究一下，推广一下。好经验，要广泛传播、到处播种。

第三，郎平本人不可复制，但郎平“组队伍、用新人”的经验可以好好总结、多多复制。到了东京奥运会，我们面临的挑战更多，拿冠军最直接的保障，还是要把人才搭配好，在特定位置上、大胆用新人。本届奥运会涌现出来的那两个 19 岁的运动员（如龚翔宇），还可以打几届奥运？

第四，对比一下中国女排，看看中国男子足球和中国男子篮球，好好想一下，怎么让中国男子足球不要拖到2050年才登上世界最高峰。某足坛权威人士之语，让中国人伤透心，让中国男人丢光脸。2050 年，难道还要等 34 年吗？中国男足、中国男篮，呼唤“郎平式主教练”。

赵民
2016-8-24 星期三
上午 8:42 分
郎平本人不可复制，中国女排可以借鉴。

［赵氏写字］　李书磊的　2016-8-25 星期四 上午7:15分

经济转型，不仅需要女排精神，还需要郎平式的领军人物

《郎平和女排：经济转型需要这股劲》

这次里约奥运会，女排夺冠赢得了大中国人的巨大点赞。其中的一个细节值得回味：女排在小组赛里是先输给了荷兰和塞尔维亚，但在后来的淘汰赛和决赛阶段，则勇克东道主巴西和荷兰及塞尔维亚，先输后赢，虽充满艰难，但顽强拼搏，一个一个顶，一次一次拼，用这样一股劲、这样一种精神气，让人肃然起敬，打心眼里高兴！

中国的经济转型，同样需要一点女排精神，需要这股劲。

关心中国经济的人们可能都已经注意到了：在已经权威公布的地方经济2016年上半年GDP增速中，负数的城市达到21个之多，是最近多年来没有过的，如黑龙江大庆增速是-14.01%，辽宁阜新是-17%，甘肃嘉峪关市GDP上半年增速为-31%，等等，多数都是资源型城市或资源枯竭型城市。与此同时，厦门增速则为15.23%，深圳14.02%，贵州毕节16.72%，广西钦州达到惊人的20.82%（请参阅《巴曙金融研究所》微信2016年8月21日文章）。中国经济的分化性地域差异，正在越来越明显。

因为全世界经济都面临艰难转型之中，马上在杭州召开的G20杭州峰会的讨论主题之一就是这个，因此，中国经济的整体转型依然将是充满艰难，充满崎岖，充满艰辛，对此我们要作好长期的思想准备，要有"女排小组赛的时间还没结束"的心理准备。中国经济正爬行至谷底。

这个时间点，恰好将是各地各城市经济走向"去掉千篇一律的产业结构，建设各具特点的新产业形态"的关键点。有的地方城市，将会异军突起，奠定今后34年直到2050年的城市定位和产业特色，而有的城市，从此将慢慢掉队，逐步地边缘化，失意失落失望，甚至成为被产业和企业遗忘的"失败之地"和"失落之城"。

这个时候，除了科学的产业战略设计，还需要点什么？需要一点女排精神，需要一点顽强拼搏精神，需要一点不服输、不服气、先输后赢的那股劲！

这个时候，每个地方、每个城市都需要郎平式的人物，需要经济转型和产业调整中既能从队员一步步开始实干苦干巧干，而又具备国际视野的千千万万个优秀企业领军者。（完）

郎平和女排：经济转型需要这股劲

本次里约奥运会，女排夺冠赢得了广大国人的一致点赞，其中一个原因是：女排在小组赛里先输给了荷兰和塞尔维亚，但在后来的淘汰赛和决赛阶段，则勇克东道主巴西、荷兰及塞尔维亚，先输后赢，虽过程充满艰难，但始终顽强拼搏，一个一个顶，一次一次拼，这样的一股劲、一种精气神，让人肃然起敬，打心眼里高兴！

中国的经济转型同样需要一点女排精神，需要这股劲。

关心中国经济的人们可能都注意到了：已经公布的2016年上半年地方经济数据显示，GDP增速为负数的城市达到21个之多，这是近多年来从没有发生过的，如黑龙江大庆增速是-14.01%，辽宁阜新是-17%，甘肃嘉峪关是-31%，等等，这些城市多数都是资源型城市或资源枯竭型城市。与此同时，厦门增速则为15.23%，深圳为14.02%，贵州毕节为16.72%，广西钦州达到惊人的20.82%（请参阅“正略金融研究所”官微2016年8月21日文章）。中国经济的分化性地域差距越来越明显。

全世界经济都面临艰难转型，马上召开的G20杭州峰会的讨论主题之一就是这个。中国经济的整体转型依然将充满艰难、充满崎岖、充满艰辛，对此我们要做好充分的思想准备，要有“女排小组赛的时间还没结束”的心理准备。

这个时间点，恰好将是各地各城市去掉千篇一律的老产业结构、建设各具特点的新产业形态的关键点。有的地方或城市将会异军突起，奠定今后34年直到2050年的城市定位和产业特色，而有的城市将慢慢掉队，逐步边缘化，失意、失落、失望，成为被产业和企业遗忘的“失败之地”和“失落之城”。

这个时候，除了科学的产业战略之外，还需要什么？需要一点女排精神，需要一点顽强拼搏精神，需要不服输、不服气、先输后赢的那股劲！

这个时候，每个地方、每个城市都需要郎平式的人物，需要经济转型和产业调整中踏踏实实从队员一步步开始实干、苦干、巧干，而又具备国际视野的千千万万个优秀企业领军者。

赵民

2016-8-25 星期四

上午7:15分

经济转型，不仅需要战略，

还需要女排精神，需要郎平式的领军人物。

［赵甫民写字］

李建强　2016-8-27 星期六 8:28AM

中国田径队已经走过依靠单项名人明星的阶段，正在逐步走向群体崛起的新阶段

《备战东京奥运会：田径队的启示》

中国田径队在本届里约奥运会取得了让人高兴的成绩，由此也带来的启示，值得好好总结，以制定正确的备战东京奥运会战略。

第一是要避免"世界大赛主办国红利效应衰减周期"在中国田径队身上重现。中国田径之所以取得里约奥运会二金二银二铜的历史最好成绩，一个重要的原因是2015年8月在北京举办了世界田径锦标赛。从世界竞技体育的历史看，主办国通常会在获得主办权之后带来前后连续八年的"竞技体育成绩红利"，前一届以及后一届是红利高峰，加上主办的一届，前后总共三届成绩会比较好。本届里约奥运英国排金牌总数第二名，也可以应证这样一个规律在2012年伦敦奥运会主办后的一个重现。中国体育代表团在2004年雅典+2008年北京+2012年伦敦三届奥运会，取得的金牌总数雅典32金、北京51金、伦敦38金，也没有跳出这个历史经验规律。从这个角度看里约奥运会中国代表团只拿到26块金牌，其实也很正常。值得我们关注的是英国在下一届东京奥运会会拿到多少块金牌。本届里约英国拿27块金牌排第二，这个也是主办国红利。

中国田径队在下届东京奥运会如果继续取得好成绩，那才叫真正的"田径崛起"。

第二要广泛复制"竞走队模式"：那就是去挑选符合中国特色的长处项目，延聘世界顶级教练，在海外建训练营，平时就多积累世界大赛经验。本届奥运会竞走队拿二金一银一铜拿了四块奖牌，占了全部八块奖牌的50%，一枝独秀，人才济济。这种成功模式就是中国田径成功的主要模式。备战东京奥运只有4年时间，时间很短，容不得走弯路，最好的办法是总结竞走队成功经验，结合不同项目的实际情况，尤其是本来很落后的某些项目，尽快复制，大力复制。中国田径的落后项目，输了也不怕，因为本来就很差，不怕砸掉地。

第三，对外开放，引进世界水准好教练只是硬币的一个方面，更重要的另外一方面还是体育管理的改革。改革的标准是什么？第一是该项目的总资金投入增加了没有？英国作为一个人口小国，奥运成绩翻番主要前提是把有限的资金运用在刀刃上。不管是国家拨款还是社会募资，总而言之，没有钱投入，成绩不会从地上长出来。第二是"大国家队"的人数、水平和可进可出机制。没有引入在位者竞争机制，就没有奥运会的好成绩。人才多，才是真的好。

中国备战东京奥运会，有成功的样本现成地摆着，关键是，田径队和竞走队的经验能否成功复制。

（完）

备战东京奥运会：田径队的启示

中国田径队在里约奥运会上取得了让人高兴的成绩，由此带来的启示值得好好总结，以制定正确的备战东京奥运会的战略。

第一是要避免“世界大赛主办国红利效应衰减周期”在中国田径队身上重现。中国田径之所以在里约奥运会取得二金二银二铜的历史最好成绩，一个重要的原因是2015年8月在北京举办了世界田径锦标赛。从世界竞技体育的历史看，主办国通常会在获得某项比赛的主办权之后带来前后连续几年的“竞技体育成绩红利”，前一届以及后一届是红利高峰，加上主办的一届，前后总共三届成绩会比较好。本届里约奥运英国金牌总数排第二名，也可以视作这样一个规律在2012年伦敦奥运会之后的一个重现。中国体育健儿在2004年雅典、2008年北京、2012年伦敦三届奥运会上取得的金牌总数分别为雅典32金、北京51金、伦敦38金，也没有逃出这个历史规律。从这个角度看，里约奥运会中国代表团只拿到26块金牌其实也很正常。值得我们关注的是英国在东京奥运会能拿到多少块金牌。中国田径队在东京奥运会如果继续取得好成绩，那才叫真正的“田径崛起”。

第二要广泛复制“竞走队模式”，那就是专挑适合中国特色的优势项目，延聘世界顶级教练，在海外建训练营，平时就多积累世界大赛经验。本届奥运会中国竞走队夺得了二金一银一铜四块奖牌，占了田径队全部八块奖牌的50%，一枝独秀，人才济济。备战东京奥运只有四年时间，时间很短，容不得走弯路，最好的办法是总结竞走队的成功经验，结合不同项目的实际情况，尤其是本来很落后的某些项目，尽快复制，大力复制。中国田径的落后项目输了也不怕，因为本来就很差，不怕碗掉地。

第三，对外开放，引进世界水准的好教练只是一个方面，更重要的还是体育管理改革。改革的标准是什么？一是该项目的总资金投入增加了没有？英国作为一个人口小国，他们奥运会成绩翻盘的重要前提就是把有限的资金运用在刀刃上。不管是国家拨款还是社会募资，总而言之，没有资金投入，成绩不会凭空提升。二是“大国家队”的人数、水平和可进可出机制，没有年轻人在后面蜂拥而上，就没有奥运会的好成绩。人才多，才是真的好。

中国备战东京奥运会，有成功的标本在那儿摆着，关键是田径队和竞走队的经验能否被成功复制。

赵民

2016-8-27 星期六

上午8:28分

中国田径队已经迈过依靠单项名人明星的阶段，正式迎来群雄并起的新阶段。

[赵民的字文]

2016-8-28 星期天 上午11:15分

当一个事物被足够重视时，平台的两头（司机和乘客）都将成为跷板上的那条凳。

《滴滴开始准备涨价？》

就在里约奥运会如火如荼之际，媒体报道的一则新闻并没有引起大家的广泛关注：滴滴公司宣布，将把网约车（出租和专车）司机的个人收入计算办法和乘客缴钱两者分开，以前直接挂钩简单明了的办法，就这样改了。这是滴滴和Uber中国合并之后，并购之前谈判和并购之后整合战略，开始落地的第一步。

我们无从知道其中的技术细节，但按照企业管理的理论来分析，如果一种收入和成本的计算方式进行了调整，那么，必然是落实并购战略、启动并购后整合的管理措施。无利不起早，否则这样的调整折腾一下，就没有必要。

为什么从这一个切口，开始并购整合战略的实现盈利润变营收进程？

大家要是对Uber中国有所了解，或者曾经使用过Uber中国的话，一定对Uber的上下班出行高峰期"峰值调价"印象深刻。这种算法和营收增加技术，是Uber全球的诀窍，曾广泛受到投资人和基金管理人的高度评价，认为这是一种动态的市场供求关系的微观反应，是有利于乘客、有利于司机、有利于公司的"三方有利"的技术优势，而也是作为Uber的一个优点优势拿来和竞争对手（如当时的滴滴和易到）进行对比。随着技术人员的流动及技术的成熟，滴滴和神州专车这些Uber全球的追赶者也都学会了这一招，开始有了类似的算法，但无论如何，在这个技术和算法方面，Uber依然是全球的领军者。

这种算法的一个实作好处是：司机从临时加价上分得的收入，也按比例增加。但Uber在全球，主要是"激活"个人家庭私家车，Uber上的网约车，主要不是出租车公司的出租车。

情况到了滴滴就不同了，因为中国国情不同。滴滴的网约车，出租车比例很高，而出租车司机本人的收入，由于专体制下中间有一层的公司管理费，所以出租车司机作为第一职业，平均收入在社会上的期望平均值，是有一定的上下幅度振幅的。换句话说，出行高峰期间乘客的加价，对于第一职业的出租车司机，早已习惯了没有"时差收增收"。

而这一切，当市场上滴滴还有Uber中国这样的同行竞争对手时，就是想这样做也不敢真的落地做，因为出租车司机会"跑"到竞争对手。现在，只剩下市场份额很小的易到和神州专车之时，滴滴+Uber中国整合在一起拥有主导性市场话语权的新滴滴，就马上可以这么做了。

这是滴滴调整的一小步，也是新滴滴准备涨价的一大步。（完）

滴滴开始准备涨价了吗

就在里约奥运会如火如荼之际，媒体报道的一则新闻并没有引起大家的广泛关注：滴滴公司宣布，将把网约车（出租和专车）司机的个人收入计算办法和乘客缴钱两者分开，以前直接挂钩简单明了的方法就这样改了。这是滴滴和 Uber 中国合并之后，并购之前谈判和并购之后整合战略开始落地的第一步。

我们无从知道其中的技术细节，但按照企业管理的理论来分析，如果一种收入和成本的计算方式进行了调整，那么，必然是落实并购战略、启动并购后整合的管理措施。无利不起早，否则这样折腾一下就没有必要。

为什么以这一个切口开始并购整合战略的变现变利润变营收进程？

大家要是对 Uber 中国有所了解，或者曾经使用过 Uber 中国的话，一定对他们在上下班出行高峰期的"峰值调价"印象深刻。这种算法和营收增加技术是全球首创，曾广泛受到投资人和基金管理人的高度评价，认为这是一种动态的市场供求关系的微观反应，是有利于乘客、有利于司机、有利于公司的"三个有利于"的技术优势，而且还作为 Uber 的一个优点和优势拿来与竞争对手（如当时的滴滴和易到）进行对比。随着技术人员的流动及技术的成熟，滴滴和神州专车这些 Uber 全球的追赶者也都学会了这一招，开始有了类似的算法，但无论如何，在这个技术和算法方面，Uber 依然是全球的领军者。

这种算法的一个总体的好处是：司机从临时加价上分得的收入也按比例增加。但 Uber 在全球主要是"激活"私家车，Uber 上的网约车很少有出租车公司的出租车。

到了中国情况就不同了，因为国情不同。滴滴的网约车，出租车比例很高，对于第一职业的出租车司机来说，他们早已习惯了没有"时差增收"。

当市场上还有 Uber 中国这样的竞争对手时，就是想这样做也不敢真的落地做，因为出租车司机会"跑"到竞争对手那边。现在，当市场上只剩下市场份额微弱的易到和神州专车时，拥有主导性市场话语权的新滴滴就可以这么做了。

这是滴滴调整的一小步，也是新滴滴准备涨价的一大步。

赵民

2016-8-28 星期天

上午 11:15 分

当一个市场被垄断时，平台的两头（司机和乘客）都将成为砧板上的那条鱼。

[赵民的字文]

赵民 2016-8-30 星期二 中午12:33分
自愿+喜欢+专业+态度+拼搏
这就是学习郎平好榜样。

《学习郎平好榜样》

1981年，郎平作为运动员之一，世界杯拿了冠军，距今年里约奥运会夺冠，整整35年。1984年，郎平作为运动员之一，洛杉矶奥运会金牌，距2016年里约夺金，整整32年。改革开放前，中国体育有乒乓球，改革开放之后，中国女排以"五连冠"成为国人骄傲，"学习女排，振兴中华"久违了的激动口号今年又见诸媒体和朋友圈。郎平从1981年到2016年，从21岁的运动员到56岁的主教练，以自己35年的人生经历，给普通中国老百姓的人生之路，树立了一个活生生的榜样。

"郎平们"的这35年，如果我们从个人成长、成功、成熟，从人生选择和成功道路角度分析，又有哪些启发，又有什么样的"人生真经"？

第一条：毫无疑问的就是一定要选自己内心深处想去的人生道路。换句话说，关键的是要自愿，选择道路要自愿。只要是自愿的，遇到困难也是磨砺，遇到挫折也是考验意志。高考不是为父母考的，出国不是为父母出的，下海不是为朋友下的，你懂的。

第二条：除了自愿，就是要喜欢，从事自己喜欢的工作和职业，是人生最大的投资决策：把自己一生最好的时间，去干一项自己喜欢的事，苦也是乐，累也是乐。乐此不疲。因为喜欢，容易出成绩。

第三条：自愿之后，喜欢之后，是专注、专业。专注于某一行（排球），成为一个顶级专业高手。从基层做起，从底层做起，先做运动员，再当助教，再当俱乐部主教练，直到国家队主教练，最终成为世界冠军队主教练。什么是专业精神？看看郎平35年，老在自己这一行干了这么多年。

第四条：自愿喜欢专业之后，要善于学习，敢于挑战自我，要有这样一个态度。态度很重要，没有态度的专业都不会成功，因为态度是乘数，态度是0.5，成功减一半，态度是0，成功是0。

第五条：自愿喜欢专业态度之后，要拼搏。不要人过30岁就想退休吃世界冠军的老本，人过40岁就想吃世界冠军队教练的老本，人过50岁就不敢接处于低谷期的中国女排。今年56岁的郎平，目标已奔四年后的东京奥运会了。一切清零，重头开始。（完）

学习郎平好榜样

1981 年，郎平作为运动员参加女排世界杯拿了冠军，距今年里约奥运会夺冠整整 35 年；1984 年，郎平作为运动员参加洛杉矶奥运会获得金牌，距 2016 年里约夺金整整 32 年。改革开放前，中国体育有乒乓球；改革开放之后，中国女排以“五连冠”的成绩成为国人的骄傲，“学习女排，振兴中华”这一久违了的口号今年又见诸媒体和朋友圈。郎平从 1981 年到 2016 年，从 21 岁的运动员身份到 56 岁的主教练身份，以自己 35 年的人生经历，给普通中国老百姓树立了一个活生生的榜样。

纵观“郎圣母”的这 35 年，如果我们从其个人成长、成功、成熟，从人生选择和成功道路角度分析，又有哪些启发，又有什么样的“人生真经”？

第一条，毫无疑问就是一定要选自己内心深处想走的人生道路。换句话说，关键几步要自愿，选择道路要自愿。只要是自愿的，遇到困难也是磨砺，遇到挫折也是考验意志。高考不是为父母考的，出国不是为父母出的，下海不是为朋友下的，你懂的。

第二条，除了自愿，就是要喜欢，从事自己喜欢的工作和职业，是人生最正确的投资决策，用自己一生最好的时间去干一件自己喜欢的事，苦也是乐，累也是乐，乐此不疲。因为喜欢，才更容易出成绩。

第三条，自愿、喜欢之后，是专注。专注在某一行（排球），成为一个顶级专业高手。从基层做起，从底层做起，先做运动员，再当助教，再当俱乐部主教练，直到国家队主教练，最终成为世界冠军队主教练。什么是专业精神？看看郎平这 35 年，想想自己这一行干了才多少年。

第四条，自愿、喜欢、专注之后，要善于学习，敢于挑战自我，要有这样一个态度。态度很重要，没有态度做任何事都不会成功。因为态度是乘数：态度是 0.5，成功减一半；态度是 0，成功是 0。

第五条，自愿、喜欢、专注、态度之后，要拼搏。不要人过 30 岁就想退休吃世界冠军的老本，人过 40 岁就想吃世界亚军队教练的老本，人过 50 岁就不敢接处于低谷期的中国女排。今年 56 岁的郎平，目标已奔四年后的东京奥运会了。一切清零，从头开始。

赵民
2016-8-30 星期二
中午 12:33 分
自愿 + 喜欢 + 专注 + 态度 + 拼搏，
学习郎平好榜样。

〔赵晓阳字文〕

2016-9-6 星期二
中午12:15分

版图扩张，不知不觉。细细分析，看到趋势。

“自贸区版图，缺山东和江苏……”

2012年以后的中国对外贸易改革开放改革新突破的试验平台，就是自贸区：第一批是一家试点上海，第二批3家天津福建和广东。8月31日第三批7家名单公布：辽宁、河南、陕西、重庆、四川、湖北、浙江，这个名单中，一直被视为东部沿海开放地区的山东和江苏，并不在列。另外，四大直辖市里也缺首都北京。

三批11家名单汇总起来看，是不是意味着，中国对外贸易的区域格局，已经在静悄悄地发生着明显的调整？或者，自贸区的分布会影响未来15年的国际贸易区域格局？

首都北京是四大直辖市中唯一没有列入自贸区的，考虑到首都的功能定位和天津自贸区与北京的地理位置之近，这种缺席容易被人理解。毕竟京津冀一体化之后，一个天津自贸区足够辐射。

山东的缺席，颇有点意外。从青岛的历史地位和今天山东的经济位置来看，自贸区的改革突破对于整个山东半岛的产业升级转型意义重大，这一点还是能够让人一眼看到的。从地理位置上，山东既属于传统行政区划上的“华东六省一市”之列，又是不折不扣的一个长江以北省份，从供暖的习惯和饮食文化习惯上是个典型的北方省份。考虑到山东在地理上如此邻近中国的进出口大户日本和韩国，我们有充分的理由相信，山东对自贸区的改革突破有其内在需求。

江苏的本次缺席，是最为令人意外的，这是不是意味着2008年全球金融风暴之后、2013年中国经济新常态之后，江苏的对外贸易受到平常的影响？江南一些城市的很多外企外流的新闻，经常见诸报道，更加让人担心这种趋势。无论如何，坐拥南京苏州无锡常州南通五大城市的江苏，不应在这轮自贸区改革中落伍。或许，因为山东江苏双双不在第三批名单中，第四批自贸区公布也为时不远。（完）

自贸区版图，缺山东和江苏

2012 年之后，中国对外贸易改革开放政策新突破的试验平台就是自贸区。第一批一家试点：上海；第二批三家：天津、福建、广东；2016 年 8 月 31 日，第三批七家试点名单公布：辽宁、河南、陕西、重庆、四川、湖北、浙江。这个名单中，一直被视为东部沿海开放地区的山东和江苏并不在列，另外，四大直辖市里独缺首都北京。

三批 11 家名单汇总起来看，是不是意味着中国对外贸易的区域格局已经在静悄悄地发生着明显的调整？或者，自贸区的分布会影响未来几年的国际贸易区域格局？

首都北京是四大直辖市中唯一没有列入自贸区的，考虑到首都的功能定位和天津自贸区与北京的地理位置之近，这种缺席容易被人理解。毕竟京津冀一体化之后，天津自贸区足够辐射周边了。

山东的缺席，有些令人意外。从青岛的历史地位和今天山东的经济分量来看，自贸区的政策突破对整个山东半岛的产业升级转型意义重大，这一点还是能够让人一眼看到的。从地理位置上看，山东既属于传统行政区划上的“华东六省一市”之列，又是不折不扣的一个长江以北省份，从供暖的习惯和饮食文化习惯上来说也是一个典型的北方省份。考虑到山东在地理上如此邻近中国的进出口大户日本和韩国，我们有充分的理由相信，山东对自贸区的政策突破有其内在需求。

江苏的本次缺席是最为令人意外的，这是不是意味着 2008 年全球金融风暴和 2013 年中国经济新常态之后，江苏的对外贸易受到严重的影响？江南一些城市很多外企外流的新闻经常见诸报道，更加令人担心这种趋势。无论如何，坐拥南京、苏州、无锡、常州、南通五大城市的江苏，不应在这轮自贸区改革中落伍。或许，正因为山东和江苏不在第三批名单中，第四批自贸区名单公布也为时不远。

赵民

2016-9-6 星期二

中午 12:15 分

版图变迁，不知不觉。

细细分析，看到想到。

【走遍民间家文】

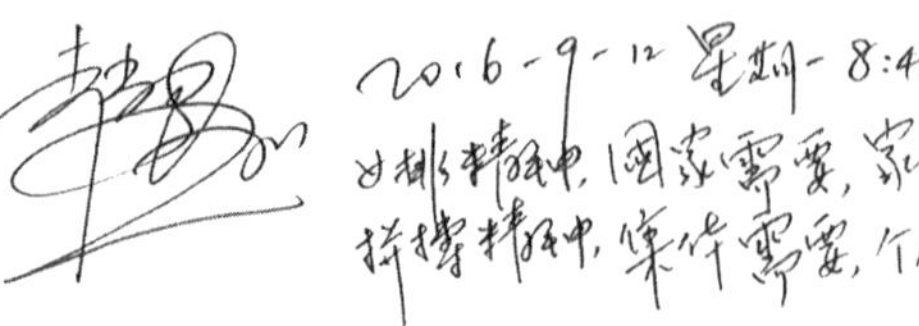

2016-9-12 星期一 8:48AM

女排精神，国家需要，家庭需要，
拼搏精神，集体需要，个人需要

《郎平眼中的女排精神》

刚刚过去的这个周末，郎平回到了她的学校：北师大。这是上周六，2016年9月10日教师节，一个只有浓浓的中国优秀传统文化的节日。

《北京晨报》是这么报导郎平当年在北师大的学校时的：

2013年，郎平接过执教中国女排主教练的担子，并在接队后3天便投入到各项国际大赛中。……中国女排从2014年开始实行制定计划，以大国家队的概念同时培养年轻队员和教练员。郎平认为女排姑娘们制定下一个阶段性目标，"以年计划、季度计划、月计划，一点一点实行，要敢于突破前在实现阶段的理想和目标。"

"我们是没有周末的，星期六都在训练，星期天我们只有半天休息，有一些年轻队员还要练习半天，晚上，我们一般都是做学习。"与此同时，教练员们也在不断地从其他强队比赛录像中学习他们的经验和战术，并且一遍又一遍地看自家队员的训练录像。用郎平的话说："作为一个职业教练来讲，你定了目标，就是要坚定一定可以实现。"

这也正是在郎平身上的女排精神："尽自己最大的努力，也许目标实现不了。但是做好每一天，这个就是女排拼搏精神"。

我在手机上作了一番搜索，发现中国女排的队员们在9月10日教师节这天普遍安排了回母校看望恩师和同学的行程，如中国女排队长惠若琪和张常宁回到了母校南京师范大学。女排队员，不忘恩师，可圈可赞。

有一部电视剧叫《亮剑》，还有一部电视剧叫《士兵突击》，这是两部重复播放并收视率很高的电视剧，其中所体现的"敢于亮剑"和"不抛弃不放弃"的精神，和郎平9.10北师大母校行上所谈的女排精神一脉相承、遥相呼应。我们每个人心中都有一个自己的女排精神的解读，但不管你自己的解读是什么，郎平眼中的女排精神，都值得你读一读、看一看、想一想。

意建之后，开始行动。

（完）

郎平眼中的女排精神

刚刚过去的上个周末，郎平回到了她的母校：北师大。上周六正好是9月10日教师节，一个具有浓浓的中国优秀传统文化意味的节日。

《北京晨报》是这么报导“郎圣母”在北师大的母校行的。

2013年，郎平接过执教中国女排主教练的担子，并在接队后三天便投入到各项国际大赛中……中国女排从2014年开始重新制订计划，以大国家队的概念同时培养年轻队员和教练员。郎平还为女排姑娘们制定下一个阶段性目标，“从年计划、季度计划、月计划，一点一点实行，要敢于突破，敢于实现自己的理想和目标”。

“我们是没有周末的，星期六都在训练，星期天我们只有半天休息，有一些年轻队员还要练习半天，晚上我们一般都是业务学习。”与此同时，教练员们也在不断地从其他强队比赛录像中学习他们的经验和战术，并且一遍又一遍地看自家队员的训练录像。用郎平的话说：“作为一个职业教练来讲，你定了目标，就是要坚定一定可以实现。”

这也正是郎平理解的女排精神：“尽自己最大的努力，也许目标实现不了。但是做好每一天，这个就是女排拼搏精神。”

我在手机上做了一番搜索，发现中国女排的队员们在9月10日教师节这天普遍安排了回校看望恩师和同学的行程，如中国女排队长惠若琪和张常宁回到了母校南京师范大学。女排队员不忘师恩，可圈可赞。

有一部电视剧叫《亮剑》，还有一部电视剧叫《士兵突击》，这是两部重复播放率很高的电视片，片中所体现的“敢于亮剑”和“不抛弃、不放弃”的精神，和郎平“9·10”北师大母校行上所谈的女排精神一脉相承、遥相呼应。我们每个人心中都有一个自己对女排精神的解读，但不管你自己的解读是什么，郎平眼中的女排精神都值得你读一读、看一看、想一想。

想过之后，开始行动。

赵民

2016-9-12 星期一

上午8:48分

女排精神，国家需要，家庭需要。

拼搏精神，集体需要，个人需要。

【赵民的字文】

《同强的一生》

赵民 2016-9-17 星期六 上午11:10分

谨以此文，追思父亲

2016年中秋节之前，我的父亲在安详中，告别了这个世界。

父亲出生于1932年，按家乡江南的习俗，高龄85岁。因为南方人是算虚岁的，八十大寿是在79周岁的生日时庆祝；按中国北方的习惯，则应统计为高寿84岁。人的一生，七十三和八十四是二道坎，父亲顺利过了七十三岁的年龄，在八十四这一年，没有过。老百姓口中流传的很多人生道理的俗语，还是很有点道理的。这背后，是大量生活实例堆积而成的概率论，换个时髦的流行词：大数据。

父亲出生的那个地方，最早的地名是江南松江府，后来上海建埠，到我父亲出生时，已改名为上海市上海县，隶属上海的郊区，具体位置就在今天上海的虹桥和闵行一带，父亲的那个村庄，现在属于闵行区。

父亲在世时从来不和我们讲自己年轻时的事情，更不讲老一辈上的人和事，后来我们兄弟都是从姑姑那里，一点一滴地积累起对父亲的往事了解。父亲的爷爷也就是我的曾爷爷这辈人，是典型的"贫下中农"，饱一顿饥一顿，贫寒之家难以维持。到了父亲的爸爸也就是我的爷爷这一辈，吃苦耐劳，早贪黑，省吃俭用，家境开始好转。但爷爷自己不识字，吃了很多没文化的苦，于是下决心送自己的儿子上学念书识字。父亲兄妹五个，自己排行第二，上面一个兄长，下面三个妹妹。老大和老二都念书识字了，念书识字的结果是，老大，我父亲的哥哥我的大伯，在1949年之前成了共产党的地下党员，我父亲呢，1949年陈毅三野解放大上海时已经17岁，相当于现在的初中毕业上高一，在我当地下党的大伯的动员下，背着我爷爷和奶奶，偷偷报名人民空军。读书改变命运，知识启迪思想，就这样，父亲作为一个来自上海的学生兵，北上东北，投笔从戎，成为刚刚创建的人民空军的一员。经过短暂的学习，参加了抗美援朝

①

自强的一生

2016年中秋节之前，我的父亲在安详中告别了这个世界。

父亲出生于1932年，按家乡江南的习俗，高龄85岁，因为南方人是算虚岁的，八十大寿是在79周岁的生日时庆祝；按中国北方的习惯，则只能计为高寿84岁。人的一生，七十三和八十四是两道坎，父亲顺利迈过了七十三岁的年龄，在八十四这一年，没有迈过。老百姓口中流传的很多有关人生道理的俗话，还是有点道理的。这背后，是大量生活实例堆积而成的概率论，换个时髦的流行词，就是大数据。

父亲出生的那个地方，最早的地名是江南松江府，后来上海建埠，到我父亲出生之时，已改名为上海市上海县，属于上海的郊区，具体位置就在今天上海的虹桥和闵行一带，父亲所在的那个村庄，现在属于闵行区。

父亲在世时从来不和我们讲自己年轻时的事情，更不讲老一辈的人和事，后来我们兄弟都是从姑姑那里，一点一滴地积累起对父亲的往事了解。父亲的爷爷也就是我曾爷爷这辈人，是典型的"贫下中农"，饱一顿饥一顿，贫寒之家难以维持。到了父亲的老爸也就是我的爷爷这一辈，吃苦耐劳，起早贪黑，省吃俭用，家境开始好转。但爷爷不识字，吃了很多没文化的苦，于是下决心送自己的儿子上学念书识字。父亲兄妹五个，自己排行第二，上面一个兄长，下面三个妹妹。老大和老二都念书识字了，念书识字的结果是：老大，我父亲的哥哥我的大伯，在1949年之前成了共产党的地下党员：我父亲呢，1949年陈毅三野解放大上海时正好17岁，相当于现在的初中毕业上高一，在我当地下党的大伯的动员下，他背着我爷爷和奶奶，悄悄报名人民空军。读书改变命运，知识启迪思想，就这样，父亲作为一个来自上海的学生兵，北上东北，投笔从戎，成为刚刚创建的人民空军的一员。经过短暂的学习，他参加了抗美援朝。

父亲参军之前一直是个好学生，进了空军航校之后，学习优势很快表现出来，但因体检未通过而没能当上飞行员驾驶战机飞上蓝天，转而在机械师的岗位上成为佼佼者，后来当上了军首长座机的机械师，负责每次军首长飞机上天之前的安全检查。后来我在北京工作，一次和一位在空军总部工作的苏州老乡吃饭聊天说起这段家事，我的这位现役空军老乡说，这种岗位的机械师，通常是一支部队里机械技术水准最高的。

父亲随部队参加了抗美援朝，辗转在牡丹江、丹东一带的军用机场，在天寒地冻中为

父亲参军之前一直是个好学生，进了空军航校之后，学习优势很快表现出来。但因体检未通过而没能当上飞行员驾驶战机飞上蓝天，转而在机械师的岗位上而成佼佼者，后来当上了军首长座机的机械师，负责每次军首长飞机出发之前的安全检查。后来我在北京工作，一次和一位在空军总部工作的苏州老乡吃饭聊天说起这段家事，我的这位空军现役军人老乡说，这种岗位的机械师通常是那支部队里机械技术水准最好的。

父亲随部队参加了抗美援朝，辗转在牡丹江、丹东一带的军用机场，在天寒地冻中为战友和首长战机服务，目送着一个个战友飞上蓝天，有的就再也没有回来。我长大之后，父亲有次看着报纸上审判林彪和"四人帮"的新闻报道，和我说起其中的"空军吴司令（吴法宪）"，那时我正读初中，还没学过历史，不知道这个吴司令是谁。在父亲嘴里，刘司令（刘亚楼）比吴司令要高大很多。

父亲是1964年在部队大搞纯洁阶级队伍的时候，被迫离开心爱的部队的。大学毕业之后，我成了个"历史迷"，四处到处买和搜罗历史类资料和图书，才搞清楚当年部队越来越政治挂帅的变化背景。我的父亲1949年解放之前就在上海识字读书上学，家里如果没有一点收入，肯定读不起这个书，因此土改时就被划成"中农"成分。上海1950年代出了个潘汉年、杨帆的"潘杨"冤案，牵连到一大批当年的上海地下党员，父亲的哥哥我的大伯后来也莫名地受到"内部控制使用"，乃至成为"阶级异己分子"，一直到邓小平改革开放年代才获平反。但在当时，直接的结果就是，我爸妈抱着一岁的我的哥哥，从东北转业，回到了距离家乡最近的江苏省苏州地区吴江县，作为当时一批支援商业系统的军转干部进了粮食系统。父亲对部队的感情，表现在一件小事上：从我一出生，我们家就一直订阅《解放军报》和《参考消息》。我对时政的初步启蒙，就来自《解放军报》。这份军报，一直订到我父亲退休还在订，后来父亲离开吴江和我们儿子们一起在外地生活，才没有续订。

父亲60多岁时，专程从北京北上长春，到了当年生活过的大街小巷重走了一趟。回到北京，和我聊天，谈了很多很多。看得出来，父亲一生对那段岁月1949年～1964年十五年是最为铭心刻骨和万分珍惜。军队之情刻在了他的骨子里，深深地刻在了骨子里。②

战友和首长战场服务，目送着一个个战友飞上蓝天，有的就再也没有回来。我长大之后，父亲有次看着报纸上审判林彪和“四人帮”的新闻报道，和我说起其中的“空军吴司令（吴法宪）”，那时我正读初中，还没迷上历史，不知道这个吴司令是谁，在父亲嘴里，刘司令（刘亚楼）比吴司令要高大上很多。

父亲是在1964年部队大搞“纯洁阶级队伍”的时候被迫离开心爱的部队的。大学毕业之后，我成了个“历史迷”，自己到处买和搜罗历史类资料和图书，才搞清楚当年部队越来越政治挂帅的变化背景。我的父亲1949年解放之前就在上海识字读书上学，家里如果没有一点收入，肯定读不起这个书，因此土改时就被划成“中农”成分。上海1950年代出了个潘汉年、杨帆的“潘杨”冤案，牵连到一大批当年的上海地下党员。父亲的哥哥，我的大伯后来也就莫名地受到“内部控制使用”，乃至成为“阶级异己分子”，一直到邓小平改革开放年代才获平反。但在当时，直接的结果就是，我爸妈抱着仅有一岁的我的哥哥，从东北长春回到了距离家乡最近的江苏省苏州地区吴江县，作为当时一批支援商业系统的军转干部进了税务系统。父亲对部队的感情，表现在一件小事上：从我一出生，我们家就一直订阅《解放军报》和《参考消息》。我对时政的初步启蒙，就来自《解放军报》，一直订到退休还在订，后来父亲离开吴江和我们兄弟几个一起在外地生活，才没有续订。

父亲六十多岁时，专程从北京北上长春，到自己当年生活过的大街大院里重走了一遍。回到北京，父亲和我聊天，谈了很多很多。看得出来，父亲一生对1949年到1964年那十五年的岁月是最为刻骨铭心和万分珍惜的。军队之情刻在了他的骨子里，深深地刻在了骨子里。

记得和父亲的那次聊天，最为印象深刻的是父亲谈到一批当年的战友，驾驶战机牺牲在蓝天中，而父亲因为是飞机机械师，得以在残酷的战争中幸存了下来。父亲因为当年军队的极左思潮而被“清理”转业离开部队，而当年很多的战友和上级，因家庭成分好而留在了空军，却在七十年代成为“林彪集团”受到牵连。人生，很多时候都应了那句老话：祸兮福所倚，福兮祸所伏。

父亲转入税务系统后，从头开始学习，再次显示了优秀的学习功底和学习能力，迅速成为业务骨干，专司税务稽查，退休那年，已经是我家乡税务系统中负责查处企业税务问题的专家。八十年代后，重新开始有注册会计师和注册税务师，父亲成为苏州第一批注册税务师，得以在退休之后又被返聘，因为业务熟。

父亲的身体，因为年轻时在东北从军，留下了很明显的“职业后遗症”。一是手指甲多数被冻坏或冻掉，那是在冰天雪地、天寒地冻的环境下脱下手套检修飞机的见证。二是父

记得那次和父亲的聊天，最为印象深刻的，是父亲谈到一批当年的战友，牺牲在歼战和抽调去兰天中，而父亲因为是飞机机械师，得以在残酷的战争中幸存了下来。父亲因为当年军队的极左思潮而被“清理”转业离开部队，而当年很多的战友和上级，因家庭成分好而留在了空军，却在70年代成为“林彪集团”受到牵连的中高级干部。人生，很多时候应了那句老祖宗的老话：祸兮福所倚，福兮祸所倚。

父亲转入税务系统后，从头开始学习，再次显示了学习功底和能力，成为业务骨干，专司税务稽查，退休那年，是我家乡税务系统中负责查处企业税务问题的专家。八十年代后重新开始有注册会计师和注册税务师，父亲成为苏州最早第一批注册税务师，得以在退休之后，又被返聘，因为业务熟。

父亲的身体，因为年轻时在东北从军，留下了很明显的“职业后遗症”。一是手指甲多数被冻坏和冻掉，那是冰天雪地里、天寒地冻下用脱下手套检修飞机的工作记录。二是父亲有严重的关节炎，也是那个环境下工作的结果。在我中学时，父亲曾有一段时间，一到冬天，就要用大木桶灌上满满的滚烫的开水，泡脚，直到双腿通红，那时，我和哥哥弟弟还小，喜欢把父亲的烫脚治关节炎土办法，叫“烫猪脚”。

父亲的小名叫“顺兴”，大号，赵国强。

（完）

③

亲有严重的关节炎，也是在那个环境下工作的结果。在我读中学时，父亲曾有一段时间，一到冬天就要用大木桶灌上深深的滚烫的开水泡脚，直到双腿通红。那时，我和哥哥弟弟还小，喜欢把父亲烫脚治关节炎的土办法叫“烫猪脚”。

父亲小名叫“顺兴”，大号，赵自强。

赵民

2016-9-17 星期六

上午 11:10 分

谨以此文，追思父亲。

[赵民的字文]

2016-9-25 星期日 下午13:58分

谁家的手机充电器还在继续实施浪费商业模式？[illegible]

《手机充电器：背后的浪费商业模式》

昨天我们聊了聊转基因食品背后的商业模式，可以说，这种厂家利益最大化的技术创新和设计安排，是建立在违反自然规律的考量基础之上的。其实这样的厂家利益最大化同样也表现在当今社会中我们已经日益难以离开的手机上：手机充电器的商业模式。

我从1992年开始拥有第一台BP机开始，到后来主要购买Motorola手机，现在主要使用苹果手机，家里的手机充电器充斥着各种角落，只要换一台手机，就差不多就要换一个手机充电器。不仅我本人如此，我周围的很多的领朋友也都如此。我们很少有空会问这个问题：为什么苹果公司的不同版本的手机、三星、moto的手机不能使用完全一致的标准接口呢？至少一个品牌的手机充电器可以兼容和通用啊？汽车行业的实行规则是：不论你是哪个品牌的汽车，也不论你是哪个车型，加油站里加油的时候，汽车的加油口都是一致的，统一个标准。

手机充电器的这个问题，我是经过很多年的询问、了解、思考、验证之后，在2010年才算真正搞明白。以前的一个理由是因为市场竞争，不同品牌的厂家为了要锁定客户群，通过手机的充电器来帮助提高客户的品牌忠诚度。实际上，更大的一个理由，是厂家为了保持销售业绩的可持续提升，一定要让个人用户多支出消费购买总金额，而手机充电器就是一个很好的购买必需部件。另外一个重要的原因是，手机充电器的单品毛利率相当高，有时比低价位的手机本身的销售毛利还高。最后的一个有关但并不致命的原因是：手机充电器的研发和生产部门在手机生产厂家内部是相对独立的，因为客观上说手机充电器的技术毕竟也是不同于手机本身的。

所以，手机厂家为了让手机用户每买一个新型号就买一个充电器，不仅在卖手机时给你一个漂亮的包装盒，其中就"自动包含了一个新的充电器"而已，制造出各种动听的技术理由，来证明一个新型号手机就必须要有一个新的充电器。

我把手机厂家的这种战略和模式，称之为"浪费"商业模式，也就是说，通过技术安排，合理地使消费者在使用环节无法回收利用，故意通过技术安排的"浪费"。但实际上，这种"浪费"商业模式，本来是可以完全避免的。（完）

可喜的是，出于各种原因，现在手机厂商中已经有了老一代型号充电器和新一代可以通用的了。

手机充电器：背后的“浪费”商业模式

昨天我们聊了聊转基因食品背后的商业模式。可以说，这种厂家利益最大化的技术创新和设计安排，是建立在反自然规律的考量基础之上的。其实这样的厂家利益最大化同样也表现在当今社会中我们已经日益难以离开的手机上：手机充电器的商业模式。

我从1992年拥有第一台BP机开始，到后来主要购买Motorola手机，现在主要使用苹果手机，家里的手机充电器充斥着各个角落，只要换一部手机，就差不多要换一个手机充电器。不仅我本人如此，我周围的很多朋友也都如此。我们很少有空会问这个问题：为什么苹果公司的不同版本的手机或三星、Moto的手机不能使用完全一致的标准接口呢？至少一个品牌的手机充电器应该可以兼容和通用啊？汽车行业的通行规则是：不管你是哪个品牌的汽车，也不管你是哪个车型，加油站里加油的时候，汽车的加油口都是一致的，这是一个统一的标准。

手机充电器的这个问题，我经过很多年的询问、了解、思考、验证之后，在2010年才算真正搞明白。公开的一个理由是因为市场竞争，不同品牌的厂家为了锁死客户群，希望可以通过手机的充电器来提高客户的品牌忠诚度；实际上，更大的一个理由是厂家为了保持销售业绩的可持续提升，一定要让个人用户多支出消费总金额，而手机充电器就是一个很好的购买必需部件；另外一个重要的原因是，手机充电器的单品毛利率相当高，有时比低价位的手机本身的销售毛利还高；最后一个有关但并不致命的原因是，手机充电器的研发和生产部门在手机生产厂家内部是相对独立的，因为客观而言手机充电器的技术毕竟是不同于手机本身的。

所以，手机厂家为了每出一个新型号手机就让用户买一个充电器，不仅在卖手机时给你一个漂亮的包装盒，其中就“自动”包含了一个新的充电器，而且，制造出各种动听的技术理由，来证明一个新型号手机就必须要有一个新的充电器。

我把手机厂家的这种战略和模式，称之为“浪费”商业模式，也就是说，通过技术安排，合理地使消费者在使用环节无法旧物利用，故意通过技术安排而“浪费”。但实际上，这种“浪费”商业模式本来是可以完全避免的。

可喜的是，出于各种原因，现在很多手机厂商生产的新一代手机，已经有了可以和老一代型号的充电器通用的了。

赵民

2016-9-25 星期日

下午13:58分

谁家的手机充电器还在继续“浪费”商业模式？

远离TA。

[赵民的字]

李 2016-9-26 星期一 上午 12:18分

《学校收学费：公开的预收商业模式》

好的商业模式，是可以公开昭告天下，而客户还心甘情愿无人挑战。

继前天24日的字文课《转基因食品》，昨天25日谈手机充电器，今天我们第三次再谈商业模式：学校收学费，作为本次系列小专题"《商业模式课》"的关门篇。

我们几乎每一个中国人都上小学和中学，越来越多的中国年轻人上大学、大专和中专，我们每个人都从小到大有过这样的个人经历或家庭成员经验：每年九月份开学，就要把一个学期的各种费用（包括但不限于：学费、教材购置、杂费、食宿费等等），一次性预付交清。特别说明一下，九年制义务教育下，中小学的九年学费是国家承担的，免交。

这种"预收全款"的事情，不仅在国内读书如此，出国读书也是如此，中国家庭的可怜父母们为了自己的孩子出国读书省吃俭用，存钱，预交学费。

在这种我们每个人都习惯成自然的下意识中，我们是否有人曾经站在旁边，客观地冷静地想一下：学校为什么就可以这样预收全部费用呢？读高中时，有人考取北大清华，有人落榜之后还要去衡水一中重读再考大学，但高中时的学费就没有差异呢？为什么学校从来不和学生家长谈：按学习成绩和考取名校这样的"学习效果"来收费呢？

不仅我们从来不会提出这样的疑问和要求，而且，全世界都没有人提出这样的要求；不仅中国家长不敢这么提，遇到国外追捧已久的名校，还心甘情愿地"捐"上各种名目但实为"入学门槛费"（类似于各种俱乐部的"入会一次性费"）的另外大额永不退款的现金。

客观的现实摆在这里：学校收学费是人类历史上除了政府收税之外，最为优秀的商业模式之一：文明、透明、毫不强迫、毫无争议地公开地预收全款，没有任何财务成本，也没有一分钱坏帐，根本不需要应收帐款管理，也没有退款这一说。所收一学期的预收费用，相当于获得4个月~5个月的"现金池"，无息、不用分红。

为什么学校在当今社会和人类历史上可以获得如此优秀的商业模式呢？我从2005年以来一直在观察、思考、分析，迄今没有得到全部答案，但起码可以凭生活经验就能看到：第一，没有哪一个学校像互联网公司那样，率先全部学生全部免费。也就是没有"鲶鱼"出来搅浑这个池塘。第二，学校不以追求利润为目标，不追求年年扩大销售额和增加营业收入，也不需要公开季报和半年财报。第三，学校以培养人才为首要目标，不以为股东创造利润而生而死。或许这就是无人挑战学校的原因。读

学校收学费：公开的预收商业模式

继前天 24 日谈转基因食品，昨天 25 日谈手机充电器，今天我们第三次再谈商业模式：学校收学费，作为本次系列小专题《商业模式谈》的关门篇。

几乎每一个中国人都上小学和中学，越来越多的中国年轻人上大学、大专和中专，我们每个人从小到大都有过这样的个人经历或经验：每年九月份开学，就要把一个学期的各种费用（包括但不限于学费、教材购置费、杂费、食宿费等）一次性预付交清。特别说明一下，九年制义务教育下，中小学的九年学费是国家承担的，免交。

这种“预付全款”的事情，不仅在国内读书如此，出国读书也是如此，中国家庭的可怜父母们为了自己的孩子出国读书省吃俭用，存钱来预交学费。

在这种我们每个人都习惯成自然的收费模式下，是否有人曾经站在旁边，客观冷静地想一下：学校为什么就可以这样预收全部费用呢？读三年高中，有人考取北大清华，有人落榜之后还要去复读再考，但高中三年的学费怎么就没有差异呢？为什么学校从来不和学生家长谈谈，按学习成绩和考取名校这样的“学习效果”来收费呢？

不仅我们从来不会提出这样的疑问和要求，而且全世界都没有人提出这样的要求；中国家长不仅不敢这么提，遇到自己梦想已久的名校，还心甘情愿地“捐”上各种名目但实为“入学门槛费”（类似于各种俱乐部的“一次性入会费”）的大额的额外现金。

客观的现实摆在这里，学校收学费，是人类历史上除了政府收税之外最为优秀的商业模式之一：文明、透明、毫不强迫、毫无争议地公开地预收全款，没有任何财务成本，也没有一分钱坏账，根本不需要应收账款管理，也没有退款这一说。所收一学期的预收费用，相当于获得 4~5 个月的“现金池”，无息，不用分红。

为什么学校在当今社会和人类历史上可以获得如此优秀的商业模式呢？我从 2005 年以来一直在观察、思考、分析，至今没有得到全部答案，但起码可以凭生活经验看到：第一，没有哪一个学校像互联网公司那样，率先实行全部学生全部免费，也就是没有“鲶鱼”出来搅浑这个池塘；第二，学校不以追求利润为目标，不追求年年扩大销售额和增加营业收入，也不需要公开季报和半年财报；第三，学校以培养人才为首要目标，不以为股东创造利润而拼死拼活。或许，这就是无人挑战学校的原因。

赵民
2016-9-26 星期一
上午 12:18 分

好的商业模式，是可以公开昭告天下，而客户还心甘情愿、无人反对的。

[走进民间字文]

2016-9-26 星期一
中午12:58分

《有失，才有得》

千年传承，历经验证，弥久珍贵

中国历史上最为伟大和灿烂的文化宝库之一，就是中国老百姓千年以来口口相传、历经时间反复证明的成语和俗语。这些，在绝大多数正确的应用前提下，都是人类社会和人们生活的"真经"，常念常新。

"有失，才有得"这句话，或者换成另外一个词"舍得"，就是这样一个古老的真经。以短短的几个字，把这个世界上的投入与产出、播种与收获、决策与行动、生活节点与岁月长河等等，相互之间的逻辑关系，朴素而直接地表达了清楚。

舍不得，就得不到。

无论多么伟大的天才还是英雄，无论你有多么丰富的知识财富还是天赋优势，一个人、一个组织的时间总是有限的，总量也是相对固定的。你播种在锻炼上，你就有一个好的健康；你投入在学习上，你达到一万小时就可以成为别人仰视的专家；你帮助别人抓住了自己的机会和资源，多少年之后你可能意外在你最痛处得到了巨大的回报。

要想得，先得舍。

没有什么生活如同电影那样天衣无缝，可以不经历风雨就可以见到彩虹。也没有什么人在这个世界上就一定是有特殊机遇和好运的，你没有看到的是成功伟人背后的巨大付出和艰辛前行。只有当你自己踏在这样一个上升通道的时候，才能知道，原来成功和幸福不仅要靠运气，更要靠舍得。

失去了，才会得。

当我们抬头看看自己的前辈、长辈、父辈们含辛茹苦的布满山川河流的满脸皱纹时，我们自以为自己可以是一个例外，但到最后，才发现，其实每个人都会这样走过，每个人最后也都没真正实现过。这是个公平的结果，和你有没有这么走过是没有关系的。

只有那些可以经过失去而换来的结果，才是你可以说：有失才有得。也只有经历过失去，才能体会得到的成功和幸福。重要的，是失去什么；然后，不要的是得。

（完）

有失，才有得

中国历史上最为伟大和灿烂的文化宝库之一，就是中国老百姓千年以来口口相传、历经时间反复证明的成语和俗语。在绝大多数正确的应用前提下，这些都是人类社会和人们生活的“真经”，常念常新。

“有失，才有得”这句话，或者换成另外一个词“舍得”，就是这样一句古老的真经，以短短的几个字，把这个世界上的投入 VS. 产出、播种 VS. 收获、决策 VS. 行动、生活节点 VS. 岁月长河等相互之间的逻辑关系，朴素而又直接地表达得清清楚楚。

舍不得，就得不到。

无论多么伟大的天才还是英雄，无论你有多么丰富的祖传财富还是多么好的天赋优势，一个人、一个组织的时间总是有限的，总量也是相对固定的。你播种在锻炼上，你就有一个健康的身体；你投入在学习上，达到一万小时以上就可以成为别人仰视的专家；你为了帮助别人而牺牲了自己的机会和资源，多少年之后你可能意外地在你最困难的时候得到巨大的回报。

要想得，先得舍。

没有什么人的生活如同电影那样无厘头，可以不经历风雨就见到彩虹。也没有什么人在这个世界上就一定是有特殊机遇和好运的，你没有看到的是成功伟人背后的巨大付出和艰辛前行。只有当你自己踏上这样一个上升通道的时候，才能知道原来成功和幸福不仅要靠运气，更要靠舍得。

失去了，才会得。

当我们抬头看着自己的前辈、长辈、父辈们仿似山川河流的满脸皱纹时，我们以为自己可以是一个例外，但到最后才发现其实每个人都曾这样想过，但每个人最后都没真正实现过。这是个公平的结果，和你有没有这么想过是没有关系的。

只有那些经过失去而换来的结果，你才可以说：有失才有得。也只有经历过失去，才能体会得到的成功和幸福。

变的，是失去什么；不变的，是得。

赵民

2016-9-26 星期一

中午 12:58 分

千年传承，历经验证，弥久珍贵。

【赵民的字文】 赵民 2016-10-1 国庆节 星期六 下午13:20分 湿润的空气中又感受到春天郊外野外的召唤

"朱民和人民币SDR入篮"

北京时间2016年10月1日，第67个国庆日，今天中午12点起开始，人民币正式成为国际货币基金组织（IMF）特别提款权SDR一篮子货币的组成之一。今天早上的央视CCTV新闻，正播出了和蔼可亲的IMF总裁拉加德宣布这一新闻之后，央视采访的镜头中，朱民那张沉稳、自信的熟悉的面孔，再次进入中国老百姓的眼帘，只是身份已经是IMF前副总裁了。

初识朱民先生是在一次北京的学者和企业家内部交流讨论活动中，那还是10多年前朱民刚刚回国不久。当年的朱民满头青丝，说话很快，语音富有特有的磁性，其实那是一种家乡口音的痕迹。这时的朱民，在中国银行董校的位置上，只身操刀中国银行当时中国最富国际化成分的这家银行的海外上市这件工作量巨大而复杂的工程。中国银行股改上市的一个市场反应是，贷款审核和风险管控一下子就严格很多，不少地方省市的重点建设项目也不仅要考虑社会效益还要同时经得起经济效益和风险审核，才能获得中行总行的批准。记得在当时，中行的一个创新举措引起了金融业的内部争论：中国银行首先设立了一个新的职位：首席风控官，而且聘请了一位国际金融资深人士，也就是一位老外出任这个首席风控官。这在当时的作用是很快扭转了中银内部的风控审核局面。中国银行成功上市这么多年了，现在，首席风控官这个职位在中银内部依然安然存在。

对朱民的更深一步的了解，是后来有机会，也算"客串"了当时朱民在北京发起的一支野外登山队，随着朱民在春天的北京郊区的野长城、野山中爬了几次山。朱民在圈子里不仅以其学术能力水平著称，而且有运动健将的雅称，尤其户外运动水平见长，爬山只是其中一项而已。在和朱民一起爬北京郊区的野山之前，我已经在瑞士达沃斯见识过朱民滑雪的风采。其中一次春天

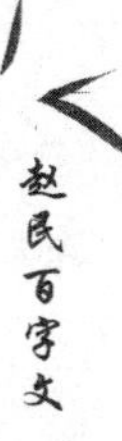

朱民和人民币 SDR 入篮

北京时间 2016 年 10 月 1 日，是我国的第 67 个国庆节。今天中午 12 点整开始，人民币正式成为国际货币基金组织（IMF）特别提款权 SDR 一篮子货币的组成之一。今天早上的央视新闻，在播出了和蔼可亲的 IMF 总裁拉加德宣布这一消息之后，朱民那张沉毅、自信的熟悉面孔再次进入中国老百姓的眼帘，只是身份已经变成 IMF 前副总裁了。

初识朱民先生，是在一次北京的学者和企业家内部交流讨论活动中，那还是十多年前朱民刚刚回国不久。当年的朱民满头青丝，说话很快，语音富有磁性，其实那是一种家乡口音的痕迹。那时的朱民，在中国银行董秘的位置上，具体操刀当时中国最富国际化成分的中国银行的海外上市这项工作量巨大而复杂的工程。中国银行股改上市的一个市场反应是，货款审核和风险管控一下子就严格了很多，不少地方省市的重点建设项目不仅要考虑社会效益同时还要经得起经济效益和风险审核，才能获得中行总行的批准。记得在当时，中行的一个创新曾引起金融业的内部争论：中国银行首先设立了一个新的职业——首席风控官，而且聘请了一位国际金融资深人士，也就是让老外当了这个首席风控官。这项措施在当时的作用是很快扭转了中银内部的风控审核局面。中国银行成功上市这么多年了，现在，首席风控官这个职位在中银内部依然安然存在。

对朱民更深一步的了解，是后来有机会业余“客串”了他在北京发起的一支野外登山队，随着他在北京郊区的野长城、野山中爬了几次山。朱民在圈子里不仅以业务能力水平著称，而且有运动健将的雅称，尤以户外运动见长，爬山只是其中一项而已。在和朱民一起爬北京郊区的野山之前，我已经在瑞士达沃斯见识过朱民滑雪的风采。其中，一次春天的野外爬山让我印象深刻。那是一段人迹罕至的野长城断壁残垣，突然之间前面路断了，是一段悬空的几十米山体。一直走在爬山队伍前列的朱民熟练地拿出了一捆粗大的绳子，像我们在电视剧上常见的特战队员那样，一头系在一棵粗壮的树上，一头捆在自己腰上，马上就消失在陡坡上密密的树林中。等了一会，绳子就拉直了，等在原地的我们就开始一个个顺着绳子往下滑。相信北京郊区那些高度才几百米的山丘，朱民先生爬得很不过瘾。当时和我一起参加郊野爬山的还有北京创业海归圈里颇有名声的“大小张帆”中的一位，很多年之后的一次圣诞节聚会，我们举杯重逢时，还聊起了和朱民一同春天野山行的趣事。这是一种难得的登山友情。

后来朱民相继升任中国人民银行副行长和国际货币基金顾问、副总裁，见面的次数少了，但依然时常可以在各大世界城市、各大论坛智库、各种学者政府对话场合见到朱民熟悉的魁梧的身影，听到他具有磁性的声音。

最后几次密集见到朱民，是在他远赴华盛顿之前组织的一个金融国际圆桌学习场

的野外爬山，印象深刻。那是一段从来没有人到过的野长城遗址残垣，突然之间前面路断了，是一段悬空的几十米山体。一直走在爬山队伍前列的朱民熟练地拿出了一段粗大的绳子，像我们在电视剧上常见的特战队员那样，一头系在一棵粗壮的树枝上，一头捆在自己腰上，马上就消失在陡坡上的密密的树林中。等了一会，绳子就拉直了，等在原地的我们就开始一个个顺着绳子往下滑。相信北京郊区那些高低才几百米的山丘，朱民先生爬得很不过瘾。当时和我一起参加郊野爬山的还有北京创业海归圈里比较有名气的"大小海归"中的一位，很多年后的一次圣诞节聚会，我们举杯欢庆时，还在聊起和朱民一同去野山行的事情。这是一种难得的登山友情。

后来朱民相继升任中国人民银行副行长和国际货币基金组织副总裁，见面的次数少了，但依然时常可以在各大世界城市、各大论坛甚至各种学者政府对话场合见到和听到朱民熟悉的魁梧的身影和磁性的声音。

最后一次密集见到朱民，是在朱民还未去华盛顿前组织的一个金融国际圆桌学习场合，当时好像是每个月举办一次，地点在西长安街的一个著名的大楼里，每次都邀请一位国际著名的金融学者做一个专题讲座，范围很小，都是英文演讲。正是在那个圆桌学习场合，我第一次学习了一下金融市场的动物心理、非理性心理概念和理论。

朱民上任IMF顾问及副总裁后的一次回国，记得那是中国经济五十人论坛的一次活动，他利用会议空隙喝茶的十分钟，拉着我，问了好多中国一线企业家的实际情况、企业经营情况、对经济投资政策的切身感受等。即使人已经在华盛顿国际顶级金融机构的最高领导层了，但心还牵挂着北京的老朋友们。（完）

合。该活动当时几乎每个月举办一次，地点在西长安街的一栋著名大楼里，每次都邀请一位国际著名的金融学者做一个专题讲座，范围很小，都是英文演讲。正是在那个圆桌学习场合，我第一次面对面学习了一下金融市场的动物心理、非理性心理概念和理论。

朱民上任 IMF 顾问及副总裁之后，有次回国参加了中国经济五十人论坛的一次活动，他利用会议间隙喝茶的十分钟，拉着我问了好多中国一线企业家的实际情况、企业经营情况、对经济投资政策的切身感受等。即使人已经成为华盛顿国际顶级金融机构的最高领导层了，但心还牵挂着北京的老朋友们。

赵民
2016-10-1 国庆节
星期六下午 13:20 分
湿润的空气中，
又感受到春天郊外野外的召唤。

[赵晓的原文]

2016-10-2 星期天
下午13:35分
第一次周期性高潮，都会造就一代人，毁掉一批人。

《恒大危险：卖掉副业聚焦地产》

国庆节长假前，恒大于9月28日宣布，把过去几年在房地产业务体系时培育孵化的副业：饮品、粮油、乳业等，统统卖光，聚焦到地产和金融业。由于恒大的所谓金融业主要还是为了服务于主业地产，属于"泛地产金融"性质，因此，我们可以认为，恒大今后只有一个主业：地产。

在当今中国房地产如此高涨的大背景下，这一战略决策，充分彰显了创始人恒大的地产奇才许家印先生的雄心和豪赌，但不得不提醒一句：恒大的危险开始了。忠言逆耳，且听我说下去。

第一个问题：中国经济发展中的一些基本规律，是否要遵循世界范围经济发展的一些基本规律？如果认为中国特色的社会主义就可以不遵循这些规律，那么，下面的话就不用听了，没有共同的基础和讨论的出发点，属于用宇宙语和上帝的讨论。

中国的房地产确实足够大，足以支撑起几家世界500强级的大公司，中国的市场空间也足够大，未来10年20年还有3亿~5亿人要进城、进镇、进特色小镇生活和工作，中国政府对房地产行业也确实不敢怎么样。本来这一轮去库存指望房地产调控降价，为此《人民日报》、新华社等主流新闻机构没有少鼓动，没有少忠告房地产老板。但没有用。你们有谁见过中国的哪个行业，中央文件说过了，《人民日报》新华社也公开说过了，但这个行业却硬生生地反着来，不仅没降价，反而狂涨、飙涨，飙狂涨？中国还没有第二个行业，是这样的，敢这样的。

这一轮的房价飙涨，是对过去几年房价低迷和压抑的补偿性涨价呢，还是从一个正常的阶段驶入飙涨到毁灭的可能开始的轨道？宏观经济学家有经济学家的分析，房地产从业企业有行业洞见，政府有政府的对策。但对于普通消费者来说，只有一个是硬道理：收入和房价的比率。网上现在有的各种统计房价收入比数字，大多是今年上半年的，在现在的房价上涨幅度下，早已经过时。但每个读者自己心里，有着一本清晰的账。现在北京上海广州深圳这样的一线城市的普通中等收入（年收入20万）家庭，如果还有购房的资格，以购置100平方的均价8万的二手房计算，也要16~20这个比率，这还不是学区房呢。

高档次的房价漫延到南京、合肥、苏州、杭州、厦门乃至苏州的昆山和吴江也要卷入之时，这个

①

恒大危险：卖掉副业聚焦地产

国庆节长假前，恒大于9月28日宣布，把过去几年在房地产业务低谷时寄予厚望的副业，如饮品、粮油、乳业等统统卖光，聚焦到地产和金融业。由于恒大的所谓金融业主要还是为了服务于主业地产，属于“泛地产金融”性质，因此，我们可以认为，恒大今后只有一个主业：地产。

在当今中国房地产如此高涨的大背景下，这一战略决策充分彰显了创立恒大的地产奇才许家印先生的雄心壮志，但不得不提醒一句：恒大的危险开始了。忠言逆耳，且听我说下去。

第一个问题：中国经济发展是否要遵循世界范围内经济发展的一些基本规律？如果认为中国特色的社会主义就可以不遵循这些规律，那么，下面的话就不用听了，没有共同的认知基础，讨论的出发点不一样，就类似于用宁波话和上海人讨论。

中国的房地产市场确实足够大，足以支撑起几家世界500强级的大公司；中国的市场空间也足够大，未来10年20年还有3亿～5亿人要进城、进镇生活和工作；中国政府对房地产行业也确实不敢怎么样，本来这一轮去库存指望房地产公司主动降价，为此《人民日报》、新华社等主流新闻机构没有少规劝，没有少忠告房地产老板，但没有用。你们有谁见过中国的哪个行业，中央文件说过了，《人民日报》和新华社也公开说过了，但这个行业却硬生生地反着来，不仅没降价，反而疯涨、狂涨、疯狂涨？中国还没有第二个行业是这样的、敢这样的。

这一轮的房价疯涨，是对过去这几年房价低迷和压抑的补偿性涨价呢，还是从一个正常的阶段驶入可能开始自我毁灭的轨道？宏观经济学家有经济学家的分析，房地产从业企业有行业洞见，政府有政府的难处，但对于普通消费者来说，只有一个是硬道理：收入和房价的比率。网上现有的各种统计房价收入比的数字，大多是今年上半年的，在现在的房价上涨幅度下，早已经过时。但每个读者自己心里都有着一本清晰的账。现在北京、上海、广州、深圳这些一线城市的年收入50万元的普通白领家庭，如果还有购房的资格，以购置100平方米的均价8万元的二手房计算，不吃不喝也要攒16～20年，这还不是学区房呢。

当高涨的房价蔓延到南京、合肥、苏州、杭州、厦门，乃至苏州的昆山和吴江也要卷入之时，这个市场高点也就意味着，用北京、上海、深圳、杭州、南京的土地总价去买下整个美国的时候已经不远了。日本当年房价最疯涨的时候，整个东京的土地价值就可买下整个美国，然后发生了什么？

请注意，美联储到现在还没加息，最大的不确定性还没出招。

市场高点也就意味着，用北京上海深圳杭州南京的土地总价值去买下整个美国的时候已经不远了。日本当年最疯狂的时候整个东京的土地价值就可买下整个美国，然后发生了什么？

请注意，美联储到现在还没加息，最大的不确定性还没出招。

好了，不谈这么多市场政策层面的话了，谈谈大企业的战略风险。

大公司由于规模巨大，船大难掉头，所以战略上规避一个行业的周期性风险是要提前3~5年预先确定和部署实施的。房地产企业至今天2016年再去大规模多元化的转型之路还能来得及吗？还是一个正确的战略选择吗？再看看中国房地产行业的众多大公司五年前、十年前是怎么样的战略决策和选择？

我们知道，大陆确实和香港不同。

我们也知道，中国也确实和日本不同。

我们还知道，地方政府也确实在房地产这件事上和中央的角度不同。

以我们可以从公开途径看到的恒大的土地储备和资金投入情况看，恒大现在的战略选择，未来1~2年是没有风险甚至可能大获全胜的。但这依然无法消除9月28日公开公布的卖掉全部日常消费品副业这个战略举措的潜在危险。

比较好的战略选择是，择其之一，保留部分投资和优质资产，作为除房地产、金融之后的第三主业，其余的可以逐步卖光。否则只卖27亿，当然显示了股东不缺钱，也彰显了老板的战略魄力，但没有啥必要。

今天怎么卖掉，可能五年、十年后，还要加倍买进。

老话说得好：缓则圆，圆则通。

过节了，良药苦口，不合切景。

罢了。

（完）

②

好了，不说这么多市场政策层面的话了，说说大企业的战略风险。

大公司由于规模巨大，船大难掉头，所以，战略上规避一个行业的周期性风险是要提前 3 ~ 5 年预先确定和布局实施的。房地产企业在今天也就是 2016 年再走万科当年的专业化道路，还能走得通吗？还是一个正确的战略选择吗？再看看中国房地产行业的众多大公司，5 年前、10 年前是什么样的战略决策和选择？

我们知道，内地确实和香港不同。

我们也知道，中国也确实和日本不同。

我们还知道，地方政府在房地产这件事上也确实和中央看问题的角度不同。

以我们可以在公开途径看到的恒大的土地储备和资金投入情况看，依靠现在的战略选择，他们走上个 1 ~ 2 年是没有风险而且可能大获全胜的。但这依然无法消除卖掉全部日常消费品副业这个战略举措的潜在风险。

比较好的战略选择是，择其之一，保留部分投资和优质资产，作为除房地产、金融之后的第三主业，其余的可以逐步卖光。匆匆忙忙只卖 27 亿元，当然显示了股东不缺钱，也彰显了老板的战略魄力，但没有啥必要。

今天怎么卖掉，可能 5 年、10 年后，还要加倍买进。

老话说：缓则圆，圆则通。

过节了，良药苦口，不合场景。

罢了。

赵民

2016-10-2 星期天

下午 13:35 分

每一次周期性高潮，

都会造就一个人，毁掉一批人。

[赵民的字文]

赵民 2016-10-3 星期一 晚上22:55分

《华为小米要警惕丰田、大众和三星教训》

夜深人静，宜思战略；浩瀚星空，见证成败。

要说日本企业在中国老百姓心目中的形象，从1980年代起，丰田汽车就是[illegible]间的前三甲之一，那时的丰田广告"车到山前必有路，有路就有丰田车"更是深入中国老百姓的家家户户。丰田汽车所独创的很多企业管理办法，尤其是质量控制体系、零部件供应商的供应链管理等，曾经从1990年代到2010年代驰骋30年企业管理教科书和管理培训课堂。

除了丰田汽车曾经是中国开车人心目中的"质量圣殿"之外，德国大众就要算是中国汽车市场上的最大赢家了，大众品牌也应当是和西门子同样齐名的在中国消费者中受到推崇的前三个德国品牌了。德国大众的一款老旧桑塔纳整整霸占了中国汽车市场的10~15年主要市场份额地位，是外资品牌汽车在中国开疆辟土的典型成功案例之一。

韩国则和日本、德国不太一样，一直到2000年韩国品牌在中国老百姓心目中的质量口碑还不如日本和德国。但是，事情在2000年之后逐渐发生了逆转，而逆转的原因就是韩国三星手机的巨大成功。手机一直是欧美人创新领先的行业，这种格局和迷信的打破，是来自亚洲的三星手机。要知道，日本在手机行业里走了一条闭门锁国的道路，虽然让Docomo在日本独领风骚，但说到底还是不敢和欧美手机正面竞争。这一切，都让三星手机的巨大成功着实让中国人心生敬意。要知道，只有三星手机是这近十年来力挑苹果手机并且占了上风的。

但是，在过去的五年中，在2010年之后的剧烈市场动荡和竞争变化中，先是丰田从神坛跌落，然后是大众欺诈门打开了全世界对德国制造怀疑的大门，最新的三星手机Note7爆炸则彻底毁掉了韩国品牌在中国老百姓心目中的形象。可以说，日本丰田、德国大众和韩国三星都是自己造得不耐烦了，自毁长城，给竞争对手以历史性的巨大机会。

中国的手机现在正处于气势如虹的上升期，不但在本国家乡市场把外资品牌一个一个超越，而且把攻城掠地的战火烧到了印度和全球。这个时候，回顾一下这三大品牌的跌落教训，对华为，对小米，对其他中国手机行业的著名品牌，有着长远的战略意义和价值。（完）

华为、小米：要警惕丰田、大众和三星的教训

要论日本企业在中国老百姓心目中的形象，从上世纪 80 年代起，丰田汽车就是毫无疑问的前三甲，那时的丰田广告“车到山前必有路，有路就有丰田车”真的是深入每个中国老百姓的心里。丰田汽车所独创的很多企业管理办法，尤其是质量控制体系、零部件供应商的供应链管理，曾经从 1990 年代到 2010 年代驰骋于企业管理培训课堂。

如果说丰田汽车曾经是中国开车人心目中的“质量圣殿”，那么德国大众就要算是中国汽车市场上的最大赢家了。大众品牌也应当是和西门子齐名的在广大中国消费者中受到推崇的前三个德国品牌了。德国大众的一款老旧桑塔纳车型整整霸占了中国汽车市场 10 ~ 15 年的主要份额，是外资品牌汽车在中国开疆辟土的典型成功案例。

韩国则和日本、德国不太一样，一直到 2000 年，韩国品牌在中国老百姓心目中的质量口碑还不如日本和德国。但是，事情在 2000 年之后逐渐发生了逆转，而逆转的原因就是韩国三星手机的巨大成功。手机一直是欧美人创新领先的行业，这种格局的打破者，是来自亚洲的三星手机。要知道，日本在手机行业走了一条“闭门锁国”的道路，虽然这让 DOCOMO 在日本国内独领风骚，但说到底，还是不敢和欧美手机直面竞争。三星手机的巨大成功着实让中国人心生敬意。要知道，只有三星手机是近十年来力挑苹果手机并且还占了上风的手机品牌。

但是，在过去的五年中，在 2010 年之后剧烈的市场动荡和竞争变化中，先是丰田从神坛跌落，然后是“大众欺诈门”打开了全世界对德国制造怀疑的大门，三星手机 Note 7 爆炸的新闻则彻底毁掉了韩国品牌在中国老百姓心目中的形象。可以说，日本丰田、德国大众和韩国三星都是自己活得不耐烦了，自毁长城，给竞争对手以历史性的巨大机会。

中国的手机现在正处于气势如虹的上升期，不仅在国内市场把外资品牌一个个超越，而且把攻城略地的战火烧到了印度乃至全球。这个时候，回顾一下这三大品牌的跌落教训，对华为、对小米、对其他中国手机行业的著名品牌，有着长远的战略意义和价值。

赵民

2016-10-3 星期一

晚上 22:55 分

夜深人静，宜思战略；浩瀚星空，见证成败。

[赵民附文]

赵民 2016-10-3 星期三
晚上23:53分

当没有看清楚时，不妨不动。
当没有想明白时，不如先问。

"百度外卖：你要外卖自己吗？"

国庆七天长假，整个行业都没有可能休一天假的，除了民航高铁高速三大交通行业、除了公安旅游宾馆三个相关行业之外，可以数得出来的创业企业行业中，外卖（或叫高大上一点的O2O）行业就是一个。三天长假过去了，无论你去到哪里，无论你白天什么钟点，穿着各式鲜亮外套的外卖工作人员开着电动车、骑着自行车，构成了当今中国社会假里的一道亮闪闪的风景。

这其中，百度外卖就是一支高度受欢迎的队伍，勤快，踏实，可信。

今天，但是，朋友圈里已经在流传、私欣喜：百度外卖不仅在你我老百姓家里吃饭的时候受欢迎，而且，在并购市场上也开始受到欢迎，被人品头论足。于是，就有消息说百度外卖的高管人员出来辟谣否认。但这种山雨欲来风满楼，除非大股东确实没有这样的想法出来辟谣，否则越否认越显然有了事。

中国的互联网行业发展到今天，有很多事情依然无法按经验判断，但有一些事情，已经可以借前例作推测和分析了。譬如，很多人对于Uber中国卖给滴滴感觉颇有失落，但是你看一下当年雅虎梅耶尔把雅虎中国卖给阿里最后赚了多少钱，你就知道Uber全球的老板们会怎么看这笔并购交易。再譬如说，旅游出行市场，百度在携程和去哪儿的并购交易中获得的战略性竞争优势和携程由此带来的旅游市场的巨大领先优势，我们就能明白，这个行业里，蝉、螳螂和黄雀都是如何看待一个行业的整合性并购进行的了。

现在，百度外卖（含百度糯米+外卖）在美团点评和阿里饿了么的竞争中，也同样需要重新评估自己的战略势态。

最重要的是资本市场怎么看待这种高大上的O2O呢？这是那么的高大上足可以高估值融资么？应该比不过了。成也"风口"，败也"风口"。风口成就伟业，风口也痛打落水狗。

第二个战略力量是大股东的战略决策：百度还想不想保留这个业务组合？这个问题回答之前，要回答的问题是：百度金融还抱不抱希望？百度在金融这个大行业上如果不强势追赶，还有前途的未来吗？如果百度不要金融，那么，百度不要O2O的可能性大增。但是，如果百度不要金融了，那么，百度要旅游又有什么战略价值呢？所以这一点上应该加分。

第三个不确定性是，依靠现在的格局下的资源，百度外卖（含糯米+外卖）能不能通过经营管理的改善来提升市场份额和业绩地位？显然很难，显然提升幅度不会很大，但要做到上升，仍有可能。

所以，此时，百度外卖是否外卖自己的战略，是由百度生态体系的业务价值结构决定的。（完）

百度外卖：你要外卖自己吗

国庆七天长假，整个行业可能都没有休一天假的，除了民航、高铁、高速三大交通行业，除了公安、旅游、宾馆三个相关行业，可以数得出来的创业企业行业中，外卖（或叫得高大上一点：O2O）行业就是一个。三天长假过去了，无论你走到哪里，无论你白天什么钟点，都能看到穿着各式鲜亮外套的外卖工作人员开着电动车、骑着自行车，他们构成了当今中国社会假日里一道亮闪闪的风景。

这其中，百度外卖就是一支颇受欢迎的队伍，勤快，踏实，可信。

但是，今天朋友圈里已经在流传、在吹风：百度外卖不仅在你我老百姓点餐的时候颇受欢迎，而且，在并购市场上也开始受到欢迎，被人品头论足。于是，就有消息说百度外卖的高管人员出来辟谣否认。但在这种山雨欲来风满楼的形势下，除非大股东确实没有这样的想法，否则越否认越像煞有介事。

中国的互联网行业发展到今天，有很多事情依然无法按经验判断，但有一些事情已经可以循前例作推测和分析了。譬如，很多人对于 Uber 把 Uber 中国卖给滴滴感觉颇有些失落，但是你看一下当年雅虎杨致远把雅虎中国卖给阿里最后赚了多少钱，你就知道 Uber 全球的老板们会怎么想这笔并购交易。再譬如说旅游出行市场，看看百度通过在携程和去哪儿的并购交易中获得的战略性竞争优势以及携程由此在旅游市场形成的巨大领先优势，我们就能明白，这个行业里蝉、螳螂和黄雀都是如何看待一个行业的整合性并购行为了。

现在，百度外卖（含百度糯米 + 外卖）在与美团点评和阿里饿了么的竞争中，也同样需要重新评估自己的战略态势。

最重要的是资本市场怎么看待当年高大上的 O2O 呢？还是那么的高大上足以高估值融资么？风口应该过了。成也“风口”，败也“风口”。风口成就伟业，风口也痛打落水狗。

第二个战略力量是大股东的战略决策。百度还想不想保留这个业务组合？回答这个问题之前，要回答的问题是：百度金融还抱不抱希望？百度在金融这个大行业上如果不强势追赶，那他们在这个行业还有未来吗？如果百度不要金融，那么，百度不要 O2O 的可能性大增。但是，如果百度不要金融了，那么，百度要旅游又有什么战略价值呢？所以这一点上应该加分。

第三个不确定性是，依靠现在的格局下的资源，百度外卖（含糯米 + 外卖）能不能通过经营管理的改善来提升市场份额和业绩地位？虽然很难，虽然提升幅度不会很大，但要做到上升仍有可能。

所以，此时，百度外卖是否外卖自己的战略，是由百度生态体系的业务价值结构决定的。

赵民

2016－10－3 星期一

晚上 23:53 分

当没有看清楚时，不妨不动；当没有想明白时，不如先问。

［赵民时文］

《央企混改有盼头》

2016-10-5 星期三 早上8:08分

千呼万唤终见真影终闻脚步，

千家万户一行一业一企一策。

根据国家发改委的官方网站信息，我们可以期待，国有企业尤其是央企的混合所有制改革在国庆节假之后有看头、有盼头。

为什么？

据《凤凰新闻》的新闻消息，国家发改委网站2016年9月30日刊登了一个会议信息：2016年9月28日，国家发改委副主任刘鹤同志主持召开专题会，研究部署国有企业混合所有制改革试点相关工作。东航集团、联通集团、南方电网、哈电集团、中国核建、中国船舶等央企对混改项目实施方案做了详细介绍。

官方网站、权威媒体，连马上要第一批试点的7家央企的名字都一一列出，可信度甚高。

国有企业有着很多明显的优点、强处和长处，例如，国有企业做生意信誉是第一的，你和国企签约，不用担心欠的钱最后收不回来，必要时总会给你想办法。再例如，央企金融上的能力当强，搞个大型项目从来不担心投资资金不到位，金融机构追着送上贷款给项目，生怕你不收。但是，国企的重要缺点也很明显，路人皆知：效率低下。效率低下在过去的粗放式发展期间还不突出，但在中国经济进入新常态后，问题就很招人显眼了：因为企业赢利主要动力来源已经切换到提高效率和创新创业这两个发动机上来了，你还慢吞吞的，怎么和世界级大外资公司、民营企业竞争呢？亏损就是自然结果。

怎么打破效率低下这个魔咒呢？打破垄断。一方面是打破行政垄断，一方面是打破市场垄断。就在这条国家发改委官网的新闻里，可以看到这样的话语：改革的主线依然是开放竞争性业务，破除行政垄断、打破市场垄断，推进政企分开、政资分开、网运分开、特许经营等。混合所有制改革试点，要达到"完善治理、强化激励、突出主业、提高效率"的预期目标。你看，破除行政垄断、打破市场垄断是二个"破垄断"同时并举，左右开弓。像政资分开、网运分开这样的词语，是相当有针对性的，特许经营更是一种解决方案了。能在国家发改委的层面，用上这样的术语，可以想见，很多央企的具体措施已是了然于胸、胸有成竹了。

央企混改的前期准备阶段，充分讨论、深刻共识、择定方案，看来到了翻过这一页的时候了。

新闻特别提到了参加本次专题会的发改委司局：体改司、国防司、运行局、基础司、振兴司、高技术司等。这些司局，这个国庆假期就会忙开了，或许有的司局国庆节假就没时间休假。

混改接下来有什么看点？可以关注"国有企业内部治理行政化、外部行为非市场化"这一问题的解决措施。

（完）

央企混改有盼头

根据国家发改委官方网站的信息，我们可以期待，国有企业尤其是央企的混合所有制改革，在国庆长假之后，有看头，有盼头。

为什么？

据《凤凰新闻》报道，国家发改委网站2016年9月30日刊登了一条会议信息：2016年9月28日，国家发改委副主任刘鹤同志主持召开专题会，研究部署国有企业混合所有制改革试点相关工作。东航集团、联通集团、南方电网、哈电集团、中国核建、中国船舶等央企对混改项目实施方案做了详细介绍。

官方网站，权威媒体，连马上要第一批试点的几家央企的名字都一一列出，可信度甚高。

国有企业有着很多明显的优点、强处和长处，例如，国有企业做生意信誉是一等一的，你和国企签约，不用担心欠的钱最后坏账，迟早总会给的，虽然拖沓一点；再例如，央企金融上的能力超强，搞个大型项目从来不用担心资金不到位，金融机构追着送上贷款，生怕你不收。但是，国企的主要缺点也很明显，路人皆知：效率低下。效率低下在过去的粗犷式发展期矛盾还不突出，但在中国经济进入新常态后，这个问题就很显眼了：因为企业盈利的主要动力来源已经切换到提高效率和创新创业这两个发动机上来了，你还慢慢吞吞的，怎么和世界级外资公司、民营企业竞争呢？亏损就是必然结果。

怎么打破效率低下这个魔咒呢？打破垄断。一方面是打破行政垄断，一方面是打破市场垄断。就在这条国家发改委官网的新闻里，可以看到这样两句话：改革的主要任务是开放竞争性业务、破除行政垄断、打破市场垄断、推进政企分开、政资分开、网运分开、特许经营等。混合所有制改革试点，要达到“完善治理、强化激励、突出主业、提高效率”的预期目标。你看看，破除行政垄断、打破市场垄断这两个“破垄断”措施并举，左右手配合。像政资分开、网运分开这样的词语，是相当有针对性的，特许经营更是一种解决方案了。站在国家发改委的层面，用上这样的术语，可以想见，很多具体行业的具体举措对他们来说已是了然在胸、胸有成竹了。

央企混改的前期准备阶段是充分讨论、凝聚共识、探讨方案，看来到了翻过这一页的时候了。

新闻特别提到了参加本次专题会的发改委司局：体改司、国防司、运行司、基础司、振兴司、高技术司等。这些司局过了国庆假期就会忙开了，或许，有的司局就没时间休国庆长假。

混改接下来有什么看点？大家可以关注“国有企业内部管理行政化、外部行为非市场化”这一问题的解决措施。

赵民
2016-10-5 星期三
早上8:08分
千呼万唤终见身影终闻脚步，千家万户一行一策一企一策。

[赵民白字文]

《上交所出发》

赵民 2016-10-5 星期三 早上11:08分

上海是中国对外开放的桥头堡，
从上交所本次出发巴基斯坦也好，涵意多一层。

我们老百姓在过国庆七天长假，但是，很多大事正悄悄地在涌动，即使遇到七天长假，也没歇着。上交所的新闻在10月2日公布后，并没有引起很多人的关注，但这却是和丝路基金、亚投行性质接近作用类似的一个新闻。如果此事成真，那么，也是一个大事。

消息在网上来自路透社，转自巴基斯坦证券交易所，没有其他媒体或消息来源提供进一步的信息。当事方上海证券交易所也没有应答，因为正好是国庆假期。

这则路透社的消息说，巴基斯坦交易所今年以来一直在寻求战略投资人，7月份曾邀请数家公司出售40%的股权，包括伦敦证交所在内的都进行了接触，在8月底9月初收到了意向投资者的收购书，包括上海证券交易所。

在一次和应届毕业生的交流座谈中，我曾提到过中国的某些隐形好工作就业去向单位，上海证券交易所和深圳证券交易所就是其中的两家。这样的交易所，在中国既不是垄断，又是天然垄断。上交所属于行政垄断吗？是又不是；属于市场垄断吗？是又不是。即使放眼全世界，在任何市场经济体中，证券交易所也都是屈指可数甚至独一根独苗。巴基斯坦交易所原来是3个交易所，后来合并成一个交易所，从屈指可数终变成为独子了。这种资源的稀缺性，决定了这种单位工作的舒适性。学金融和了解内情的人士，都对上交所和深交所的各种优越性有口皆碑。很多年以前，我们的战略公司曾被邀请为其中一家做过咨询某个方面的管理改进，进去了解之后，更是从心里面点赞。

在1990年代和2000年代，美国纳斯达克股市成长黄金时期，Nasdaq也是向外扩持型的，把并购的手脚和眼界伸长到了欧洲大陆。所以说，交易所对外发展的隐形前提是，你自己要发展得好，有实力有资源有技术有管理。从这个意义上来说，上交所意向收购巴交所对于广大中国股民不啻是个好消息，应该受到欢迎。

随着深港通、沪港通的陆续成真，上交所和深交所的国际化程度越来越高，从长远看，这对中国广大股民尤其是不听消息跟风、崇尚价值投资的老股民散户是根本的利好。只有当中国股市不再是吴敬琏老师眼中的"赌场"的时候，中国企业的创业创新才有持续动力和出路。中国为收购他国证券交易所如巴交所，上交所就不能把自己的事情做得太差、弄得太烂。做了人家的大股东，自己还一塌糊涂，你怎么去管好别人的呢？

据路透社的这个消息，此次谁拿了巴交所40%的股份，谁就负责管理，这可是要派人出去的。(完

上交所出发

我们老百姓在过国庆七天长假，但是，很多大事正悄悄地在涌动，即使遇到七天长假也没歇着。上交所的新闻在 10 月 2 日公布后，并没有引起多大的关注，但这却是和丝路基金、亚投行性质接近作用类似的一个新闻。如果此事成真，那么也是一件大事。

消息来自路透社的网站，转自巴基斯坦证券交易所，没有其他媒体或机构提供进一步的消息。当事方上海证券交易所也没有应答，因为正好是国庆假期。

这则来自路透社的消息说，巴基斯坦交易所今年以来一直在寻求战略投资人，7 月份曾邀请数家公司出售 40% 的股权，与包括伦敦证交所在内的机构都进行了接触，在八月底九月初收到了意向投资者的收购书，其中包括上海证券交易所。

在一次和应届毕业生的交流座谈中，我曾提到过中国的某些隐形好工作或就业单位，上海证券交易所和深圳证券交易所就是其中的两家。在中国，这样的交易所虽然不是垄断，但又是天然垄断。上交所属于行政垄断吗？是，又不是；属于市场垄断吗？是，又不是。即使放眼全世界，在任何市场经济体中，证券交易所也都是屈指可数，甚至独根独苗。巴基斯坦交易所原来是三个交易所，后来合并成一个交易所，从屈指可数终变为独子。这种资源的稀缺性，决定了在这种单位工作的舒适性。上交所和深交所的各种优越性有口皆碑，学金融和了解情况的人士都清楚这点。很多年以前，我们正略公司曾被邀请为其中一家做过某个方面的管理改进咨询，进去了解之后，更是从心里面点赞。

在 1990 年代和 2000 年代，是美国纳斯达克股市成长的黄金时期。纳斯达克也是向外扩张型的，他们把并购的手脚和眼界伸长到了欧洲大陆。所以说，交易所对外发展的隐形前提是，你自己要发展得好，有实力、有资源、有技术、有管理。从这个意义上来说，上交所意向收购巴交所对广大中国股民来说是个好消息，应该受到欢迎。

随着深港通、沪港通的陆续成真，上交所和深交所的国际化程度越来越高，从长远看，这对中国广大股民尤其是不听消息不跟风、崇尚价值投资的老股民散户是根本利好。只有当中国股市不再是吴敬琏老师眼中的“赌场”的时候，中国企业的创业创新才有持续动力和出路。而因为收购他国证券交易所如巴交所，上交所就不能把自己的事情做得太差、办得太烂。做了人家的大股东，自己还一塌糊涂，你怎么去管好别人的呢？

据路透社的消息，此次谁拿了巴交所 40% 的股份，谁就负责管理，这是要派人出去的。

赵民

2016-10-5 星期三

早上 11:08 分

上海是中国对外开放的桥头堡，从本次上交所出发巴基斯坦始，含义多了一层。

[赵氏日字文]

2016-10-6 星期四
晚上 23:48 分

杏雨医生今后如果腾空而飞，当不意外。谨以此文，献给所有创业的张锐们。

《创业艰难，身先士卒》

——悼杏雨医生张锐

今天 2016 年 10 月 6 日，细雨和大雨从北到南覆盖着神州大地，从长城脚下的香山枫叶，到黄浦江边的维多利亚风格的办公大厦，伸出手来一片湿漉漉。

下午忙完正事，有点闲暇，打开手机浏览朋友圈，才发现一则令人悲痛的消息已刷爆各色朋友圈与好友群：春雨医生创始人、CEO 张锐今日凌晨因病去世，享年仅 44 岁。

初识张锐是在一次互联网界的年会上。当时我只是有投资在移动医疗，不能确切地说是在大健康领域，本人并没有专门深入研究这个领域，所以认识了也就认识了，并没有深度交往。

时光到了今年 3 月份，我再次遇到张锐是在深圳的 2016 中国（深圳）IT 领袖峰会上，那是个深圳市委书记主持的小范围自助欢迎宴会上，那时，我正对移动医疗有着深度介入，同时也遇到很多知识和经验的盲点。虽然在场 BAT 三大公司的老大马云、马化腾、李彦宏都在场，我还是拉着张锐聊了很多话，有询问，有请教，有了解。虽然交谈过程中时常有人过来打断，但还是把我当时的一些最为想交流的话都说完了、听完了、记录到心头了。虽然此时的张锐早已脱离媒体行业，但依然保持着媒体人特有的表达风格：直白，通俗，说到点上。

在中国做互联网创业的群体中，我认识好些源自媒体、转向媒体的创始人，以及春雨医生的张锐、正和岛的刘东华、黑马会的牛文文、虎嗅网的李岷、入了界面的何力、纷享销客的罗旭等，这批人是创业公司的创始人中的具有特殊气质的一类，除了同样的社会阅历丰富、社会经验丰富、社会资源丰富这“三丰富”之外，还有一点相似之处：抬头富有情怀，低头动手好学。学问是这批人这类人的天生习惯和职业“毛病”。所以，我对这些创业公司关注得就比较多，只要一有朋友圈里的新闻和信息，总会打开好好看看。在这群人中，出身《京华时报》的张锐所进入的移动医疗行业，是各种非商业性壁垒相对较多的一个行业，这种行业的创业，在商业的艰难创业之外，又多了几分专业的艰难，或许正是这样一种种创业艰难，这样的一种身先士卒，让张锐英年早逝，让人扼腕叹息，唏嘘不已。

春雨医生的三大战略中，最有看头的是私人医生业务模式，但也正是这种模式，在现实中的中国社会最为步履艰难。但如果能够直接接上股资本市场，则就可能一马平川。张锐在九泉之下也会很是最难的。（完）

创业艰难，身先士卒——悼春雨医生张锐

今天是2016年10月6日，一场秋雨从北到南覆盖着神州大地，从长城脚下的香山枫叶，到黄浦江边维多利亚风格的办公大厦，伸出手来，都是一片湿漉漉。

下午忙完正事，有点闲暇，打开手机浏览朋友圈，才发现一则令人悲痛的消息已刷爆朋友圈和好友群：春雨医生创始人、CEO张锐今日凌晨因病去世，享年仅44岁。

初识张锐是在一次互联网界的年会上。当时我只是在移动医疗方面有投资，不，准确地说是在大健康领域，本人并没有专门深入研究这个领域，所以认识了也就认识了，并没有深度交往。

时光到了今年3月份，我再次遇到张锐是在深圳的2016中国（深圳）IT领袖峰会上。那是在一个深圳市委马书记主持的小范围自助欢迎宴会上，那时，我正对移动医疗有着深度介入，同时也遇到很多知识和经验的盲点。虽然BAT三大公司的老大马云、马化腾、李彦宏都在场，但我还是拉着张锐聊了很多话，有询问，有请教，有了解。虽然交谈过程中时常有人过来打断，但我还是把当时一些最想交流的话都说完了、听完了、记录在心头了。虽然此时的张锐早已脱离媒体行业，但依然保持着媒体人特有的表达风格：直白，通俗，说到点上。

在中国做互联网创业的群体中，我认识好些源自媒体、转自媒体的创始人，比如春雨医生的张锐、正和岛的刘东华、黑马会的牛文文、虎嗅网的李岷、界面的何力、纷享销客的罗旭等，这批人是创业公司的创始人中的具有特殊气质的一类，除了同样的社会阅历丰富、社会经验丰富、社会资源丰富这“三丰富”之外，还有一点相似之处：抬头富有情怀，低头动手好学。学习是这批人或这类人的天生习惯和职业“毛病”。所以，我对这些创业公司关注得就比较多，只要一有朋友圈里的新闻和消息，必定打开好好看看。在这群体中，出身《京华时报》的张锐所进入的移动医疗行业，是各种非商业性壁垒相对较多的一个行业，在这种行业创业，除了商业的艰难之外，又多了几分专业的艰难。或许正是这样的一种创业艰难、这样的一种身先士卒，让张锐英年早逝，让人扼腕叹息、唏嘘不已。

春雨医生的三大战略中，最有看头的是私人医生业务模式，但也正是这种模式，在现实的中国社会最为步履艰难。但如果能够直接接上A股资本市场，则就可能一马平川。张锐在九泉之下也会很宽慰的。

赵民
2016-10-6 星期四
晚上23:48分

春雨医生今后如果腾空而飞，当不意外。谨以此文，献给献身创业的张锐们。

〔赵鸿阳学文〕

2016-10-7晚上草稿
2016-10-8 下午13:10分定稿

《基础科学，下一个学日本的领域》

大国成长的历史，就是一个领域一个领域赶超的历史。

试问2016国庆七天假中国老百姓有什么吃惊？第一当推全国10多个城市房价的新政，严控的程度足以让很多人失去购买资格，老百姓吃了一惊；第二当属国外诺贝尔奖颁奖引发的对日本基础科学研究的讨论和反思，日本2000年之后17年17次捧诺奖让我们吃了一惊；第三才轮得上中国男子足球在主场不敌叙利亚，足协主席蔡振华的命好苦啊，这个足协主席让谁当也不要当啊，老百姓也吃了一惊。

中日过去2000来年的交往史中，中国领先日本当老师一直当到1868年明治维新之前，鉴真东渡日本是去传经送宝的。1868年后，日本领先中国当老师，不管是在经济、军事哪个方面。

1978年开始的改革开放，中国远学美国，近学日本。当年中国女排就是从学习和赶超日本女排开始的。三十多年下来，很多方面，中国赶上来了。

经济领域，赶超了。不仅GDP总量超过日本，世界第二，而且，《财富》杂志世界500强名单中中国企业数量过百，也居世界第二。中国拥有一批世界级的大公司品牌。

军事实力，也上来了。东海防空识别区说划就划了，航空母舰自己也可以造了。

体育成绩，也上来了。奥运会冠军和奖牌总数，都在日本之上。围棋，中国的年轻一代90后国手也在水平和人数上日渐碾压韩日。

全球旅游，也上来了。现在去到哪儿，都盼着中国人天天放国庆七天长假可以到处拉动当地旅游经济。世界各国看到长得像亚洲人样子的，第一个问题就是：你是中国人？三十年前1986年一般是问：你是日本人？要知道，中国只有8000多万人领了护照，还有12亿多人没出过国门呢。渗透系数很低。

国际金融，也上来了。亚投行冲破各种阻力顺利开张是个标志性事情。人民币SDR入篮一进去份额比就超过日元。中国股市暴涨和大跌都足以让世界暖如春寒如冬。

高铁地铁，也上来了。四纵四横，不够了，就八纵八横。八纵八横之后，肯定是全国所有的地级市都要建高铁。以后，没有高铁的城市就不叫城市。没有地铁的城市，只能叫小镇。

当然，房价也上来了。上得也贼快，让我们的收入房价比一下子居高不下。

但是，给全世界谋人类共同福利和生产力的自然科学基础研究，还没有上来，比日本还落后好几公里。2015年屠呦呦第一次获自然科学类诺奖，而日本第一次获诺奖自然科学类是早在1949年汤川秀树获物理学奖。更进一步分析，屠呦呦这个成果诞生的科研体制背景和现在当今中国的有很大不同。而且，直到今天，河北科技大学是否已启动对韩春雨的"诺奖级"成果的学术诚信调查，还不得而知。未见媒体报道。

当今的基础科学研究，已处在从量变到质变的突破性大爆发的一个历史机遇窗口期，有些像历史上航空母舰、核武器、互联网技术。看看今年的诺贝尔化学奖，这个"基础研究"发明了可以操控、还能在执行任务的分子机器，今后的应用是分子马达、纳米火箭、微型机器人，尺寸是头发丝的千分之一级别。想想就吓人怕怕了。 中国在核技术上及时赶上，在互联网技术上及时学习和赶超，但在航母上我们当年一落后就晚了大约七八十年。这一轮基础科学研究，远学美国近赶日本，不能再拖下了。

（完）

基础科学，下一个学日本的领域

2016国庆长假中国老百姓有什么吃惊的事？第一首推全国十多个城市出台购房新政，严控的程度足以让很多人失去购买资格，老百姓吃了一惊；第二当属因为诺贝尔颁奖而引发的对日本基础科学研究的讨论和反思，日本2000年之后的17年17次捧诺奖让我们吃了一惊；第三才轮得上中国男子足球主场不敌叙利亚，足协主席蔡振华的命好苦啊，这个足协主席让谁当也不要当啊，老百姓也吃了一惊。

中日过去两千来年的交往史中，中国最初是领先日本给它当老师的，一直当到1868年明治维新之前，鉴真东渡日本是去传经送宝的。1868年后，日本领先中国当老师，不管是在经济、军事还是哪个方面。

1978年开始的改革开放，中国远学美国，近学日本。当年中国女排就是从学习和赶超日本女排开始的。三十多年下来，在很多方面，中国都赶上来了。

经济领域，赶超了。GDP总量超德超日，位列世界第二；《财富》杂志世界500强名单中中国企业数量过百，也居世界第二；中国拥有一批世界级的大公司品牌。

军事实力，也上来了。东海防空识别区说划就划了，航空母舰自己也可以造了。

体育成绩，也上来了。奥运会冠军和奖牌总数都在日本之上了；即使是围棋，中国的年轻一代，那些90后国手也在水平和人数上日渐碾压韩日。

全球旅游，也上来了。现在走到哪儿，当地人都盼着中国人天天放国庆七天长假可以拯救当地旅游业。世界各国看到长得像亚洲人的，第一个问题就是：你是中国人？三十年前1986年，一定是问：你是日本人？要知道，中国只有8000多万人领了护照，还有12亿多人没出过国门呢，渗透系数很低。

国际金融，也上来了。亚投行冲破各种阻力顺利开张是个标志性事件；人民币SDR入篮一进去份额比就超过日元；中国股市暴涨和大跌都足以让世界暖如春、寒如冬。

高铁地铁，也上来了。四纵四横不够了，就八纵八横；八纵八横之后，肯定是全国所有的地级市都要通高铁。以后，没有高铁的城市就不叫城市；没有地铁的城市，只能叫小镇。

当然，房价也上来了。上得也贼快，让我们的收入房价比一下子居高不下。

但是，为全世界人类谋共同福利的自然科学基础研究，还没有上来，比日本还落后好儿公里。2015年屠呦呦第一次获自然科学类诺奖，而日本第一次获自然科学类诺奖是1949年，汤川秀树获物理学奖。更进一步分析，屠呦呦这个成果诞生的科研体制背景和当今中国的有很大不同。而且，直到今天，河北科技大学是否已启动对韩春雨的“诺奖级”成果的学术诚信调查还不得而知，未见媒体报道。

当今的基础科学研究，正处于从量变到质变的突破性大爆发的一个窗口期，有点像历史上的航空母舰、核武器、互联网技术。看看今年的诺贝尔化学奖，这个基础研究“发明了行动可控、在给予能源后可执行任务的分子机器”，今后的应用是分子马达、纳米火箭、微型机器人，尺寸是头发丝的千分之一级别，想想就吓坏宝宝了。

中国在核技术上及时赶上了，在互联网技术上及时学习和赶超了，但在航母上我们当年一落后就晚了大约七八十年。这一轮基础科学研究，远学美国，近赶日本，我们不能再落下了。

赵民

2016-10-7 晚上草稿

2016-10-8 下午13:10分定稿

大国成长的历史，就是一个领域一个领域赶超的历史。

[赵民的字文]　　赵民 2016-10-7 星期五 中午12:32分

创业者主流还是中国继续跟随美国
但创业公司走流已向硅谷开始看中关村

《推特准备学习新浪微博？》

今天是2016年10月7日，国庆七天长假的最后一天。中国人在过国庆长假，但其他国家的人并不在休假，美国社交媒体巨头Twitter推特公司的联合创始人兼CEO杰克·多尔西正是如此：推特公司正准备，媒体主流如新华社、CNBC、路透社等都这么说，年底之前把自己"推出去"卖掉，而且，越快越好。

这是推特向新浪微博取经学习后的节奏吗？当然不是，但这个做法，很类似当年新浪把微博独立上市并卖给阿里，呵呵。

因为中国网民已经习惯了把新浪微博看成"中国版的推特"，就如把百度当作"中文的Google"那样。

而两者遇到的挑战及困境，虽具体情况不同，但阶段挑战相似。

2013年11月，推特以26美元上市，一个月后达到市值最高峰74美元，并在此之后，走上了下坡路：十个季度没有盈利（股东够宽容的了），2016年的前二季业绩未到预期，上市后累计烧掉了投资股东23亿美元的真金白银。虽然月活用户已达3.13亿，但增长乏力，低到惨人的3%（比上一年），比后来居上的同行对手Facebook脸书落后的差距越拉越大，广告金主弃之而奔脸书者日众。

作为同样以"140个字"作为特征在中文世界里称王称霸的社交媒体巨头新浪微博，以前当然学习推特：推特2013年11月上市，新浪微博2014年4月上市；你上美国纳斯达克，我也去Nasdaq；你月活3亿多用户，我月活1.5亿左右用户；你26美元开价上市，我17美元开价上市；你叫推特，那我上市以后不叫新浪微博，只叫微博吧（至于我们这些用户习惯在微字前面加上"新浪"两字，那是你们用户的事）。

但只有一点略有不同：推特在上市之后用户数只是增长乏力，而微博则是在上市前的2013年就出现下降危机，活跃用户同比减少大约10%，所以，上市对于推特是推一把继续做（当时叫啊），但对微博则是救命和突围。于是乎，微博上市的时候，实际上就已经找了棵大树，把自己在某种程度上卖给了阿里。

现在，推特遇到危机，终于拜微博这个昔日学生为师，走上了同样把自己推出去卖掉的"微博发展模式"老路上了。据CNBC和路透社的报道说，这回是真的要卖了，不是假的，而且买主"婆家"就是Google母公司Alphabet（字母表）公司。

推特这一卖如成真，是不是一种局部现象：中国有些小地方，已值得硅谷创业公司思考和思量？（完）

推特是准备学习新浪微博么

今天是2016年10月7日，国庆七天长假的最后一天。中国人在过国庆长假，但其他国家的人并不在休假，美国社交媒体巨头推特公司（Twitter）的联合创始人兼CEO杰克•多尔西正是如此。主流媒体如新华社、CNBC、路透社等都说，推特公司正准备年底之前把自己“推出去”卖掉，而且越快越好。

这是推特向新浪微博取经学习的节奏吗？肯定不是，但这个做法，很类似当年新浪微博独立上市并卖给阿里，呵呵。

因为中国网民已经习惯于把新浪微博看成“中国版的推特”，就如把百度当作“中文的Google”那样。

而两者遇到的挑战及困境，虽具体情况不同，但阶段挑战相似。

2013年11月，推特以26美元的股价上市，并在一个月后达到市价最高峰74美元，但在此之后就走上了下坡路：11个季度没有盈利（股东够宽容的了），2016年的前两季业绩未到预期，上市后累计烧掉了股东23亿美元的真金白银。虽然月活用户已达到3.13亿，但增长乏力，低到惊人的3%（比上一年），与后来居上的同行对手Facebook的差距越拉越大，广告金主弃之而奔Facebook者日众。

同样以“140个字”作为特征、在中文世界里称王称霸的社交媒体巨头新浪微博，以前步步学习推特：推特2013年11月上市，新浪微博2014年4月上市；你上美国纳斯达克，我也去；你月活3亿多用户，我月活1.5亿左右用户；你26美元开价上市，我17美元开价上市；你叫推特，那我上市以后不叫新浪微博，只叫微博吧（至于用户习惯在我名字前面加上“新浪”两字，那是你们用户的事）。

但只有一点略有不同：推特在上市之后用户数只是增长乏力，而微博在上市前的2013年就出现下降危机，活跃用户同比减少大约10%，所以上市对推特来说是推一把继续做（当时啊），但对微博来说则是救命和突围。于是乎，微博上市的时候，实际上就已经找了棵大树，把自己在某种程度上“卖给”了阿里。

现在，推特遇到危机，终于拜微博这个昔日学生为师，走上了同样把自己“推出去卖掉”的“微博发展模式”道路上了。据CNBC和路透社的报道说，这回是真的要卖了，不是假的，而且头号“婆家”就是Google母公司Alphabet（字母表）公司。

推特这一卖如成真，是不是一种局部现象：中国有些地方，已值得硅谷创业公司思考和思量了？

赵民
2016-10-7 星期五
中午12:30分

创业者主流还是中国继续跟随美国，但创业公司支流已有硅谷开始看中关村。

〔赵南民同学〕

李……（签名） 2016-10-9 星期天
下午17:47分
生的艰难，活的坚毅

《滴滴不死，滴滴莫怕》

国庆长假刚过，滴滴就面临生死时速，进入危险时刻：2016年10月8日，中国网约车的标志性制高点城市北上广深，四地交通委公布了网约车的管理细则草案。虽然改革开放也见多世事，但这个草案还是让中国广大网约车的消费者们，大吃一惊，大跌眼镜。

第一条让人难以理解的细则规定是司机的身份：必须是本市户籍或有本市居住证。这让人联想起国庆长假各城市出台限购房产的新政。这是网约车要再购房新政的节奏吗？原来中国一线城市的户口上附加的福利隐形的不少，这十几年来因为农民工子弟上学等原因而坚冰融化，户口的附加福利越来越小，社会正逐渐走向"自由迁徙"的宪法权利可期盼。现在，不仅购房和户口（或居住证）牵挂，而且，网约车也成为户口（居住证）的一种特殊权利了。我们要为这个草案中没有要求三年或五年本市缴纳个人所得税或办理社保而鼓掌了，四城市交委确实为老百姓谋方便，为共享经济开绿灯。

第二条让人难以理解的细则要求是车辆的要求：网约车的车辆轴距车长，排量1.8或2.0。如果我们没有记错的话，在中央对现行领导干部公车之规定中，处级干部配的标准是2.0排量的汽车（2.0排量以下），所以，如果你相信环保和节约的理念，购买了奇瑞、吉利比亚迪的经济型轿车，那么，你就没有资格与他人分享你的汽车的空闲资源。这是鼓励大排量汽车呢，还是暗示不到这个标准的家用轿车安全性能不够格呢？或者，有关部门想来，分享的网约车必须有面子，给脸？最后，还必须是新车，只用了一两年。怎么不规定再细点，汽车的累计价格必须要在10万以上呢？

从草案的这样一些细节规定看，字里行间以及背后透出来的是：限制你，捆死你。国务院交通部的框架性政策是鼓励、是规范，地方城市的交委又是怎么理解和落实的呢？这四个城市同一天推出这个细则草案，有点常识的人都可以看出来，在公布之前应该是和上级领导部门沟通过了，而且不同城市之间也协调过了。协调沟通后的结果，就是限制条件要高一点，再高一点。

滴滴、易到和神州这样的分享经济创业企业，真的不容易，来到这就心惊胆战。一出生就是争客户，做好了再和巨头拼市场份额，攻上海，抢成都，进广州，打深圳，一个城池一个城市地打市场份额，巨大的战争，求得投资人的资助时投资人给了高估值。市场竞争打得差不多了，出租车司机不干了。出租车司机这关刚过了，交委这道坎又出现了。随时可能死，处处让你怕。

但从来没有一种新的生活方式，会因为部门规章的限制和捆绑而憋死。滴滴不死，滴滴莫怕（完）

滴滴不死，滴滴莫怕

国庆长假刚过，滴滴就面临生死时速，进入危险时刻：2016年10月8日，中国网约车的标志性制高点城市北上广深，四地交通委公布了网约车的管理细则草案。虽然改革开放以来大家也见多了世事，但这个草案还是让中国广大网约车的消费者们大吃一惊、大跌眼镜。

第一条让人难以理解的细则是对司机身份的要求：必须是本市户籍或有本市居住证。这让人联想起国庆长假各城市出台限购房产的新政。这是网约车变身购房新政的节奏吗？原来中国一线城市的户口上附加的福利隐形且不公，这十几年来因为农民工子弟上学等原因而坚冰融化，户口的附加福利越来越小。现在，不仅购房和户口（或居住证）挂钩，而且，网约车也成为户口（或居住证）的一种特殊权利了。

第二条让人难以理解的细则是对车辆的要求：B级车的轴距车长，排量1.8或2.0。如果我们没有记错的话，中央对现行领导干部座车的规定是：处级干部的标配是2.0排量的汽车（2.2排量以下）。所以，如果你相信环保和节约的理念，购买了奇瑞、吉利、比亚迪的经济型轿车，那么，你就没有资格与他人分享你的汽车的空闲资源。这是悄悄鼓励大排量汽车呢，还是暗示达不到这个标准的家用轿车安全性能不够格呢？或者，有朋自远方来，分享的网约车必须有面子、给脸？最后，还必须是新车，只用过一两年。怎么不规定再细一点，汽车公里数必须要在10万公里以下呢？

滴滴、易到和神州这样的分享经济创业企业真的不容易，想想就心疼宝宝。一出生先是争客户，做好了再相互抢市场份额，攻上海，抢首都，进广州，打深圳，一个城市一个城市的打市场份额大战，以求融资时投资人给个高估值。市场竞争打得差不多了，出租车司机不干了。出租车司机这关刚过了，管理细则这道坎又出现了。随时可能死，处处让你怕。

但从来没有一种新的生活方式会因为规章的限制和捆绑而憋死。滴滴不死，滴滴莫怕。

赵民
2016-10-9 星期天
下午17:45分
生得艰难，活得坚毅。

[赵民的字文]

赵民 2016-11-18星期五
上午12:38分完稿
充分大嘴，充满牛仔气息

雷曼兄弟关门与特朗普开张

2016年的美国总统大选，可说是自中国改革开放以来中国人从新闻上开始关注美国总统大选开始迄今为止，最值得讨论、观察和研究的一次总统大选了，甚至也可说被部分专家视为美国历史上最有震撼力的一次总统大选：因为其出乎意料，因为其代表标志，因为其长远影响。

从现在媒体公布的特朗普选示来源的一些信息看，这次拥护特朗普开张上台当选总统的人群中，有相当部分是对现在的经济收入、就业机会、财富分配抱有很大不满的群体。

有专家文章分析说，这是对奥巴马的经济政策不满。这点我们也认可，尤其是这次美国很多华裔家庭公开拉条幅支持特朗普的，确实也是对奥巴马民主党的有些政策不满，网上相关表达甚多。但如果把美国支持特朗普的民众的不满全部算到奥巴马的头上，那就过于肤浅和简单了。2007年美国华尔街金融危机引爆的全球金融危机，是全球化的一些弊端和负面问题的大爆发，这个危机所暴露出来的财富分配和贫富悬殊问题，并从2009年到2016年的八年间，并没有得到彻底的解决和根除，问题一直堆积和积压着，既得利益的群体明知问题所在，也假装看不见，一天天日子过下去，一天天还想接着混下去。殊不知，出来混，总是要还的。特朗普这次高举的一个大旗，正是迎合了选民的这种情绪、心态和要求。

2007年美国华尔街为台风中心的金融风暴，首当其冲的受害者是雷曼兄弟。但谁也没有想到的是，雷曼兄弟的关门，会带来2016年特朗普的开张。

（完）

雷曼兄弟关门与特朗普开张

2016年的美国总统大选，可能是自中国改革开放以来，或中国人从新闻上关注美国总统大选开始，最值得讨论、复盘和研究的一次总统大选了，甚至也可能被部分专家视为美国历史上最有震撼力的一次总统大选：因为其出乎意料，因为其代表标志，因为其长远影响。

以现在媒体发布的特朗普选票来源的一些信息看，这次拥护特朗普开张上台当选总统的人群中，有相当部分是对现在的经济收入、就业机会、财富分配抱有很大不满的人。

有专家文章分析说，这是对奥巴马的经济政策不满。这点我们也认可，尤其是这次美国很多公开拉条幅支持特朗普的华裔家庭，确实也是对奥巴马民主党的有些政策不满，网上相关表达甚多。但如果把美国支持特朗普的民众的不满全部算到奥巴马的头上，那就过于肤浅和简单了。2007年美国华尔街金融危机引爆的全球金融危机，是全球化的一些弊端和负面问题的大爆发，这个危机所暴露出来的财富分配和贫富悬殊问题，在从2009年到2016的八年间并没有得到彻底的解决和根除。问题一直堆砌和积压着，既得利益的群体明知问题所在也假装看不见，一天天日子过下去，一天天还想接着混下去。殊不知，出来混总是要还的。特朗普这次高举的一个大旗，正是迎合了选民的这种情绪、心态和要求。

2007年那场以美国华尔街为台风中心的金融风暴，首当其冲的受害者是雷曼兄弟。但谁也没有想到的是，雷曼兄弟的关门，会带来2016年特朗普的开张。

赵民
2016-11-18 星期五
上午12:38分
充分大嘴，充满牛仔气息。

［赵启民同学文］

2016-11-18 星期五
下午16:16分定稿

从曙光一号，到神舟十一号
中国人航天梦、创业梦再度点燃

看神舟11号，想曙光一号

今天2016年11月18日下午两点（实际上是下午13:50分左右），中国人的骄傲神舟十一号飞船返回舱成功在内蒙古大草原平安降落，两名航天员景海鹏和陈冬顺利回家。中国航天事业在2016年的这场盛大发射，圆满结束。

这个时候，鲜有人还记得一个当年十分响亮、却曾严格保密的名字：曙光一号。

在北京的北三环东北角，现有一座著名的立交桥：三元桥。只要是进出北京乘坐飞机，那都要开车经过。在三元桥的东北角，有一片居民区，叫"曙光西里"，对，就是湮没在那片名叫凤凰城的高楼大厦中的一群老楼。在那片居民区和凤凰城的中间，矗立着一幢高楼：曙光大厦。现在，已没人把这幢曙光大厦和我们的航天工程、和神舟系列飞船、和神舟十一号联系在一起。

1970年4月14号，在"东方红一号"卫星上天后的80天，我国当时负责航天事业的国防科委报了一份秘密报告给毛主席、周恩来。这份报告被认为是中国载人航天事业启动的标志性报告，开启了当今被定义为"神舟"系列的早期研制工作："曙光一号"载人飞船，代号"714工程"。

这一切，都得益于一位出生在辛亥革命同年的著名的科学家：钱学森——上海交大校友，美国加州理工校友，吴越王钱镠第33世孙，中国航天之父。

钱学森1955年回国之后的功绩此处不谈，谈一点现在年轻人可能从来没想到的：钱学森是在25岁的时候（对，就是25岁），成为加州理工大学"火箭俱乐部"的五位创始人之一。这个俱乐部是如今大名鼎鼎的NASA喷气推进实验室的前身，这个实验室主导了人类登月阿波罗计划和火星探索在内的伟大探索工程。所以，大学时代加入学生学术团体组织、乃至参与创办学生学术团体，有时可能真的很重要。

钱学森的生日是12月11日。他的生日，能收到谁的公开祝福？年轻人恐怕都想不到：特斯拉公司创始人埃隆·马斯克创办的另外一家专门从事火箭发射航天创新的SpaceX公司在推特上祝贺钱学森这位NASA喷气推进实验室创始人生日快乐！

这是很多年轻创业者的梦想。

（完）

看神舟十一号，想曙光一号

今天，2016 年 11 月 18 日下午两点（实际上是下午 13:50 分左右），中国人的骄傲——神舟十一号飞船返回舱成功在内蒙古大草原平安降落，两名航天员景海鹏和陈冬顺利回家。中国航天事业在 2016 年圆满谢幕。

这个时候，鲜有人还记得一个当年十分响亮、沉甸甸而严格保密的名字：曙光一号。

北京三环东北角有一座著名的立交桥：三元桥。只要是进出北京乘坐飞机，都要开车经过那里。在三元桥的东北角有一片居民区，叫“曙光西里”，对，就是湮没在那片名叫凤凰城的高楼大厦中的一群老楼。在那片居民区和凤凰城的中间矗立着一栋高楼：曙光大厦。现在，也没人把这栋大厦和我们的航天工程、神舟系列飞船、神舟十一号联系在一起。

1970 年 7 月 14 号，在“东方红一号”卫星上天之后的 80 天，当时负责我国航天事业的国防科委将一份秘密报告给了毛主席、周总理。这份报告被认为是中国载人航天事业启动的标志性报告，开启了当今被冠之以“神舟”系列飞船的早期研制工作：“曙光一号”载人飞船，代号“714 工程”。

这一切，都得益于一位出生于辛亥革命同一年的著名上海人：钱学森，上海交大校友，美国加州理工校友，吴越王钱镠第 33 世孙，中国航天之父。

钱学森在 1955 年回国之后的功绩此处不谈，说两点现在年轻人可能从来没想到的：钱学森是在 25 岁的时候（对，就是 25 岁）成为加州理工大学“火箭俱乐部”的五位创始人之一。这个俱乐部是如今大名鼎鼎的 NASA 喷气推进实验室的前身，这个实验室主导了人类登月“阿波罗”计划和火星探索在内的伟大探索工程。所以，大学时代加入学生学术团体组织，乃至参与创办学生学术团体，有时可能真的很重要。

钱学森的生日是 12 月 11 日。他的生日能收到谁的公开祝福？年轻人想都想不到。特斯拉公司创始人埃隆·马斯克创办的另一家专门从事火箭发射航天创新的 SpaceX 公司在推特上祝贺钱学森这位 NASA 喷气推进实验室创始人生日快乐！

这是很多年轻创业者的梦想。

赵民
2016-11-18 星期五
下午 16:16 分 完稿
从曙光一号，到神舟十一号，
中国人航天梦、创业梦再度点燃。

［赵民的范文］

李嘉，2016-11-18 星期五 18:58pm

景海鹏三上太空，我们还有啥理由不上？

学习景海鹏，我想上太空

今天2016年11月18日星期五下午二点，神舟十一号载人飞船顺利落地内蒙古大草原，景海鹏和陈冬两位宇航员也完成了一次三十三天的太空之旅，再创中国载人航天的新纪录。

对陈冬，这是人生第一次，但对景海鹏这不是第一次，而是第三次。景海鹏的三上太空，给了中国人以巨大的鼓舞和鼓励。

现在有些职业人士和创业者中，流行着一种奇谈怪论：二十岁挣够钱，然后退休；或者四十岁周游世界，五十岁回家干自己喜欢的事。这里呢，除了周游世界还可以算出来说之外，其他的说法和想法都只得中午十二点钟的太阳。

大家可以看看自己身边的有些人。在读大学的很多同学中，有些人是早早投资移民去了海外。你可以留意一下那些移居国外的，尤其以移民加拿大的华人或企业家，最后在国外除了吃喝玩乐和股票交易，有几个回国家做点诸如“深圳”、“投资移民”一类的“创业人生”呢？

中国文化说到底是君子文化、群体文化、集体文化，辛勤致富是一代代中国人从小到老受到的教育，所以，流行于海外的20岁退休、30岁退休、40岁退休、50岁退休，那都是水土不服的“低高雅”，除非你去投资周游世界。

但又有几个人当得了郭川这样的先锋和英雄呢？

所以，如果你不能体验并享受挑战一人全球旅游的那种新奇和心跳，那么，还是选择另外一条道路：找一个自己喜欢并能够长期从事的活，或叫工作，或叫事业，十年如一日，坚持不懈地走下去。即使人工智能不断发展，这个世界依然有很多空间，很多大空间都在等着我们去。

比如说，月球、火星和太空。

（完）

景海鹏三上太空，我们还有啥理由不上

今天，2016 年 11 月 18 日星期五下午二点，神舟十一号载人飞船顺利降落在内蒙古大草原，景海鹏和陈冬两位宇航员也完成了一次 33 天的太空之旅，再创中国载人航天的新纪录。

对陈冬来说，这是人生第一次；但对景海鹏来说，这不是第一次，而是第三次。景海鹏的三上太空，给了中国人以巨大的鼓舞和鼓励。

现在有些职业人士和创业者中流行着一种奇误怪论：三十岁挣够多少多少钱，然后退休；或者四十岁周游世界，五十岁回家不干了诸如此类的“梦”。这里面，除了周游世界还可以拿出来说说之外，其他的说法都见不得中午 12 点钟的太阳。

大家可以看看自己身边的人。我的大学同学中，有些人是早几年投资移民去了海外。你可以留意一下，那些移民国外的，尤其是移民加拿大的白领或企业家，最后在国外当了几年寓公炒了几年股票之后，有几个不回家做点诸如“海淘”或“投资移民”之类的“创业人生”呢？中国文化说到底是群居文化、群体文化、集体文化。辛勤致富是一代代中国人从小到老受到的教育，所以，流行于海外的 20 岁退休、30 岁退休、40 岁退休、50 岁退休，那都是水土不服的“伪高雅”，除非你当极客周游世界。

但又有几个人当得了郭川这样的先锋和英雄呢？

所以，如果你不能体验并享受孤独一人全球旅行的那种新奇和心跳，那么，还是选择另外一条道路：找一个自己喜欢并能够长期从事的活，或叫工作，或叫事业，十年如一日，坚持不懈地走下去。即使人工智能不断发展，这个世界依然有很多空间，很多大空间，还在等着我们去探索。

比如说，月球、火星和太空。

2016-11-18
星期五 18:58pm
学习景海鹏，
我想飞太空。

[赵氏的字文]

2016-11-18
星期五 13:48pm

成龙获奖，重新学习奥斯卡

谨以成龙、奥斯卡对这句中国成语作了最好诠注

从2016年11月8日之后的一周新闻中，全世界的媒体新闻都被美国总统大选的喧嚣所霸屏，鲜有其他新闻值得让人多看几眼。但是，11月12日美国洛杉矶的奥斯卡理事会的一则颁奖新闻，确实值得我们驻足停留，细细品味：成龙获得奥斯卡终身成就奖（荣誉奖）。

作为成龙的影迷和粉丝，我们深感激动，深深感动。我们为成龙此次的获奖，深感骄傲和自豪。

这是世界顶级电影专业人士对成龙献身电影事业的一种高度认可和褒奖。所以，我们也从媒体上看到，成龙自己也激动得不得了，很开心。

激动之后，平静下来，我们也体味到了奥斯卡此次颁奖成龙终身成就奖的另外一层涵义。

奥斯卡奖对从小喜欢打打闹闹、奔奔打打的小男孩们伸出了橄榄枝：来吧，你也可以当电影明星，你也可以成为成龙，你也可以拿一个电影终身成就奖，只要你在这种作为明星的人生道路上，坚持走下去，坚持演出自己的特色和特点，坚持个人的风格和口碑。你就可以因为打打闹闹而成功、成名、成龙。

奥斯卡奖对中国武术爱好者们说，中国武术不仅是全体中国人的，而且，也是全世界的。武术不是用来胳膊踢腿，而是融合了人生进退、道理和境界的一门实打实的运动。你看成龙，在电影上摸爬滚打几十年，也没缺胳膊少腿，依然生龙活虎。

因为颁奖给成龙，奥斯卡颁奖让人更敬一分：境界与众不同。（完）

成龙获奖，重新定义奥斯卡

从 2016 年 11 月 8 日之后的一周内，全世界都被美国总统大选的新闻所霸屏，鲜有其他新闻值得让人多看几眼。但是，11 月 12 日美国洛杉矶奥斯卡理事会的一则颁奖新闻，确实值得我们驻足停留，细细品味：成龙获得奥斯卡终身成就奖（荣誉奖）。

作为成龙的影迷和粉丝，我们深感激动、深受感动，我们为成龙此次的获奖感到骄傲和自豪。

这是世界顶级电影专业人士对成龙先生电影事业的一种高度认可和褒奖。所以，我们从媒体上看到，成龙自己也激动得不得了，很开心。

激动之后，平静下来，我们也体味到了，奥斯卡此次颁给成龙终身成就奖的另外一层含义。

奥斯卡奖对从小喜欢打打闹闹、打打杀杀的小男孩们伸出了橄榄枝：来吧，你也可以当电影明星。你也可以成为成龙，你也可以拿一个电影终身成就奖，只要你在动作明星的人生道路上坚持走下去，坚持演出自己的特色和特点，坚持个人的风格和口碑，你就可以因为打打闹闹而成功、成名、成龙。

奥斯卡奖对中国武术爱好者们说，中国武术不仅是全体中国人的，而且也是全世界的。武术不是甩甩胳膊踢踢腿，而是融合了人生进退的道理和境界，是一门实打实的运动。你看成龙，在电影界摸爬滚打几十年，也没缺胳膊少腿，依然生龙活虎。

因为颁奖给成龙，奥斯卡颁奖显示了自己的境界与众不同，让人更敬一分。

2016-11-18
星期五 13:48pm
望子成龙，
奥斯卡对这句中国成语做了最好旁注。

【赵民的字文】

赵民 2016-11-18 星期五 23:48分

棋谱下法不同，势不同

乐视该如何成功调整（之一）

中国企业家亚布力论坛，作为中国最优秀的一批企业家中的典型代表云聚的一个民间团组织，通常对于企业和企业家的看法很容易形成相对一致的看法。但是，2016年春节之后，亚布力企业家群体中对于乐视的看法，却有很大的不同和分歧，有惊呼看不懂的，有惊叹奇迹速度的。这是极少有的一种情况。

乐视，也正是以这样一种争议的状态，走到了2016年11月初，那个关于资金紧张传闻不断以及创始人贾跃亭内部致员工公开信的在朋友圈引爆而成媒体热点的一个成长关键节点，甚至有一种声音预言乐视的即将崩盘。

抛开吃瓜群众的幸灾乐祸和不明真相的无谓担忧，崩盘当然属于危言耸听了，但面对缺钱的挑战，全力进行主动调整，却是十分需要的阶段性策略和措施，乐视，从2016年11月开始，进入"新常态"。

怎么调整呢？

当然，我们首先要肯定，创始人对于战略性全局的基本把握是心中有数的。在七大生态布局不进行截量裁撤的大前提下，最好的上策是引入一个只有长期性回报可能的大资金提供方，作为战略性投资者进入，这个资金大亨的回报期应在五年以上，资金可供应的盘子应至百亿的量级，能护住乐视七大生态之间产生真实商业意义上的"化反"那个时刻的到来，换句话说，要能坚持到2020年不走掉。这样的股东当然必须十分信仰和赞赏乐视现行的大战略格局，必须十分坚定和坚持乐视的颠覆式创新。写这样的文字很容易，站着说话不腰疼，实际上操作起来，难度较大，恐怕顶级资本高手来助阵，也要尽洪荒之力，可见代价肯定不菲。

此时，最大的不甘是，在乐视多数生态尚处于布局早期阶段就出让股份，固然不是上策。此时的心魔，是最大的潜在不确定因素。笔者见了。（未完，待续）

乐视该如何成功调整（之一）

作为中国最优秀的一批企业家的典型代表云聚的一个民间组织，中国企业家亚布力论坛通常对某些企业和企业家的看法很容易形成相对一致的见解。但是，2016 年春节之后，亚布力企业家群体对乐视的看法却有很大的不同和分歧，有直呼看不懂的，有惊叹奇迹速度的。这是极少有的一种情况。

乐视，也正是以这样一种争议的状态走到了 2016 年 11 月初，走到了那个关于他们资金紧张的传闻不断的关键节点。创始人贾跃亭致员工的内部公开信在朋友圈引爆而成媒体热点，甚至有一种声音预言乐视即将崩盘。

抛开吃瓜群众的幸灾乐祸和不明真相的无谓担忧，崩盘当然属于危言耸听了，但面对缺钱的挑战，尽力进行主动调整，却是十分必要的阶段性策略和措施。乐视，从 2016 年 11 月开始进入“新常态”。

怎么调整呢？

当然，我们首先要肯定，创始人对于战略性全局的基本把握还是没问题的。在七大生态布局不进行数量裁撤的大前提下，最好的上策是引入一个只有长期性回报可能的大资金提供方，作为战略性投资者进入，这个资金大亨的回报期应在五年以上，资金可供应的盘子应在几百亿的量级，能护盘乐视七大生态产业产生真实商业意义上的“化反”那个时刻的到来，换句话说，要能坚持到 2020 年不走掉。这样的股东当然必须十分信仰和赞赏乐视现行的大战略格局，必须十分坚定和坚持乐视的颠覆式创新。写写这样的文字很容易，站着说话不腰疼，实际上操作起来难度极大，恐怕顶级资本高手来助阵，也要尽洪荒之力，而且代价肯定不菲。

此时，最大的不甘是，在乐视多数生态尚处于布局早期阶段就出让股份，自然不是上策。此时的心魔，是最大的潜在不确定因素。笔者见多了。

赵民

2016-11-18

星期五 23:48 分

棋谱下法不同，势不同。

［赵民的原文］

赵民 2016-11-19 星期六凌晨0:22分

乐视这种大样本企业，几十年难遇，夜深人静，方能深思熟虑

乐视应该如何成功调整（之二）

接着上文继续说。上文所言的七大产业布局格局基本不变，外部因素最大的不确定性，就是11月8日美国总统大选胜出的特朗普在明年2017年1月20日正式接棒之后的政策，这实在是一个难以预测决策行为的新总统，任何极端的可能性，都不能完全排除。

所以，作为历经风雨、走在生死线上溜过脚的创业者，乐视联合创始人团队应该理性地讨论第二套备选方案：如果真的要断臂才能生存，那么哪个产业应该首先被断掉？是不是只需要断掉一只手指头就可以舒缓全身的疼痛、紧张和不适呢？这是一个残酷的问题，虽然不想去面对，但也要提前做好预案和考量，不能真的面对时措手不及。

综合看来，以产业切入的深浅、条件成熟的程度和未来资金压力的需求量而言，似乎乐视汽车是最有可能的第一个候选产业。但如果观察贾跃亭本人的语言表达及个性特点，恐怕乐视汽车反而是他心头最为心疼的一个产业，这好比一家人家连续生孩子，前面出生的孩子，都不如最后的那个"老幺"受大人宠爱。所以，如果进入这第二套备选方案，切手指头的话，未必一定会切掉汽车产业。真的切掉乐视汽车，反而能从中看到决策者风格之大变，或许这就是"新常态"的开始和标志。

战略决策的一个不确定因素，就是MBA书本上忽略了没有教你的、但是现实创业生活中常常让你迷惑不解的：决策者个人偏好。所以，基于对乐视过去二年发展观察获得的感观，我们推测需要准备或者说可能会看到第三条道路、第三种方案：卖掉部分产业控股权而换来保留余下产业的发展空间。此种方案下，乐视汽车反而会得以保存下来，因为乐视汽车实在没有什么可以值钱卖个好价钱的。能卖的反而是诸如乐视体育、乐视手机之类的具有一定品牌及IP的股权。此时，七大产业卖谁留谁，有几十种组合结果，我们也没法去猜测哪一种可能性更大，所以，以一言而蔽之：卖一点控股，留一点种子。这种情况，如同大户人家嫁女到门当户对之人家，换得联姻和社会资源从而延续家业兴旺。这种家庭，辛亥革命之后的100多年里不少，很多人家是这么做的。虽然有点辛酸，但结果很成功。所以，亦可期待。（未完，待续）

乐视该如何成功调整（之二）

接着上文继续说。上文所言的七大产业布局格局基本不变，最大的不确定性外部因素，就是11月8日在美国总统大选中胜出的特朗普将会在明年2017年1月20日正式接棒之后实行什么政策。这实在是一个难以预测其决策行为的新总统，任何极端的可能性都不能完全排除。

所以，作为历经风雨、在企业生死线上湿过脚的创业者，乐视联合创始人团队应该理性地讨论第二套备选方案，如果真的要断臂才能生存，那么，哪个产业应该首先被断掉？是不是只需要断掉一根手指头就可以舒缓全身的疼痛、紧张和不适呢？这是一个残酷的问题，虽然不忍去面对，但也要提前做好预案和考量，以免真的面对时措手不及。

综合看来，以产业切入的深度、条件成熟的程度和未来资金压力的需求量而言，似乎乐视汽车是最有可能的第一个候选产业。但如果观察贾跃亭本人的语言表达及个性特点，恐怕乐视汽车反而是其心头最为疼爱的产业。这好比一户人家连续生孩子，前面出生的孩子都不如最后的那个“老幺”受大人宠爱。所以，如果选择这第二套备选方案，需要切手指头的话，未必一定会切掉汽车产业。真的切掉乐视汽车，反而能从中看到决策者风格之大变，或许这就是“新常态”的开始和标志。

战略决策的一个不确定因素，就是MBA书本上忽略了没教你的，但是现实创业生活中常常让你迷惑不解的“决策者个人偏好”。所以，基于对乐视过去两年的观察获得的感观，我们推测需要准备或者说可能会看到第三条道路、第三种方案：卖掉部分产业控股权而换来保留余下产业的发展空间。此种方案下，乐视汽车反而会得以保存下来，因为乐视汽车实在还没有什么值得卖个好价钱的东西。能卖的反而是诸如乐视体育、乐视手机之类具有一定品牌及IP的股权。此时，七大产业卖这留这，有几十种组合结果，我们也没法去猜测哪一种可能性更大，所以，以一言而蔽之：卖一点控股，留一点种子。这种情况，如同大户人家嫁女到门当户对之人家，换得联姻和社会资源，从而延续家业兴旺。这种家庭在辛亥革命之后的一百多年里不少，很多人家都是这么做的。虽然有点辛酸，但结果很成功，所以，亦可期待。

赵民

2016-11-19

星期六 00:22 分

乐视这种大样本企业，几十年难遇，

夜深人静，方能深思熟虑。

〔赵民的字迹〕

赵民 2016-11-19 星期六 凌晨0:55分

乐视有四种应对方案，难在选择和判断

乐视该如何成功调整（之三）

前面的两篇文章谈乐视之一和之二，我们先后提出了三种可能的应对调整。这三种可能方案，都有一个前提是共同的：资本市场钱足够多，股市也足够正常，是的，只要正常。

但这样的三种方案，并不是应对自2016年11月开始的乐视"新常态"的全部调整，乐视要成功迈过这道坎，还真的需要乐视创始人贾跃亭在致员工信中所言的那样：启动组织变革。

战略致胜，如同女孩皮肤长得白，一白遮百丑。而当今，战略上如果出现问题，女孩皮肤是黑黝黝的了，此时，内涵气质就成了看点和决胜点。

比如说，中国的那几个排名前列的互联网成功企业，有几个是靠组织变革胜出的？有几个是靠内部管理胜出的？内部腐败案频出就是一个最好的说明和证明。

但返回过来，用到乐视身上，是有可能尝试而且有可能走出来的，因为乐视的七大板块都是相互独立的，你可以换种视角说，这就是七家创业企业和上市公司，只不过用了同一个品牌而已。

所以，乐视的组织变革的重要一环，并不是如《财经》杂志马克先生所作之文《该不该再给贾跃亭一个机会》中建议的那样，"乐视的当务之急是寻找一名能理顺乐视整体运营体系的COO，甚至CEO"。这样的COO在别的公司有发挥才干的空间，在乐视，没有可能让你施展起来，想都别想，做梦去吧。乐视这样成长起来的大集团公司，基因已决定了各大板块在运营上绝对有话语权和独立性，乐视集团就是一个"化反"中心和化学容器。

所以，乐视成功调整的第四种方案也就出来了：启动组织变革，让七大板块完全独立运营，自我生存和上市，辅之以集团层面的资源支持和七大公司之间的相互化反。此时，乐视已经需要3~5名优秀的板块CEO，产业公司CEO，创业公司CEO，上市公司CEO。这些CEO必须拳打脚踢全武行，都能来几下子。或者，至少一个团队几个人合在一起，也会闹腾折腾出一番名堂。这种局面，如同当年红军长征，红一方面军和红二方面军和红四方面军以及还有单独行动的陕北红军徐海东部那样的格局。能不能活下来，一靠领军人物，二靠战场机遇，对手是谁。

但能找到这3-5个创业的CEO吗？都优秀的概率，还是很低的。但人定胜天。（完）

乐视该如何成功调整（之三）

前面的两篇文章谈乐视之一和之二，我们先后提出了三种可能的应对调整方案。这三种方案，都有一个共同的前提：资本市场钱足够多，股市也足够正常，是的，只要正常。

但这样的三种方案，并不是这次自 2016 年 11 月开始的乐视“新常态”的全部调整，乐视要成功迈过这道坎，还真的需要乐视主要创始人贾跃亭在致员工信中所言的那样：启动组织变革。

战略制胜，如同女孩皮肤长得白，一白遮百丑。而今，战略上如果出现问题，女孩皮肤是黝黑的了，此时，内涵气质就成了看点和决胜点。

坦率而言，中国的那几个狂奔而行的互联网成功企业，有几个是靠组织变革胜出的？有几个是靠内部管理胜出的？内部腐败案频出就是最好的说明和证明。

但这反过来用到乐视身上，是有可能尝试一下而且有可能走出来的，因为乐视的七大板块都是相互独立的，你可以换种视角说，这就是七家创业企业和上市公司，只不过用了同一个品牌而已。

所以，乐视的组织变革的重要一环，并不是如《财经》杂志马克先生所作之文《该不该再给贾跃亭一次机会》中建议的那样，“乐视的当务之急是寻找一名能理顺乐视整体运营体系的 COO，甚至 CEO”。这样的 CEO 在别的公司有发挥才干的空间，在乐视，没有可能让你运转起来，想都别想，做梦去吧。乐视这样成长起来的大集团公司，基因上决定了各大板块在运营上绝对有话语权和独立性，乐视集团就是一个“化反”中心和“化学容器”。

所以，乐视成功调整的第四种方案也就出来了：启动组织变革，让七大板块完全独立运营，自我生存和上市，辅之以集团层面的资源支持和七大公司之间的相互“化反”。此时，乐视至少需要 3 ~ 5 名优秀的板块 CEO、产业公司 CEO、创业公司 CEO、上市公司 CEO，这些 CEO 必须拳打脚踢全武行，都能来几下子，或者至少一个团队几个人合在一起，要能自己折腾出一番名堂。这种局面，如同当年红军长征时，红一方面军、红二方面军和红四方面军以及单独行动的陕北红军徐海东部那样。能不能活下来，一靠领军人物，二靠战场机遇，要看对手是谁。

但能找到这样的 3 ~ 5 个 CEO 吗？他们都优秀的概率还是很低的。但人定，就可胜天。

赵民
2016-11-19
星期天凌晨 0:55 分
乐视有四种应对方案，难在选择和判断。

［赵民写文］　　　　　　　　　　　　　　　　　　2016.12.6 星期二
　　　　　　　　　　　　　　　　　　　　　　　11：10分
　　　　　　　　　　　　　　　　　　　　　　　一边是海水，
　　　　　　　　　　　　　　　　　　　　　　　一边是火焰。

《12月5日：深港通下的意大利公投》

中国老百姓，尤其是炒股的股民和深圳市的老百姓，一定要和应该会记住昨天：2016年12月5日。深圳人心中都有的"世界最贵全球最高房价城市"愤之不平，随着深圳开门、香港炒股的梦想成真，而一泻千里。深港通这只靴子，在响了很久很久之后，在股民盼了很久很久之后，终于从楼梯上掉了下来，落地了。

这是人民币国际化的一个新起点、一次新征程，也是在全球化大背景下的新的一个对外开放。这一步虽然迈出的步子有限，却是针对世界上英国公投脱欧、美国特朗普高调宣称美国优先的新形势的一个最好的行动发声、动作语言：中国正越来越融入全球化进程，中国正积极投入与推动全球化进程。

在地球的另一半，与此同天，却正经历着另外一件值得世人关注的大考验：意大利总理伦齐推动的修宪公投失败，修宪被否决，总理因此而宣布辞职。意大利作为欧盟最早和最坚定的核心支柱国家之一，GDP总量占欧盟16%，此次公投失败，成为走向是否脱欧的一个风向标。意大利距离可能脱欧已经只剩下两个悬疑问题：高举脱欧大旗的"五星运动党"是否会执政？意大利是否继英国之后会宣布脱欧？昨天在猜测中的很不确定的"黑天鹅"事件，在之后，恶梦成真。

时间过得真快，2016年一眨眼就过了12月4日，全年只剩26天了。在2016年过去的345天中，可以用"黑天鹅之年"来概括和定义2016年在历史中的印痕和地位：剧烈的社会变化、动荡，始于年初的人工智能Alfgo战胜围棋的人类代表李世石。

因为深港通，香港于是成为"中国的国际金融中心"和"国际的中国金融中心"。而大选和公投，改变了美国、英国和意大利。2017年的12月5日我们一年之后，将会看到一个怎样的世界？（完）

12 月 5 日：深港通下的意大利公投

中国老百姓，尤其是炒股的股民和深圳市的老百姓，一定要记住昨天：2016 年 12 月 5 日。深圳人因高房价而心中积郁的愤愤不平，随着深圳开户、香港炒股的梦想成真而一泻千里。深港通这只靴子，在想了很久之后，在股民盼了很久很久很久之后，终于从楼梯上走了下来，落地了。

这是人民币国际化的一个新起点、一次新征程，也是在全球化大背景下新的一次对外开放。这一步虽然迈出的步子有限，却是针对英国公投脱欧、美国特朗普高调宣称美国优先的世界新形势的一次最好的行动发声：中国已越来越融入全球化进程，中国正积极参与推动全球化进程。

同日，在地球的另一端也已经历着一件值得华人关注的事件：意大利总理伦齐推动的修宪公投失败，修宪被否决，总理因此而宣布辞职。意大利作为欧盟最早和最坚定的核心支柱国家之一，GDP 总量占欧盟 16%，此次公投失败，成为他们是否脱欧的一个风向标。意大利距离可能脱欧已经只剩下两个悬疑：高举脱欧大旗的“五星运动党”是否会执政？意大利是否继英国之后会宣布脱欧？昨天还在猜测中的很不确定的“黑天鹅”事件，一夜之后，噩梦成真。

时间过得真快，2016 年一眨眼就过了 11 个月，全年只剩下 25 天了。我们可以用“黑天鹅之年”来概括和定义 2016 年在历史中的印痕和地位：剧烈的社会变化、动荡，始于年初的人工智能 AlphaGo 在围棋上战胜人类代表李世石。

因为深港通，香港成为“中国的国际金融中心”和“国际的中国金融中心”。而大选和公投，改变了美国、英国和意大利。一年之后，2017 年的 12 月 5 日，我们将会看到一个怎样的世界？

赵民

2016-12-6 星期二

11:10 分

一边是海水，

一边是火焰。

[赵民的字文]

赵民　2016-12-13 早上 11:09分　构思于苍穹下，大地上

《万能险：不再万能？》

作为中国特色的资本市场的一个典型案例，宝能系资金入主上市公司南玻之后，遭到上市公司高管的强烈抵制：集体辞职。这种史上少见，近期也闹闹来闹的上市公司"门口野蛮人"的惊险剧幕，让小股民们忧心忡忡：难道万能险将全面购买上市公司？

正当这种股市担忧氛围愈来愈浓之际，媒体上传来证监会副主席和保监会领导先后表态，更有朋友圈里转发的新闻消息，益引事件大。随后，看到了保监会对宝能和恒大系的决定通知后的股民，情绪有了稍微一点舒缓。

多亏了格力，多亏了董明珠。这个时候的明星效应，是大大有利于上市公司的股东利益，尤其是小股东利益。什么叫有市场价值的品牌知名度？这次格力遇到"门口野蛮人"事件中的董明珠个人品牌，不啻是一个最好的证明之一。

作为保险产品中的一个产品名字，万能险这个名字当初一定是基于其他保险产品而言的，这个"万能"的含义，应当是褒义的，至少也是中性的，仅仅是一个专业术语而已。

但是，在经历了万科、南玻、格力等一系列上市公司被举牌之后，在作为上市公司举牌的巨大资金来源之后，"万能险"三个字在中国资本市场已经被贴上了新的标签，赋予了新的涵义。

以此，万能险应该加一个问号。

以此，万能险不再万能？

（完）

万能险：是否不再万能

作为中国特色的资本市场的一个典型案例，宝能系资金入主上市公司南玻之后，遭到上市公司高管的强烈抵制：集体辞职。这种史上少见，近期也闻所未闻的上市公司“门口野蛮人”的惊险剧幕，让小股民们忧心忡忡：难道万能险将全面购买上市公司？

正当这种担忧的氛围愈来愈浓之际，证监会刘主席和保监会领导先后在媒体上表态，更有朋友圈里转发的新闻消息，兹事体大。看到了保监会对宝能和恒大系的决定通知后，股民的情绪有了稍微一点舒缓。

多亏了格力，多亏了董明珠。这个时候的明星效应，是大大有利于上市公司的股东利益的，尤其是小股东利益。什么叫有市场价值的品牌知名度？这次格力遇到的门口野蛮人事件中，董明珠的个人品牌不啻是最好的证明之一。

作为保险产品中的一个险种，万能险这个名字当初一定是基于其他保险产品而言的，这个“万能”的含义应当是褒义的，至少也是中性的，仅仅是一个专业术语而已。

但是，在经历了万科、南玻、格力等一系列上市公司持股之后，在作为上市公司持股的巨大资金来源之后，“万能险”这三个字在中国资本市场上已经被贴上了新的标签，赋予了新的含义。

从此，万能险应该加一个定语。

从此，万能险不再万能？

赵民

2016-12-13 星期二

早上 11:09 分

构思于苍穹下、大地上。

[走遍民间字文]

[signature] 2016-12-14 星期三 早上8:29分

《从乒乓球到围棋：不要没有看头》

柯洁的奇迹，中国围棋的骄傲

中国的体育项目中，自改革开放以来这30多年最有影响的当数女排。郎平是30多年女排成长、成功、成熟历史的完整见证人和亲历者，又是贡献最突出的，因而被网民冠之以"郎平女"的民间荣誉。但中国女排和乒乓球一比较，乒乓球作为"国球"的地位依然坚不可摧。无论多么喜欢中国女排的网民，还没敢把"国球"的荣誉转给中国女排所代表的排球。

中国乒乓球太强了，强大到国际比赛变成了国内比赛，几十年如此，几十年如一日。不仅导致外国人不热衷收看乒乓球大赛电视节目，连很多中国老百姓也因疲劳，从哪个外国电视频道上看到过实况转播的乒乓球大赛决赛阶段的比赛呢？于是乎，慢慢地，乒乓球国际大赛没有悬念，也就失去神秘和惊喜，用圈外朋友的话说：没有看头。

中国的围棋，2016年的表现实在太好了，好到我们这些外行粉丝都开始担心，围棋国际大赛会不会慢慢地变成两位中国选手包揽决赛，从而让日韩围棋粉丝兴味索然。

临近2016年年底，盘点和回顾中国围棋这一年来的国际大赛辉煌的成绩，让人不禁怀疑：2016年初，Google公司的阿尔法狗和韩国棋手李世石的人机大战，能否代表世界最高水平？2016年11月7日，阿尔法围棋团队工作人员宣布：阿尔法围棋将在2017年初复出，再度挑战人类最高水准围棋水平。这个消息甫一报道，全世界都在猜测：这次，谁将代替李世石，代表人类出战机器人？从11月7日到今天12月14日，时间过了一个多月，这一个多月中，个人积分排名世界第一的柯洁的状态，再次让人想起柯洁今年3月发在微博上的那句围棋史上的名句："就算阿尔法狗战胜了李世石，但它赢不了我"。

今天，2016年12月14日星期三，将是2016年度围棋界第三个也是本年度最后一个世界冠军头衔争夺战的决赛第二阶段。柯洁0:2绝地反击的奇迹，能否梦想成真？（完）

从乒乓球到围棋：不要没有看头

中国的体育项目中，自改革开放以来的这三十多年最有影响的当数女排，郎平是女排成长、成熟、成功历史的完整见证人和亲历者，也是贡献最突出的人，因而被网民冠之以“郎圣母”的荣誉。但中国女排和乒乓球一比较，乒乓球作为“国球”的地位依然坚不可摧。无论多么喜欢中国女排的网民，都不敢把“国球”的荣誉转给中国女排所代表的排球。

中国乒乓球太强了，强大到国际比赛变成了国内比赛，几十年如此，几十年如一日。这导致外国人不热衷收看乒乓球大赛电视节目：这么多中国老百姓出国旅游，从哪个外国电视频道上看到过实况转播乒乓球大赛的比赛呢？于是乎，慢慢地，乒乓球国际大赛没有悬念，也就失去神秘和惊喜，用老外朋友的话说：没有看头。

中国的围棋，在2016年的表现实在太好了，好到我们这些外行粉丝都开始担心，围棋国际大赛会不会慢慢地变成两位中国选手包揽决赛席位，从而让日韩围棋粉丝兴味索然。

临近2016年年底，盘点和回顾中国围棋这一年来国际大赛辉煌的成绩，让人不禁怀疑：2016年年初，Google公司的阿尔法狗和韩国棋手李世石的人机大战，能否代表世界最高水平？ 2016年11月7日阿尔法狗围棋团队工作人员宣布：阿尔法狗围棋将在2017年年初复出，再度挑战人类最高围棋水平。这个消息甫一报道，全世界都在猜测：这次谁将代替李世石，代表人类出战机器人？从11月7日到今天12月14日，时间又过了一个多月，而这一个多月中，个人积分排名世界第一的柯洁的状态，再次让人想起他今年三月发在微博上的那句名句：“就算阿尔法狗战胜了李世石，但它赢不了我。”

今天，2016年12月14日星期三，将是2016年度围棋界第五个也是本年度最后一个世界冠军头衔第三届百灵杯决赛第二阶段。柯洁在0∶2落后的情况下，能否绝地反击、梦想成真？

赵民

2016-12-14 星期三

早上8:29分

柯洁的奇迹，

中国围棋的看头。

[赵民的字文]

2016-12-14
星期三早上7:26分
韩国泡菜,确实开味

《潘基文和韩国文化红遍世界》

2016年12月12日,一个非常平常的周一,但对于葡萄牙人民和韩国老百姓来言,这不是一个普通的星期一。这天,远在千里之外的纽约,下一届新任联合国秘书长和现任联合国秘书长的交接宣誓仪式在镁光灯下,顺利举行。葡萄牙人古特雷斯手扶《联合国宪章》,对着联合国成员庄严宣誓,而韩国人潘基文,那位面慈目善、面善目慈的古稀老人,将于2016年12月31日正式卸任,带走的是人们的热烈的掌声。

联合国这个组织,不管是人类在这个地球上为维护多样性和多元文化而发明的伟大制度性创新,虽然这个组织亦同样存在着很多广受病诟的组织缺陷和毛病,但这不能动摇联合国作为迄今为止最有代表性和基础性的全球组织的地位。这和中国的高考制度类似,属于经过时间长河实际考验过的。没有最好,只有更好。

韩国文化在过去的十年中,席卷亚太很多国家,尤其是流行在世界上人口最多的中国,无论是电视剧还是游戏,从女人的美容手术到男人的创业赚钱,中国人尤其是年轻人不知不觉浸染在韩国文化流行潮中,这都是强势文化的基本表征。潘基文恰好于此期间出任联合国秘书长,是巧合还是天意,俗人无从知晓。

但潘基文深深浸染儒家文化东西文化的谦谦君子的形象,在中国和世界上口碑人缘俱佳的媒体形象,无疑给韩国文化在中国和世界的传播起到了良好的促进作用和积极的背书功效。所有的世界媒体在报道联合国秘书长潘基文的正能量时,无疑就同时对韩国文化作了一次免费广告和推介。十年时间,3650天啊,这多少次的媒体报道,折合成广告费,可能比Google的年度广告营收,都高。现在,潘基文就要卸任了,韩国文化的强势传播,将会出现拐点吗?(完)

潘基文和韩国文化红遍世界

2016 年 12 月 12 日，一个平常的周一，但对于葡萄牙人民和韩国老百姓而言，这不是一个普通的星期一。这天，远在千里之外的纽约，下一届联合国秘书长和现任联合国秘书长的交接象征性仪式在镁光灯下顺利举行。葡萄牙人古特雷斯手抚《联合国宪章》，对着联合国成员庄严宣誓，而韩国人潘基文，那位面慈目善的古稀老人，将于 2016 年 12 月 31 日正式卸任，带走的是人们热烈的掌声。

联合国这个组织，不啻是人类在这个地球上为维护多样性和多元文化而发明的伟大制度性创新，虽然这个组织存在着很多广受诟病的缺陷和毛病，但这并不能动摇联合国作为迄今为止最有代表性和基础性的全球组织的地位。这和中国的高考制度类似，属于经过时间长河实际考验的。没有最好，只有更好。

在过去的十年中，韩国文化风靡亚太很多国家，尤其是世界上人口最多的中国，无论是电视剧还是游戏，从女人的美容手术到男人的创业赚钱，中国人尤其是年轻人不知不觉浸染在韩国文化流行潮中，这都是强势文化的基本表征。潘基文恰巧于此其间出任联合国秘书长，是巧合还是天意，俗人无从知晓。

但潘基文深深浸染儒家文化、东西文化的谦谦君子的形象，在中国和世界上口碑人缘俱佳的媒体形象，无疑给韩国文化在中国和全世界的传播起到了良好的促进作用和积极的背书功效。所有的媒体在报道联合国秘书长潘基文的正能量时，无疑就同时对韩国文化作了一次免费广告和推介。十年时间，3650 天啊，这多少次的媒体报道，折合成广告费，可能比 Google 的年度广告营收都高。

现在，潘基文马上卸任了，韩国文化的强势传播将会出现拐点吗?

赵民

2016-12-14 星期三

早上 7:26 分

韩国泡菜，确实开味。

〔赵民的字文〕　　2016-12-21 星期三 11:52am

治理北京雾霾，需要天道酬勤

"耀烨赢得到位，柯洁输得到位"

作为棋手，尤其是世界顶级专业棋手鏖战世界顶级大赛，一切比赛的输赢，从来讲实力，讲发挥，讲状态。

确实如此。2016年12月16日，在第三届"百灵杯"世界围棋公开赛三番棋决赛的第4局比赛中，陈耀烨的"地沟流"化身为"地火炮"，已堪比当年小林光一的"地铁流"，在2016年即将结束的最后一个世界大赛冠军决赛中，一举战胜风头很劲的柯洁，以3比1的总成绩夺冠。这个世界冠军是陈耀烨的第二个世界冠军。凭借此次夺冠，"豹子头"陈耀烨终于冲出"一冠群"，同时也为自己的职业风格"地沟流"谱写了新的诠释和注脚。

当天，应该是天意，正是陈耀烨的27岁生日，这份奖金180万元的大礼，是天道酬勤给"棋痴"的一座人生奖杯：在圈内，陈耀烨的勤奋刻苦是举世公认的。

媒体在专业解读柯洁在此番棋局上的表现时，认为柯洁发挥失常，没有让棋迷感受到当今第一"棋圣"的棋神威力，并用柯洁最近大赛繁重，实是很累来解读。但作为圈外的粉丝，我们更愿意臆测，柯洁之输，输到点上，输得到位。

中国围棋界的蓬勃崛起，从2013年包揽六大世界冠军开始，已经成为中国国运昌盛的一个侧面写照和中国文化传承复兴的一个引人注目的现象。中国需要有年方19岁的柯洁这般牛气冲天的英俊少年一马当先，同时也需要一群二冠、三冠、四冠的年轻八大金刚。陈耀烨的棋风棋路及成长经历，在他这次夺得百灵杯世界冠军之后，将激励更多的脚踏实地、辛勤刻苦型棋手和少年儿童，投身围棋界。

陈耀烨还有一个让人记得住的，是他的太太名字叫郎朗。很有意思。（完）

耀烨赢得到位，柯洁输得到位

作为棋手，尤其是世界顶级专业棋手，在鏖战世界顶级大赛时，一场比赛的输赢除了讲实力，还要讲发挥、讲状态。

确实如此。2016 年 12 月 16 日，在第三届“百灵杯”世界围棋公开赛五番棋决赛的第 4 局比赛中，陈耀烨的“地沟流”化身为“地火炮”，乃至堪比当年小林光一的“地铁流”，在 2016 年公历年的最后一个世界大赛冠军决赛中，一举战胜风头强劲的柯洁，从而以三比一的总成绩夺冠。这个世界冠军是陈耀烨的第三个世界冠军，凭借此次夺冠，“豹子头”陈耀烨终于冲出“一冠群”，同时也为自己的职业风格“地沟流”谱写了新的解释和注脚。

应该是天意，当天正是陈耀烨的 27 岁生日，这份 180 万元奖金的大礼，是天道酬勤，是给“棋痴”的一座人生奖杯。在圈内，陈耀烨的勤奋刻苦是公认的。媒体在专业地解读柯洁在此番棋场上的表现时，认为柯洁发挥失常，没有让棋迷感到“当今第一棋圣”的威力，并用柯洁最近赛事繁重、身心疲惫来解读。但作为圈外的粉丝，我们更愿意臆测，柯洁之输，输到点上，输得到位。

中国围棋界的整体崛起，从 2013 年包揽六大世界冠军开始，这已经成为中国国运昌盛的一个侧面写照和中国文化传承复兴的一个引人注目的现象。中国需要有年方 19 岁的柯洁这般牛气冲天的少年一马当先，同时也需要一群二冠、三冠、四冠的年轻八大金刚。陈耀烨的棋风、棋路及成长经历，在他这次夺得百灵杯世界冠军之后，将激励更多脚踏实地、辛勤刻苦型的棋手和少年儿童投身围棋界。

赵民
2016-12-21 星期三
11:52am
治理北京雾霾，
需要天道酬勤。

[赵民时评]

2017-1-5
星期四上午10:10分

2017年注定是人工智能大年，阿尔法狗应该授予"人工智能普及大使"奖。

《柯洁输给阿尔法狗2.0，没啥》

今天是2017年1月5日，这是2017年的第三篇时评。第一篇写的是美国总统换届，这是2017年最大变数的根；第二篇写的是雾霾，这是2017年最迫切的困；这三篇文章之后，人工智能阿尔法狗2.0版本Master大胜人类最高水平围棋大师60场比赛，包括一举战胜当今中国乃至世界第一柯洁，就是第三件2017年值得我们关注的大事了。人无近忧，必有远虑。

从12月29日开始，因我同事中有同为围棋观察爱好者，所以29日当天晚上我就已经知晓围棋界来了奇异黑马，这个关注到元旦2017年1月1日时，就已经变成连斩中韩围棋高手无敌手，连下20城。这才过了三天，到1月4日晚上时，就已经把柯洁、陈耀烨乃至"棋圣"聂卫平，也辗压而过，也是在昨天，所有猜想终于证实：Google旗下Deepmind的创始人正式承认，Master大师即阿尔法狗2.0版本。

没啥。

柯洁在2016年李世石1:4败给阿尔法狗之后的狂言：阿尔法狗赢不了我，一方面是自信，另外一方面也是年少没人生经验。人类最终输给机器人人工智能，是个早已公认的趋势和事实。否则，无法解释人类发明创造的超级计算机比人类计算能力更强这种现实，无法理解移动互联如今彻底改变中国人生活和生产和生态乃至生命的巨大变革。

今天早上还有一条新闻：腾讯公司市值超越"宇宙第一大行"中国工商银行加冕中国市值第一宝座，市值达到1.6万亿人民币+，相当于中国很多城市2015年GDP之和，在全国可以排第六，仅次于上海、北京、广州、深圳、天津，力压重庆、苏州和成都。

这都再次证明：这是一个技术突飞猛进的年代，这是一个人类社会巨变的时代。现在的时髦是和移动互联、深度学习人工智能、新能源技术相关的企业。

狗咬人，不算新闻。所以，阿尔法狗2.0版本Master咬了一下柯洁，没啥。

人咬狗，才是新闻。所以，下一个关注热点应该是：柯洁何时战胜阿尔法狗。（完）

柯洁输给阿尔法狗 2.0，没啥

今天是 2017 年 1 月 5 日，这是我在 2017 年的第三篇百字文。第一篇写的是美国总统换届，这是 2017 年最大变数的根；第二篇写的是雾霾，这是 2017 年最迫切的困；这二篇文章之后，人工智能阿尔法狗 2.0 版本 master 大胜人类最高水平围棋大师 60 场比赛，包括一举战胜当今中国乃至世界第一柯洁，就是第三件 2017 年值得我们关注的大事了。人无近忧，必有远虑。

从 12 月 29 日开始，因为同僚中有围棋爱好者，所以 29 日当天晚上我就已经知晓围棋界杀来一匹奇异黑马，到 2017 年 1 月 1 日时，它已经连斩韩国围旗高手无敌手，连下 20 城。这才过了三天，到 1 月 4 日晚上时，它就已经把柯洁、陈耀烨乃至“棋圣”聂卫平也碾压而过，也是在昨天，所有猜想终于证实：Google 旗下 Deepmind 的创始人正式承认，master 大师即阿尔法狗 2.0 版本。

没啥。

柯洁在 2016 年李世石 1∶4 败给阿尔法狗之后宣称阿尔法狗赢不了他，一方面是自信，另外一方面也是年少没人生经验。人类最终输给人工智能，是个早已公认的趋势和事实。否则，无法解释人类发明创造的超级计算机比人类计算能力更强这种现实，无法理解移动互联如今彻底改变中国人的生活、生产和生态乃至生命的巨大变革。

今天早上还有一条新闻：腾讯公司超越“宇宙第一大行”中国工商银行雄登中国市值第一宝座，市值达到 1.6 万亿元人民币，相当于中国很多城市 2015 年 GDP 之和，在全国可以排第六，仅次于上海、北京、广州、深圳、天津，力压重庆、苏州和成都。

这再次证明：这是一个技术突飞猛进的年代，这是一个人类社会巨变的时代。现在的明星是和移动互联、人工智能、新能源技术相关的企业。

狗咬人，不算新闻。所以，阿尔法狗 2.0 版本 master 咬了一下柯洁，没啥。

人咬狗，才是新闻，所以，下一个关注热点应该是：柯洁何时战胜阿尔法狗。

赵民

2017-1-5

星期四 上午 10:10 分

2017 年注定是人工智能元年，

阿尔法狗应该被授予“人工智能普及大使”奖。

[赵民自写文]

赵民 2017-1-5

星期四上午11:50分

如果FF91汽车2017年下半年上市，乐视汽车或许押运更多

《乐视汽车，颠覆未来？》

2017年开局之际，各种大事纷至沓来。从特朗普即将上任和奥巴马总统告别仪式，到北京大雾霾铺天盖地，还有Google公司的阿尔法狗2.0版Master一下子咬了60局赢棋，但这一切，都掩不住贾跃亭于北京时间1月4日在美国拉斯维加斯国际消费电子展CES的光芒和光辉：乐视汽车在一片媒体质疑声中，如期展示了其第一款量产车型FF91。

对于乐视，对于贾跃亭，太需要向市场尤其是资本市场证明：2017年乐视一切都已经变好，2016已经过去。

但还依然挡不住很多媒体及自媒体的质疑和担心。

争论的一个焦点是：这款限产300辆"梦想合伙人"版的新型汽车，是不是真的如乐视所言"重构未来"的新物种：全球首款互联网生态电动车？FF91是不是如贾跃亭那篇《Dream On and All In》（坚守梦想，全力前行）中所夸赞的，打破了互联网、AI及自动驾驶、IT、汽车和电动系统五大技术领域的边界？但这个问题的答案，在2017年是无法看到的，因为，据媒体报道，此款车最早要到2018年才能交货给"梦想合伙人"。

本人认识一些汽车业的资深高级管理人员，也和自动驾驶的第一流的研发精英有个人交往，当本人就FF91求证这些友人时，都无法听到让人耳目一新的"打破边界"新技术创新。或许，创新技术的路径不同罢。

争论的第二个焦点是，投资人和资本市场会不会再给一辆2018年交货的创新车型市场溢价，共同维持复盘开市的乐视股票的高价位？从法律上说，FF91并不是乐视汽车公司的，而是贾跃亭个人投资的另外一家公司的。这是不是会让人想起那句古老的知名话："这水浑不了过滤"呢？

2017年1月5日今天，《哈佛商业评论》发表了序的文章《FF新车发布：乐视危机可以解除了吗？》，这是权威的商业管理类媒体最新发出的疑问；而拥有传媒制内商业媒体权威报道地位的《中国企业家》杂志在昨天2017年1月4日也发表了长篇序的署名文《乐视有多危险？贾跃亭有多挣扎？》。从来没有一家公司包括BAT，包括华为格力万科，会有如此多的权威媒体的头条报道。

说到底，笔者认为，乐视七大子系统，太多了，减少一半，或者资本市场就安静了。（完）

乐视汽车，能否颠覆未来

2017 年开局之际，各种大事纷至沓来。从特朗普即将上任，到北京雾霾铺天盖地，还有 Google 公司的阿尔法狗 2.0 版 master 一下子连赢 60 局，但这一切，都掩不住贾跃亭于北京时间 1 月 4 日在美国拉斯维加斯国际消费电子展 CES 的光芒和光辉：乐视汽车在一片媒体质疑声中，如期展示了其第一款量产车型 FF91。

对于乐视和贾跃亭而言，他们太需要向市场尤其是资本市场证明：2017 年乐视一切都已经变好，2016 年已经过去。

但这依然挡不住很多媒体及自媒体的质疑和担心。

争论的一个焦点是：这款限产 300 辆“梦想合伙人”版的新型汽车，是不是真的如乐视所言是“重构未来”的新物种——全球首款互联网生态电动车？FF91 是不是如贾跃亭那篇《Dream On and All in》（坚守梦想，全力前行）中所夸赞的，打破了互联网、AI 及自动驾驶、IT、汽车和电动系统五大技术领域的边界？但这个问题的答案在 2017 年是无法看到的，因为据媒体报道，此款车最早要到 2018 年才能交货给“梦想合伙人”。

本人认识一些汽车业的资深高级管理人员，也和自动驾驶的一流研发精英有个人交往。当本人就 FF91 求证这些友君时，都无法听到让人耳目一新的“打破边界”的新技术创新。或许，创新技术的路径不同吧。

争论的第二个焦点是：投资人和资本市场会不会再为一辆 2018 年交货的创新车型而埋单，共同维持复盘开市的乐视股票的高价位？从法律上说，FF91 并不是乐视汽车公司的，而是贾跃亭个人投资的另外一家公司的。这是不是会让人想起“远水解不了近渴”那句古老的名言呢？

今天，2017 年 1 月 5 日，《哈佛商业评论》发表了原创文章《FF 新车发布：乐视危机可以解除了吗》，这是权威的商业管理类媒体最新发出的疑问；而拥有体制内商业媒体权威报道地位的《中国企业家》杂志在昨天（2017 年 1 月 4 日）也发表了原创长文《乐视有多危险？贾跃亭有多挣扎》。从来没有一家公司，包括 BAT，包括华为、格力、万科，会有如此多的权威媒体的头条报道。

说到底，笔者认为，乐视七大子系统太多了。减掉一半，或者资本市场就安静了。

赵民
2017-1-5
星期四 上午 11:50 分
如果 FF91 汽车 2017 年下半年上市，
乐视汽车或许拥趸更多。

[趣阅读文]

（签名） 2017-1-5 星期四
下午13:37分
据说，阿尔法狗在各行各业生了一堆小崽子，呵呵。

《2017：人工智能大年》

2016年年底的2016年12月29日，一件绝大多数人都没注意到的小事，决定和改变和塑造了中国传统文化的典型代表——围棋世界的喜怒哀乐：化身为Master（大师）的Google公司阿尔法狗2.0版本，悄然匿名登场，以连攻20城、连拔60寨的史上最牛战绩，正式宣告了人工智能阿尔法狗闭门修炼八个月结束，重返江湖，横扫天下。

而围棋Master之大胜，也宣告了2017年，终将成为人工智能的大年。

高科技公司，最会品牌营销的是谁？在中国，首推阿里巴巴马校长，小米雷军应排第二，和格力董明珠的赌注是本世纪最优秀的营销案例，比网上约架文明但大方得多；然后可以排360老周，一把AK47步枪把决心、雄心、野性无声表达得淋漓尽致；当然还有常年上电视招员工的陈欧等等。在美国，得算是苹果的乔布斯，还有就是特斯拉的马斯克。但是，从2016年开始，这些名星的光芒都被Google公司无情遮盖，而理由就是：去年的AlfaGo阿尔法狗和2017年开局的Master大师。以历史为时间横轴来看，只有这只阿尔法狗的[illegible]被时间记住。当公司品牌嵌入了一个新技术演进的历史时代后，所有的年轻人都自动成为公司品牌的粉丝。尤其值得称道的是：两次出场的亮相方式堪称教科书级的经典：有别于默默无闻的第一次出场，高调预告，倒数计时，吊足了全球媒体的胃口，最终，虽可全胜也要输上一局，让人心有不甘，心存不服。第二次出场，则因已经大名鼎鼎，所以在提前发出2017年初返回赛场之后，就化名提前至一个大家没想到的时间意外亮相，而最终以战无不胜的亮丽成绩作为聚光灯，定格、抬头、真人露相。

人工智能聪明到如此境界，2017年又岂能虎头蛇尾呢？

大数据、云计算、深度学习这样的枯燥专业，经阿尔法狗如此这般"汪汪汪"一叫，终成科学显学。

值得一提的是，同样也是中国高科技公司中最善于品牌营销的乐视贾跃亭，也将其1月4日（北京时间）推出的FF91披上了人工智能的无敌金刚盔甲！FF91不但拥有自我学习和自我进化的功能，还可以通过持续感知并主动学习用户的行为习惯，为用户提供无限个性化的体验。它将搭载实现自动驾驶最先进的传感器——激光雷达，是全球首款搭载智能化3D激光雷达的量产车型。

看懂了吗？从美国到中国，人工智能真的火了。（完）

2017：人工智能大年

2016年年底，确切地说2016年12月29日，一件绝大多数人都没注意到的小事，决定、改变和塑造了中国传统文化的典型代表——围棋世界的喜怒哀乐：化身为Master（大师）的Google公司阿尔法狗2.0版本悄然匿名登场，以连攻20城、连拔60寨的史上最牛战绩，正式宣告了人工智能阿尔法狗闭门修炼八个月结束，重返江湖，横扫天下。

Master之大胜，也宣告了2017年终将成为人工智能的大年。

高科技公司中，最会品牌营销的是谁？在中国，首推阿里巴巴马校长，小米雷军应排第二，他和格力董明珠的赌注是本世纪最优秀的营销案例之一，比网上约架文明且大方得体；然后是360老周，一把AK47步枪把他的决心、雄心、野性表达得淋漓尽致；当然还有常年上电视招员工的陈欧，等等。在美国，原来是苹果的乔布斯，这两年是特斯拉的马斯克。但是，从2016年开始，这些明星的光芒都被Google公司无情遮盖，而理由就是2016年的阿尔法狗和2017年的Master大师。以历史为时间横轴来看，只有这只阿尔法狗永远会被时间记住。当公司品牌嵌入了一个新技术演进的历史时代后，所有的年轻人都自动成为公司品牌的粉丝。尤其值得称道的是：它两次出场的亮相方式堪为称道。之前的第一次出场，高调预告，倒数计时，吊足了全球媒体的胃口，最终，虽可全胜也要输上一局，让人心有不甘，心存不服；第二次出场，则因已经大名鼎鼎，所以在提前公告2017年年初返回赛场之后，就化名提前在一个大家没想到的日子意外亮相，而最终以战无不胜的亮丽成绩作为聚光灯，定格，抬头，真人露相。

人工智能聪明到如此境界，2017年又岂能虎头蛇尾呢？

大数据、云计算、深度学习这样的枯燥专业，经阿尔法狗如此这般“汪汪汪”一叫，终成科学显学。

值得一提的是，同样也是中国高科技公司中最善于品牌营销的乐视贾跃亭，也将其1月4日（北京时间）推出的FF91披上了人工智能的无敌金刚盔甲。FF91不但拥有自我学习和自我进化的功能，还可以通过持续感知并主动学习用户的行为习惯，为用户提供无限个性化的体验。它将搭载实现自动驾驶最先进的传感器——激光雷达，是全球首款搭载智能升降30激光雷达的量产车型。

看懂了吗？从美国到中国，人工智能真的火了。

赵民

2017-1-5 星期四

下午13:37分

据说，阿尔法狗在各行各业生了一堆“小崽子”，呵呵。

[赵民附文]

《中国企业家应该力挺乐视和贾跃亭》

2017年新年开始，在北京浓厚雾霾中，能给大家带来一点兴奋和宽慰的，除了阿尔法狗 Master 大战60回合人类顶级围棋高手的新闻外，排在第二位的，当属乐视贾跃亭在北京时间1月4日于美国拉斯维加斯国际消费电子展(CES)上宣布全球首发FF91量产车。

新闻一发布，满屏都是评论，大多持疑，少数力挺。众说纷纭。

中国企业家应该力挺乐视和贾跃亭。

理由如下。

第一，中国企业家群体，作为一个处于经济新常态的社会群体，现在最需要的就是双创精神：创业和创新。可以这么说，只有双创精神，才能帮助中国企业家群体及其他们领导下的中国企业，走出转型的深幽谷，踏上升级的高原坦途。不管怎么说，乐视现在干的事，都属于创新和创业的范畴。即使投资人和资本市场颇有质疑，只要融资来的钱投在研发和IP上，就应该支持和点赞。这是一个群体之间的相互认同和互相鼓励，是精神层面上的同呼吸、共命运。

第二，中国企业家群体，不同于资本市场投资人群体，关注点应该有所不同。即使有的人身兼企业家和投资人双重身份，也不应无意识地混淆两个身份之间的不同立场和角度。投资人对风险的认知和把握天然不同于企业家。所以，对于一个只有1%成功99%失败的创新，既要有投资经理和投资人聚焦99%风险，但也应有企业家看到这个成功的1%的可能性。企业家的眼光的前瞻性，或许就此成就。

第三，中国企业家中，尤其缺乏连续创业者，缺乏敢把身家性命押在一个风险极大的连续创业之路上的野心勃勃的颠覆者。我们可以理性地分析乐视的战略布局有何不足，也可以理性地劝告贾跃亭不要试图激进，但是，我们作为企业家的同类人，应该对有种这般战略的人，在心有疑问的同时，保持应有的尊敬。毕竟，多数人都做不到。P1/2

中国企业家应该力挺乐视和贾跃亭

2017年新年开始，在北京的浓厚雾霾中，能给大家带来一点兴奋和宽慰的，除了阿尔法狗2.0版本Master与人类顶级围棋高手大战60回合的新闻外，排在第二位的，当数乐视贾跃亭在北京时间1月4日于美国拉斯维加斯国际消费电子展（CES）上宣布全球首发FF91量产车。

新闻甫一发布，满屏皆是评论，众说纷纭。大多持疑，少数力挺。

中国企业家应该力挺乐视和贾跃亭。

理由如下。

第一，中国企业家群体，作为一个处于经济新常态的社会群体，现在最需要的就是"双创"精神：创业和创新。可以这么说，只有双创精神，才能帮助中国企业家群体及其领导下的中国企业走出转型的深山幽谷，踏上升级的高原坦途。不管怎么说，乐视现在干的事，都属于创新和创业的范畴，即使投资人和资本市场颇有质疑，只要融资来的钱投在研发和IP上，就应该支持和点赞。这是一个群体之间的相互认同和相互鼓劲，是精神层面上的同呼吸、共命运。

第二，中国企业家群体，不同于资本市场的投资人群体，双方的关注点应该有所不同。即使有的人身兼企业家和投资人双重身份，也不应无意识地混淆两个身份之间的不同立场和角度。投资人对风险的认知和把握，天然不同于企业家，所以，对于一个1%成功99%失败的创新，既要有投资经理和投资人聚焦那99%的风险，也应有企业家看到这个1%的可成功的能性。企业家的前瞻性眼光，或许就此炼就。

第三，中国企业家中，尤其缺乏连续创业者，缺乏敢把身家性命压在一个风险极大的连续创业之路上的野心勃勃的颠覆者。我们可以理性地分析乐视的战略布局有何不足，也可以理性地劝告贾跃亭不要过于激进，但是，我们作为企业家的同类人，应该对有神话般战略的人，在心有疑问的同时保持应有的尊敬。毕竟，多数人都做不到。

第四，创业创新，成败自有市场或资本市场来作最终决定，但是，创办一家企业的意义和乐趣，部分当然来自事业目标的实现，但更大更多的部分，是来自追求目标实现过程中所经历的艰难曲折和奋斗拼搏。好像北京去年2016圣诞节的某些俱乐部扫黄中，都没听到和看到有关乐视高管的传闻。呵呵，呵呵。一个企业家老板天天泡在办公室，一群高管日夜煎熬在高耸陡峭的写字楼里，总比泡KTV唱歌应该力挺吧。

第五，哪个企业没有一段低谷或过山车的历史呢？只享受上升增长的企业，都是创业小企业，都是没有经历创业冬天的嫩小伙子，都是人生历练不够的初出茅庐的后生，不能

第四，创业创新，成败自有市场或资本市场来作最终决定，但是，创办一家企业的意义和乐趣，部分当然来自事业的目标实现，但更大更多的部分是在追求目标实现的过程中所经历的艰难曲折和奋斗拼搏。好象北京去年2016圣诞节的某些乐视负面报道中，都没听到和看到有任何乐视公司高管的。呵呵，呵呵。一个企业家每天泡在办公室，一群乐视高管日夜煎熬在高耸陡峭的写字楼里，总比泡在KTV唱歌应该力挺吧。

第五，哪个企业没有经历一段低谷或过山车的历史呢？只享受上升期的企业，都是创业小企业，都是没有经历创业艰辛的嫩小伙子，都是人生阅历不够的初出茅庐后生，不能赢得企业家群体的足够尊敬。只有经历过经济周期春夏秋冬、经历过企业成长雨雪交加的企业和企业家，才是饱经人生风霜、充满故事和智慧的"企业大叔"或"企业老伯"。君不见，世界著名企业品牌，哪一个不是历经十年、二十年、三十年乃至百年的时间烤炼呢？作为正处于中国经济L型谷底阶段的中国企业群，能活下来的，才是身体体质好的。

第六，也就是最后，全力挺乐视和贾跃亭的创业创新时，给他泼点凉水、冷水、冰水，应该不代表辜负乐视和唱衰唱败，所以，不仅应该不断地泼，即便，更应该提出解决方案的方向、思路和办法，泼得有[illegible]，泼得优雅，泼得有品位。

乐视现在应该做的，是行业里的[illegible]，像腾讯[illegible]生活和手游产品线的全球并购那样，多多采取现金牛企业战略并购。如果能把现在的"乐视七星"或叫"乐视七仙女"调整到合适数量，也许今后的空间会更大，比如说，整合成"乐视三剑客"或"乐视五指山"。

总之，投资人质疑或担忧乐视的风险，是情理之中；媒体质疑或质问乐视的模式，也是尽到了媒体的角色责任；同样，作为中国的企业家群体，支持和力挺乐视和贾跃亭，不但是情理之中，也是尽到企业家的角色责任。

（完）

[illegible]
2017-1-5 星期四 下午16:19分
万千争议，从何说起。回归本份，豁然开朗。
P.3/2

赢得企业家群体的足够尊敬。只有经历过经济周期中的春夏秋冬，经历过成长过程中的雨雪交加的企业和企业家，才是饱经人生风霜、充满故事和智慧的“企业大叔”或“企业老伯”。君不见，那些世界著名企业品牌，哪一个不是经历十年、二十年、三十年乃至百年的时间炼狱呢？作为正处于中国经济 L 型谷底阶段的中国企业群，能活下来的才是体质好的。

第六，也就是最后，在力挺乐视和贾跃亭的创业创新时，给他泼点凉水、汽水、冰水，应该不代表幸灾乐祸和唱衰唱败，所以，不仅应该不断地泼，而且更应该提出解决方案的方向、思路和办法，泼得有养分，泼得优雅，泼得有品位。

乐视现在应该做的，是做好行业里的垂直聚焦，像腾讯在手游产品线上全球并购那样，多多物色现金牛企业予以战略并购。如果能把现在的“乐视七星”或叫“乐视七仙女”调整到合适数量，也许今后的空间会更大，比如说，整合成“乐视三剑客”或“乐视五指山”。

总之，投资人质疑或担忧乐视的风险，是情理之中；媒体质疑或质问乐视的模式，也是尽到了媒体的角色责任；同样，作为中国的企业家群体，支持和力挺乐视及贾跃亭，不但在情理之中，也是尽到了企业家的角色责任。

赵民
2017-1-5 星期四
下午 16:16 分
万千争议，从何说起。
回归本分，豁然开朗。

［赵民的字文］

赵民 2017-1-6 星期五 13:48分
航空公司，创新的时机来了。

《特朗普冲击：航空公司巨亏？》

日子一天一天过，1月20日一天天近。特朗普上任之后，因为其政策之改变，必然连带导致一些大型企业巨型公司日子不好过。譬如说，航空公司的挑战就来了。

奥巴马总统的能源政策，在过去的八年中结果是世界油价不断下跌。油价下跌的直接受益者之一，是大航空公司。这八年，总体来说，咱们国内的国航、东航、南航日子比较好过，盈利能力经过企业苦练内功外力，不断提升。背后的无名英雄，是奥巴马总统的能源政策。当然，沙特、俄罗斯则对此恨得咬牙切齿，石油出口少了多少钱呐。

航空公司是一个什么样的企业？如果我们从另外一个角度看，航空公司在当今和高铁等各种交通工具上的竞争，实质上是"煤价、油价、电价"谁比谁更低的一个成本竞争。航空公司在今天的市场竞争中要想挣大钱，关键是要控制好采购燃料的总成本，要会大宗油品的套期保值。所以，航空公司已经从某种程度上沦为"披着飞机外衣的大型商品期货公司"。现在，特朗普马上来了，油价上涨了。

现在该必须改变。航空公司在特朗普冲击下，可能要巨亏了。必须把航空公司对收入和成本的单一依赖（靠谁？靠飞机）逆转过来。

怎么改变？

思路之一是从客户身上打主意：多挣客户的附加收入的钱。2016年12月，东方航空公司全年运输乘客超过1亿人次。国航和南航也是这个数量级。有几个企业可以有这么多的客户群体呢？每个客户都有号码一个以上对应你的全航程服务覆盖下呢？这样的客户群体，你卖啥不能轻轻松松挣个几百万元呢？从快餐速递，到特色纪念品，到酒店预订打折价，到地面交通接驳，到商品房促销推介，到手游电影电视等IP产品，产品门类众多，推销工作可以做得天衣无缝，双方开心快乐。

媒体还有一个数据说，2016年12月，上海机场完成了一个纪录：进出港旅客超1亿。机场是一个非常好的线下O2O场景交易地，作为航空公司，在机场服务配上一些特色销售，简直就是一切水到渠成。机场其实可以建成一个城市最大的线下商品mall，也可以是分享办公的最好地点。移动行业尤其是服务业，如果办公室和会议室设在机场将是最大的方便呢？机场应该有东航南航国航开设的分享办公会议室，一字排开几十间，大大小小都有，收费就是了。

从收入多元化角度看，海南航空已在全国走在了前列。国际上呢，法国航空则是榜样：法航电商可以成为法国的阿里巴巴，为啥呢？总有道理的。（完）

特朗普冲击：航空公司巨亏

日子一天天过，1月20日一天天近。特朗普上任之后，因为其政策之改变，必然连带导致一些大型企业、巨型公司日子不好过。譬如说，航空公司的挑战就来了。

奥巴马总统的能源政策，在实施的几年中导致的结果就是世界油价不断下跌。油价下跌的直接受益者之一，是大航空公司。这几年，总体来说，咱们国内的国航、东航、南航日子比较好过，盈利能力经过企业苦练内功外力不断提升。背后的无名英雄，是奥巴马总统的能源政策。当然，沙特、俄罗斯则对此恨得咬牙切齿，石油出口少了多少钱呐。

航空公司是一个什么样的企业？如果我们从另外一个角度看，航空公司在当今与高铁等各种交通工具的竞争，实质上是“煤价、油价、电价”谁比谁更低的一个成本竞争。航空公司在今天的市场竞争中要想挣大钱，关键是要控制好采购油料的总成本，要会大宗油品的套期保值。所以，航空公司在某种程度上已经沦为“披着飞机外衣的大型商品期货公司”。现在，特朗普马上来了，油价上涨了。

现在，这必须改变。航空公司在特朗普冲击下，可能要巨亏了。

必须把航空公司对收入和成本的单一依靠（靠谁？靠飞机）逐步多元化。

怎么改变？

思路之一是从客户身上打主意：多挣客户额外消费的钱。2016年12月，东方航空公司全年运输乘客超过1亿人次，国航和南航也是这个数量级。有几个企业可以有这么多的客户群体，而且每个客户都有起码一个小时以上在你的全航程服务覆盖下呢？有这样的客户群体，你卖啥不能轻轻松松挣个几百万元呢？从快餐起步，到特色纪念品，到酒店预订折扣价，到地面交通接驳，到商品房住宅推介，到手游、电影、电视等IP产品，产品门类众多，推销工作可以做得天衣无缝，双方开心快乐。

还有一个媒体报道说，2016年12月，上海机场创造了一项纪录：进出港旅客超1亿人次。机场是一个非常好的线下O2O场景交易地，作为航空公司，驻场服务配上一点特色销售，简直就是水到渠成。机场其实可以建成一个城市最大的线下商品mall，也可以是分享办公的最好地点。对很多行业尤其是服务业来说，如果办公室和会议室设在机场将给他们带来多大的方便呢？机场应该有东航、南航、国航开设的分享办公会议室，一字排开几十间，大大小小都有，收费就是了。

从收入多元化的角度看，海南航空已经走在了全国前列。国际上呢，法国航空则是榜样，法航电商可以成为法国的阿里巴巴，为啥呢？总有道理的。

赵民
2017－1－6
星期五 13:48 分
航空公司，创新的时机来了。

【赵民防事文】

2017-1-6 星期五 下午2:25分

以后一国统计人口时，要加上"机器人"的人口，方才可以准确统计啊

《特朗普冲击：机器人加速失业》

特朗普在竞选时承诺要让更多的美国公司回流在美国开厂，增加就业机会，前几天美国最大的制造企业福特汽车公司果然宣布，取消原先在墨西哥开工厂的投资计划，把新开的工厂设在美国本土。

但是，不要高兴得太早。如果从制造业整体角度看，这种把汽车厂设在美国而非墨西哥的系统性转移，最终只能是加快工业机器人和人工智能技术在工业制造生产领域的推广应用，从而整体上减少工厂的工作岗位总数，相应减少总的就业机会。而工业机器人和服务机器人在大数据、云计算、人工智能技术达到一定高阶、程度和深度的优化演化之后，甚至加速整个人类社会在地球上的总就业岗位。那个时候，可以全世界面对的，都将是今天前所未有的挑战，工作时间和工作机会在下降，人工成本和工资性质的刚性成本在上升。

本来，由于技术积累和应用改进，机器人技术的广泛应用和效果提升就处在一个从量变到质变的转折爆发期，这可以从2015年和2016年中国企业大量使用工业机器人、富士康这样的公司推出几乎没有人的生产流水线工厂中得到印证。这种技术进步在商业实践中的应用是一个自然而然的演变过程，是个遵循市场竞争的商业规律的推广普及过程，但在2017年1月20日之后，这个过程将叠加特朗普的政治经济政策，两者一旦同相共振，这种历史的振幅将使很多行业加快速度大规模采用机器人，一个学习机械专业的大学生报考志愿的新局面新形势在今后几年将形成新的大学生高考景观，就如同最近几年城市轨道交通专业特别抢手那样。

政策的蝴蝶一旦振动小翅膀，就会在大西洋、太平洋沿岸带来一场暴风骤雨。

对于各个开发区、地级市、县级市，产业结构调整的快速演进将使"几家欢乐几家愁"。我们可以预测的是，那些以工业机器人、服务机器人为主导产业的科技园、高新区、开发区、特色小镇、特色城市，将在今后几年迎来发展的高峰期，只是拥有机器人核心技术和生产能力的企业，必将成为各大城市和特色小镇争夺的招商引资对象。而那种投资几个亿也不能提供20个就业岗位的大企业，会越来越成为不招人待见，甚至会成为选商挑资、挑商选资的列后目标。与此对应，只是能够大规模提供就业机会的服务业，如安全看护、上门服务、咨询服务等行业，将重新发现价值，成为全国各城市各特色小镇争相发展和招商引资的目标。

特朗普冲击将逼着我们重视，也将打回一拳：机器人来早了，人类终将失去就业。（完）

特朗普冲击：机器人加速失业

特朗普在竞选时，承诺要让更多的美国公司回流在美国开厂，增加就业机会。前几天，美国最大的制造企业福特汽车公司果然就宣布，取消原定在墨西哥开工厂的投资计划，把新开的工厂放在美国本土。

但是，不要高兴得太早了，如果从制造业整体角度看，这种把汽车厂设在美国而非墨西哥的系统性转移，最终只能是加快工业机器人和人工智能技术在工业制造生产领域的推广应用，从而整体上减少工厂的工作岗位总数，相应减少总的就业机会。当工业机器人和服务机器人在大数据、云计算、人工智能技术达到一定高度、程度和深度的优化演化之后，甚至会减少整个人类社会在地球上的总就业岗位。那个时候，可能全世界面对的，都将是今天希腊面临的挑战，工作时间和工作机会在下降，人工成本和固定工资性质的刚性成本在上升。

本来，由于技术积累和应用改进，机器人技术的广泛应用和效果提升就处在一个从量变到质变的转折爆发期，这可以从 2015 年和 2016 年中国企业大量使用工业机器人、富士康这样的公司推出几乎没几个人的生产流水线工厂中得到印证。这种技术进步在商业实践中的应用是一个自然而然的演变过程，是一个遵循市场竞争的商业规律的推广普及过程，但在 2017 年 1 月 20 日之后，这个过程将叠加特朗普的政治主张和政府政策，两者一旦同相共振，这种历史的振幅将使很多行业加快大规模采用机器人的速度，机械专业将成为学生报考大学的热门志愿，这在今后几年将成为新的高考景观，就如同最近几年城市轨道交通专业特别抢手那样。

政策的蝴蝶一旦振动翅膀，就会在大山那边、大洋彼岸带来一场暴风骤雨。

对于各个开发区、地级市、县级市来说，产业结构调整的快速潮涌将使“几家欢乐几家愁”。我们可以预测的是，那些以工业机器人、服务机器人为主要产业的科技园、高新区、开发区、特色小镇、特色城市，将在今后四年迎来发展的高峰期，凡是拥有机器人核心技术和生产能力的企业，必将成为各大城市和特色小镇争夺的招商引资对象。而那种投资几个亿也不能提供20个就业岗位的大企业，会越来越不招人待见，甚至会成为选商挑资、挑商选资的列后目标。与此对应，凡是能够大规模提供就业机会的服务业，如安全看护、上门服务、咨询服务等行业，将被重新发现价值，成为各国、各城市、各特色小镇争相招商引资的目标。

特朗普冲击将逼着我们主动改，也将打回一拳：机器人来早了，人类终将失去就业机会。

赵民

2017-1-6

星期五 下午 2:25 分

以后某国统计人口时，要加上“机器人”的“人口”，方才可以准确统计啊。

[赵民语录之一]　　李□□　2017-1-7 星期六 上午10:10分

《特朗普冲击：招商引资更加难》

外力冲击，有利于内部改革

特朗普上任之后，对于航空公司和普通制造业这二大行业的负面影响固然很大，但是，对比今后中国各地方政府的招商引资之艰难的趋势和前景，这都不算啥，也算不上啥。因为地方政府的招商引资涉及的是各行各业，是全行业。

特朗普竞选时打的旗帜，就是让制造业回归美国，创造就业机会。作为掌握一国财政、税收、贸易等决策大权的美国总统，手中可以打的牌可就很多了。中国老百姓有句话：新官上任三把火。我们可以猜到的是，这三把火里一定有一把火是拉回美国公司投资回去的，我们在他上任的100天里可以看到、听到、感觉到。

中国过去20年、30年的成功招商引资，其中美国公司是相当大的一个版图，这些外资不仅带来了投资、就业机会和税收，也带来了先进的企业经营管理和培养了大批优秀的专业人士。而且，由于历史的原因，当时招商引资的手段灵活，成本相对很低，很多现在必须考虑的因素当时都可以不考虑或根本没想过。所以，无论是中央政府的政策，还是地方大员的地方性政策，抑或是具体项目的灵活土政策，都构成了综合相对竞争优势的一部分。但今天，这些相对优势已经慢慢减弱。而今后，当美国的很多政策调整之后，这种综合优势可能很难保持。

再拿放大镜仔细看一下，特朗普冲击的，可能就是北京、上海、深圳等沿海一线城市最受欢迎的那些大美的投资项目，是"含金量"相对最高的那些细分行业和板块。这种冲击和挑战，从某种角度看，虽然不能说是釜底抽薪，但也可以造成城门失火，殃及池鱼。

对于这种冲击带来的变化，我们要做准备，早点应对，站好一个好姿势，占住一个好位置，才能防一点小患于未然。

媒体已经报道很多大投资人对此表态了，如日本的孙正义见了特朗普后就承诺要投多少多少亿美元，虽然不是所有公司都会这么言行一致的，但是，真正考验我们地方政策招商引资能力的时候，确实还没有到，到今天2017年1月7日，拉开。（完）

特朗普冲击：招商引资更加难

特朗普上任之后，对于航空公司和普通制造业这两大行业的负面影响固然很大，但是，一对比今后中国各地方政府招商引资之艰难，这都不算啥，也算不上啥，因为地方政府的招商引资涉及的是各行各业，是全行业。

特朗普在竞选时打的牌，就是让制造业回归美国，创造更多就业机会。作为掌握一国财政、税收、贸易等决策大权的美国总统，手中可以打的牌可就很多了。中国老百姓有句话：新官上任三把火。我们可以猜到的是，这三把火里一定有一把火是拉美国公司回去投资的，我们在他上任的100天里，可以看到、见到、感觉到。

中国过去20年、30年的成功招商引资，其中美国公司占了相当大的一个版图，这些外资不仅带来了投资、就业机会和税收，也带来了先进的企业经营管理经验，培养了大批优秀的专业人士。而且，由于历史的原因，当时招商引资的手段灵活，成本相对很低。很多现在必须考虑的因素当时都可以不考虑或根本没想过。所以，无论是中央政府的政策，还是地方政府的小政策，抑或是具体项目的灵活土政策，都构成了综合相对竞争优势的一部分。但今天，这些相对优势已经慢慢减弱。而今后，当美国的很多政策调整之后，这种综合优势可能很难维持。

再拿放大镜仔细看一下，特朗普冲击的，可能就是北京、上海、深圳等沿海一线城市最为欢迎的那些大类的投资项目，是“含金量”相对最高的那些细分行业和板块。这种冲击和挑战，从某种角度看，虽然不能说是釜底抽薪，但也可以造成“城门失火，殃及池鱼”。

对于这种冲击带来的变化，我们应多做准备、早点应对。站好一个姿势，占住一个好位置，才能防一点小患于未然。

媒体报道，很多大投资人已经对此表态了，如日本的孙正义见了特朗普后就承诺要投多少多少亿美元，虽然不是每个公司都会这么言行一致，但是，真心考验我们地方政策招商引资能力的时候确实还没有，到今天2017年1月7日，大幕拉开。

赵民

2017-1-7 星期六

上午 10:10 分

外力冲击，有利于内部改革。

【赵民的评文】

"乐视要用好这笔钱，才有未来"

李[illegible] 2017-1-14 星期六 下午15:32分

缺钱有缺钱的苦，
有钱有有钱的烦。

处在舆论场聚光灯下的乐视，终于如乐视的支持者们所期待的，借着美国拉斯维加斯国际电子展上的概念车FF91这股至今仍有很多人半信半疑的东风，成功宣布拿到总共168亿元人民币来自房地产大公司融创的融资。这下，乐视既有了远水，也有了近渴之水。

白衣骑士，真的是名符其实：融创融创，这个多年前就取定的名字，似乎是连续创业者、地产界的著名"孙哥"孙宏斌专门为这次千里单骑、英雄救美而取的名。

新公开公布的融资资金安排，就确实厚于融创之创新的融资。乐视网60.41亿，乐视致新引入战投79.5亿，乐视控股10.5亿，乐视致新其他股权18.3亿。合计上市公司及控股子公司拿到71亿元。

今天中国的钱之多，不仅表现在京沪广深房价畸高，而且也突出表现在上市公司的融资上。A股上市公司的任何融资如果没有上百亿，那真是没有一点水花，都不叫钱哪。在笔者印象中，乐视每次公布的融资，好象都没有低于100亿人民币的。这都让中产阶级怎么教育下一代呢。

目前为止，尚无这168亿资金到位后的用途的详细说明。除了今年过春节给大家发发工资和红包之外（那个钱也是个零头），大笔的钱往哪里投，成了关键。

虽然，我们依然希望乐视一路走好，但出于对乐视过去二年的疯狂扩张的习惯性担心，这回大部分构成的钱，有多少用于汽车FF91，成了关键的猜测。

乐视的七大产业中，最烧钱的还是乐视汽车。这次无论是老股转让贾跃亭个人获得钱还是定增新股拿到的钱，恐怕有100亿以上要先后投入到这辆2018年才能产出300辆定制车的"烧钱机器"中了。其实从资产的投资回报现金流贡献看，把更多比例的钱去用于收购其他主业尤其是内容和文化体育手机产业上的好公司，对现在乐视在资本市场上的支撑作用应该更加有利。

中国人有句老话说得好：居安思危。好了伤疤忘了疼。这一大笔钱拿到之后，可以做很多事，但乐视永远是缺钱的，所以要用好这笔钱，才有未来。白衣骑士这次会来，下次未必还会来，老乡和老同学不一定都会是好老乡和好同学。

（完）

乐视要用好这笔钱，才有未来

处于舆论场聚光灯下的乐视，终于如乐视的支持者们所期待的，借着美国拉斯维加斯国际电子展上的概念车 FF91 这股至今仍有很多人半信半疑的东风，成功宣布拿到来自房地产大公司融创的总共 168 亿元人民币的融资。这下，乐视既有了远水，也有了解近渴之水。

而白衣骑士，真的是名副其实：融创融创，这个多年前就取定的名字，似乎是连续创业者、地产界的著名“强哥”孙宏斌专门为这次千里单骑、英雄救美而取的名。

就公开公布的融资资金安排来看，乐视网 60.4 亿元，乐视致新引入战投 79.5 亿元，乐视控股 10.5 亿元，乐视致新其他股权 18.3 亿元，合计上市公司及控股子公司拿到 71 亿元。

今天中国的钱之多，不仅表现在京沪广深房价畸高，而且也突出表现在上市公司的融资上。A 股上市公司的任何融资，如果没有上百亿，那真是没有一点水花，都不叫钱。在笔者印象中，乐视每次公布的融资，好像都没有低于 100 亿元人民币的。这都让中产阶级怎么教育下一代呢。

目前为止，尚无这 168 亿元资金到位后的用途的详细说明。除了今年过春节给大家发发工资和红包之外（那个钱也是个零头），大笔的钱往哪里投就成了关键。

虽然我们依然希望乐视一路走好，但出于对乐视过去两年的疯狂扩张的习惯性担心，这四大部分构成的钱，有多少将用于汽车 FF91，成了关键的猜测。

乐视的七大产业中，最烧钱的还是乐视汽车。这次无论是老股转让贾跃亭个人获得的钱还是定增新股拿到的钱，恐怕有 100 亿之上要先后投入到这个 2018 年才能产出 300 辆定制车的“烧钱机器”中了。其实从资产的投资回报现金流贡献看，把更多比例的钱用于收购其他主业尤其是内容和文化、体育、手机产业上的好公司，对现在乐视在资本市场上的支撑作用应该更大。

中国人有句老话说得好：居安思危。还有句“好了伤疤忘了疼”。拿到这一大笔钱之后，可以做很多事，但乐视永远是缺钱的，所以要用好这笔钱才有未来。

白衣骑士这次会来，下次未必还会来，老乡和老同学不一定都会是好老乡和好同学。

赵民
2017－1－14
星期六 下午 13:32 分
缺钱有缺钱的苦，
有钱有有钱的烦。

[赵民的文字]

2017-1-30 星期一
农历丁酉鸡年大年初三
晚上22:33分
百度的O2O外卖出售，又将何去何从？

《微软再兴，百度其何？》

今天是2017年1月30日星期一，农历丁酉年大年初三。鸡年春节之后，这是第一篇的文字。虽然手上有好几个自己感兴趣、有积累的好题材，但作为一个新春之后的开篇，今天的文字还是选定一个对2017年全年都有大的指示意义的话题，从中择一关键小话题而写，这样才称得上"鸡年第一鸣"的开篇文字。

2017年之后，我选择1月20日上任的美国新总统对世界带来的影响作为2017年的第一关注点；而今天，我认为企业尤其是大型高科技企业在2017年的人工智能新技术大潮中的沉浮，是我们的第一关注点。

2016年9月，有一则科技企业界的新闻只在少数中国人的圈子中引起关注：美国的五大人工智能技术领先企业：微软、谷歌、亚马逊、脸谱、IBM联合宣布成立"AI联盟"。那是2016年金色的9月，距离阿尔法狗大战李世石已经过去大约半年了，Master连胜60回合则还没到来，世人还在期待柯洁战胜人工智能下围棋，从而维持人类仅存的一点尊严。但就是这五大高科技企业，悄悄地把这事就干了，当然，发了新闻。苹果公司也依然以Siri的领先而没有加入这个组织。

请不要小看这个这个"AI联盟"。这几家公司，均是目前世界上在人工智能技术专利上最多的拥有者，这个联盟的成立，基本上宣告了：人工智能专利，要么加入我们，要么不要上位。而微软，在其中以200多项AI专利，名位第一。

在人工智能上的布局，还只是微软新CEO纳德拉自2014年初上任后的长线产品线。更直接的短线产品是微软的Azure云服务：在微软於上周发布的第二财季的财报，Azure营收业绩刷亮了眼，同比增长93%，二个季度6个月合计营收140亿美元，市场地位已排在第二，仅次于亚马逊的云服务，开始拉大和其他云计算服务商如IBM、Google等的差距。微软的市值，也因此在漫长的1年之后，从2014年初纳德拉上任时的3100亿美元，重新回到5000亿美元。

微软的下一步目标是，纳德拉要把Azure和人工智能相连接，打造"AI云计算"。

微软的二年成功转型，不禁让我们想起了百度，因为，2017年1月18日，仅仅12天之前，任职微软8年的陆奇出任百度新总裁。陆奇在李彦宏专门为此举办的新闻发布会上，也同样大谈百度的人工智能未来。

百度公司在2016年历经魏则西和质疑，受魏则西和莆田系的影响，市值从2014年的大约800亿美元下降为2016年的大约580亿美元，不仅降幅达到20%以上，而且与国内BAT的另外两家阿里和腾讯拉大了差距。这一切，和2013年的微软何其相似：它的传统产品受到新技术的冲击而不能市场看好，新的方向又没有找到。

这个时候，因为一切倒骑自行车车祸而离职微软的陆奇，加盟百度，无疑就如同2014年初上任的纳德拉于微软，让人对百度充满期待。李彦宏此时的大力度授权、自己侧身腾出空间，则是二位老朋友20年友谊在商战同一条战壕里的一种信任。百度之于人工智能的突破，号角已经吹响。2017年，人工智能的大年，就这样拉开了帷幕。不仅仅是围棋Master大师。（完）

微软再兴，百度能否紧随其后

今天是 2017 年 1 月 30 日星期一，农历丁酉年大年初三。鸡年春节之后，这是我的第一篇百字文。虽然手上有好几个自己感兴趣、有积累的好题材，但作为新春之后的开篇，今天的百字文宜选定一个对 2017 年全年皆有风向标意义的大话题，从中择一具体小话题而写，这样才算是“鸡年第一鸣”的开篇百字文。

2017 年元旦之后，我选择 1 月 20 日上任的美国新总统对世界带来的影响作为 2017 年的第一关注点；而今天，我认为企业尤其是大型高科技企业在 2017 年的人工智能新技术大潮中的沉浮，是我们的第一关注点。

2016 年 9 月，有一则科技企业界的新闻只在少数中国人的圈子中引起关注：美国的五大人工智能技术领先企业微软、谷歌、亚马逊、Facebook、IBM 联合发起成立“AI 联盟”，那时，距离阿尔法狗大战李世石已经过去大约半年了，Master 连胜 60 回合则还没到来，世人还在期待柯洁战胜人工智能，从而维持人类仅存的一点尊严。但这五大高科技企业，悄悄地把这事就干了，当然，他们发了新闻。苹果公司也依然因 Siri 的领先而没有加入这个组织。

请不要小看这个“AI 联盟”。这几家公司，拥有目前世界上最多的人工智能技术专利，这个联盟的成立，基本上宣告了：人工智能专利，要么加入我们，要么不要上位。而微软，以 200 多项 AI 专利名列第一。

在人工智能上的布局，还只是微软新 CEO 纳德拉 2014 年年初上任之后的长线产品线，更直接的短线产品是微软的 Azure 云服务。在微软于上周发布的第二财季的财报中，Azure 的营收业绩非常亮眼：同比增长 93%，两个季度 6 个月合计营收 140 亿美元，市场地位已排在第二，仅次于亚马逊的云服务，开始拉大和其他云计算服务商如 IBM、Google 等的差距。微软的市值，也因此在漫长的 17 年之后，从 2014 年年初纳德拉上任时的 3100 亿美元，重新回到 5000 亿美元。

微软的下一步目标是要把 Azure 和人工智能相连接，打造“AI 超算”。

微软的两年成功转型，不禁让我们想起了百度，因为，2017 年 1 月 18 日，仅仅 12 天之前，在微软任职 8 年的陆奇出任百度新总裁。陆奇在李彦宏专门为此举办的新闻发布会上，也同样大谈百度的人工智能未来。

百度公司在 2016 年历经磨难和质疑，市值从 2014 年的大约 800 亿美元下降为 2016 年的大约 580 亿美元，降幅达到 20%以上，被 BAT 的另外两家阿里和腾讯拉大了差距。这一切和 2013 年的微软何其相似：老的传统产品受到新技术的冲击而不为市场看好，新的方向又没有找到。

这个时候，因为一场倒骑自行车车祸而离职微软的陆奇加盟百度，无疑就如同 2014 年年初纳德拉加盟微软，让人对百度充满期待。李彦宏此时的大力度授权、自己侧身腾出空间，则是两位在商战同一条战壕里的老朋友之间的一种信任。百度之于人工智能的突破，号角已经吹响。

2017 年，人工智能的大年就这样拉开了帷幕。我们关注的，不仅仅是围棋 Master 大师。

赵民
2017-1-30 星期一
农历丁酉年大年初三 晚上 22:33 分
百度的 O2O 外卖业务，又将何去何从？

[赵民的短文]

2017-1-31. 星期二
写于深圳香蜜湖 大年初四.
凌晨0:48分搁笔
要以Nokia前车之鉴，抓住手机市场的黄金期

《苹果显颓相，小米怎么办》

这是2017年春节之后的鸡年第二篇短文，我们继续锁定影响2017企业界的大事：人工智能技术冲击下的手机行业。

2016年年底的时候，苹果公司有件事情很容易被"果粉"们忽视，但却不应该让我们忽略：苹果在卖iPhone和Mac时，开始送免费的红色耳机Beats Solo3 Wireless，而这款红色耳机在苹果专卖店的售价标明是人民币2288元。

这说明了什么？说明一个重要的市场转向：苹果为了完成既定的销售业绩，开始低下一贯高傲的头。苹果手机的市场，不行了，竭尽全力了。

而资本市场也马上作出了反应：苹果公司的市值，从2014年的大约6400亿美元，下降到6100亿美元，虽然市值仍高居高科技公司第一，但下降5%左右，始显手机市场的颓相。

最新传出的消息从另外一个侧面再度说明了库克领导下的苹果公司面临的新挑战：网络盛传，苹果公司在2016年9月拒绝参与成立由谷歌、亚马逊、脸谱、微软、IBM等五大人工智能专利巨头组成的"AI联盟"之后仅仅四个月，就态度软化，一改一贯的自成一体的商业模式和打法，决定加入这个人工智能联盟组织。因为苹果公司这个加入的决定，这个"AI联盟"可能就成为人工智能领域里的专利权威俱乐部，毕竟目前市值最高的五大互联网高科技公司苹果、谷歌、微软、亚马逊、脸谱都位立其中。

由乔布斯探索创立的苹果模式，由于人工智能技术的新冲击，可能面临一次巨大的挑战，而最终是否会导致小米雷军推崇备至的商业模式的重大转变，在2017年都是必须解决和回答的作业。但有一点是肯定的：手机市场开始走下坡路了，市场逐渐趋于饱和。

小米的一个可能解决方案是全球化，把国际市场做得大大的，好好的，从而赢得宝贵的1-2年调整时间。但国际化道路上能避开华为吗？华为在海外市场的深厚沉淀和巨大品牌，是压在小米及其他手机生产企业如联想头上的一座大山。

小米的另一个可能解决方案是转人工智能，毕竟人工智能市场巨大，大家都是刚起步。需要提醒的是，苹果公司2011年就率先推出Siri这种面向个人消费者的人工智能应用产品，但因为忽视了后面五年的持续跟进而起了个大早，赶了个晚集，目前拥有的人工智能专利仅仅只有10多项，落伍成为人工智能技术领域中的追赶者。这个教训，小米理应吸取。

说到底，智能手机行业正在重新演绎一轮当年moto、Nokia和Ericsson手机的悲剧性一幕：因为市场趋于饱和和新技术冲击，原来领先的技术正在成为老旧的落后技术，消费者对手机新型号已经缺乏激情和不再忠诚，果粉和米粉渐渐散去，最终，整个手机行业会有当年moto、Nokia相似的悲催公司。

（完）

手机行业在2017年开始一江春水向东流，苹果已寻求转型人工智能，小米还要按老路走下去吗？

苹果显颓相，小米怎么办

这是2017年春节之后的第二篇百字文，我们继续锁定影响2017企业界的大事：人工智能技术冲击下的手机行业。

2016年年底的时候，苹果公司有件事情很容易被“果粉”们忽视，但却不应该让我们忽略：苹果在卖iPhone和Mac时，开始送免费的红色耳机Beats Solo3 Wireless，而这款红色耳机在苹果专卖店的售价是人民币2288元。

这说明了什么？说明一个重要的市场转向：苹果为了完成既定的销售业绩，开始低下一贯高傲的头。苹果手机的市场不行了，增长乏力了。

而资本市场也马上作出了反应：苹果公司的市值，从2014年的大约6400亿美元，下降到2016年的6100亿美元，虽然市值仍高居高科技公司第一，但5%左右的降幅，始显手机市场的颓相。

最新传出的消息从另外一个侧面再度说明了库克领导下的苹果公司面临的新挑战：网媒盛传，苹果公司在2016年9月错失参与发起成立由谷歌、亚马逊、facebook、微软、IBM五大人工智能专利巨头组成的“AI联盟”之后仅仅四个月，就态度软化，一改一贯的自成一体的商业模式和打法，决定加入这个人工智能联盟组织。因为苹果公司的加入，这个“AI联盟”可能就成为了人工智能领域里的专利权威俱乐部，毕竟目前市值最高的五大互联网高科技公司苹果、谷歌、微软、亚马逊、facebook都位列其中。

由乔布斯探索创立的苹果模式，由于人工智能技术的冲击，可能面临一次巨大的挑战，而最终是否会导致小米雷军推崇备至的商业模式发生重大转变，在2017年都是必须解决和回答的作业。但有一点是肯定的：手机市场开始走下坡路了，市场渐趋饱和。

小米的一个可能解决方案是全球化，把国际市场做得大大的、好好的，从而赢得宝贵的1～2年调整时间。但国际化道路上你能避开华为吗？华为在海外市场的深厚积淀和巨大品牌影响力，是压在小米及其他手机生产企业（如联想）头上的一座大山。

小米的另一个可能的解决方案是转人工智能，毕竟人工智能市场巨大，大家都是刚起步。需要提醒的是，苹果公司2011年就率先推出Siri这个面向个人消费者的人工智能应用产品，但因为忽视了后面五年的持续跟进而“起了个大早，赶了个晚集”，目前拥有的人工智能专利仅仅只有10多项，变成了人工智能技术领域中的追赶者。这个教训，小米理应吸取。

说到底，智能手机行业正在重新演绎一轮当年Moto、Nokia和Ericson手机的悲剧性一幕：因为市场趋于饱和和新技术冲击，原来领先的技术正在成为老旧的落后技术，消费者对手机新型号已经缺乏激情和不再点赞，“果粉”和“米粉”渐渐散去，最终，整个手机行业会出现与当年的Moto、Nokia相似的悲惨公司。

手机行业在2017年开始一江春水向东流，苹果已寻求转型人工智能，小米还要按老路走下去吗？

赵民

2017-1-31 星期二

农历丁酉年大年初四 凌晨0:48分搁笔。

要以Nokia前车之鉴，抓住手机市场的黄金尾巴。

〔赵民的学文〕

[signature] 2017-1-31
星期二 大年初四
晚上23:48分
同样是汽车，差别也很大。

《乐视造车和特斯拉造车之区别在哪》

今天是2017年1月31日星期二，农历鸡年春节大年初四，这篇的学文是春节之后的第三篇。前二篇我们读了微软和百度，谈苹果和小米，今天我们对比乐视造车和特斯拉造车。

乐视从一个充满活力倍受追捧的公司到广受媒体质疑，主要因为2016年的造手机和造汽车，其中造手机过程中传出的负面新闻其实不算什么，这点应付款没多大事，真正让乐视饱受追问的是乐视造车。

美国的企业界英雄偶像，2000年之前是比尔盖茨，2000年尤其是2005年之后当之无愧是乔布斯，而在2011年11月5日乔布斯不幸早逝之后，特斯拉公司的埃隆·马斯克（Elon Musk）迅速成为最耀眼的企业家明星。在我们国内，雷军小米是乔布斯苹果的忠诚践行者，而行为上最接近马斯克的，当属乐视贾跃亭，尤其当乐视开始造车。

但乐视造车和特斯拉造车，有不少不同。

因为乐视造车刚刚宣布也就一年多，公开信息很少，当然进展也有，但至少到2017年1月31日春节大年初四还没有一台实际销售的商业乐视汽车上了牌照开上马路。所以我们确实不应苛求，而应等待2018年下半年年底时的第一批108辆定制给合伙人的乐视汽车下线上牌照上路。拭目以待，等二年。

但我们如果分析一下特斯拉造车的一些历程艰难，也可以大概展望并带猜测乐视造车之路的未来成长之路。虽然中美两国国情不同，但毕竟电动车这个概念是相近的。

特斯拉汽车公司最早并不是马斯克自己创办的，马斯克是2004年以投资630万美元而获得控制权并出任董事长的。特斯拉汽车公司成立于2003年7月1日，而交付第一辆新车Roadster的时间是2008年2月，前后花了5年，其中经历了被称为"特斯拉之父"的创始人CEO马丁·艾伯哈特（Martin Eberhard）的离职。而2008年2月第一辆新车Roadster造出来之后，到2008年10月第一批汽车商业销售，中间又历经成本控制、现金流短缺等难关，马斯克把自己最后的私房钱6000万美元全部押上，才缓解了困境。此五年之间，马斯克本人基本上是全力以赴，个人时间用在特斯拉公司的也是大部分时间。

让特斯拉造车闯过难关的还有另外几个因素。股东团队的豪强人气是第一个因素，包括Google的二位Larry Page拉里·佩奇和Sergey Brin谢尔盖·布林，以及eBay的Jeff Skoll杰夫·斯科尔。请注意，他们这几个都是硅谷互联网公司的明星创业者和企业家，这对于早期特斯拉的估值和融资有巨大的帮助作用。第二个因素是特斯拉汽车得到了汽车传统制造巨头德国戴姆勒公司的看好，以估值[illegible]亿美元出资5000万美元占股10%，而时间点是2008年。戴姆勒的行业内巨头的这个支持能量巨大，影响深远，给当时处于生死关头的特斯拉以巨大的扶持。第三个因素是成功登陆纳斯达克，那是在2010年6月，终于走出了它的生死谷，并因上市而招来了苹果零售系统的销售大将，开启了特斯拉模仿苹果自设专卖店去或过经销商的商业模式新路。请注意，即使上市了，此时的特斯拉依然还是亏损，这种状况一直延续到2013年5月才实现首次季度盈利。

P.1/2

乐视造车和特斯拉造车：区别在哪

今天是2017年1月31日星期二，农历鸡年春节大年初四，这篇百字文是春节之后的第三篇。前两篇，我们读微软和百度，谈苹果和小米，今天，我们对比乐视造车和特斯拉造车。

乐视从一个充满活力、备受追捧的公司到广受媒体质疑，起因就是2016年的造手机和造汽车，其中造手机过程中传出的负面新闻委实不算什么，这点应付款没多大事，真正让乐视饱受追问的是汽车。

美国企业界的英雄偶像，2000年之前是比尔・盖茨，2000年尤其是2005年之后当之无愧是乔布斯，而在2011年11月5日乔布斯不幸早逝之后，特斯拉公司的埃隆・马斯克（Elon Musk）迅速成为最耀眼的企业家明星。在我们国内，雷军小米是苹果乔布斯的忠诚践行者，而行为上最接近马斯克的，当属乐视贾跃亭，尤其当乐视开始造车后。

但乐视造车和特斯拉造车有不少不同。

因为乐视造车刚刚宣布也就一年多，公开信息很少，当然进展也有，但至少到2017年1月31日大年初四还没有一辆实际销售的乐视汽车上了牌照开上马路。所以，我们确实不应苛求，耐心等待2018年年底时第一批给合伙人定制的几百辆乐视汽车下线上牌照上路。换句话说，等两年。

但我们如果分析一下特斯拉造车的一些艰难历程，也可以大概展望连带猜测乐视造车的未来之路。虽然中美两国国情不同，但毕竟电动车这个概念是相近的。

特斯拉汽车公司最早并不是马斯克创办的，马斯克是在2004年投资630万美元而获得控制权并出任董事长的。特斯拉汽车公司成立于2003年7月1日，而交付第一辆新车Roadster的时间是2008年2月，前后四五年时间，其中经历了被称为“特斯拉之父”的创始人CEO马丁・艾伯哈特（Martin Eberhard）的离职。而2008年2月第一辆新车Roadster造出来之后，到2008年10月第一批汽车商业销售，中间又经历成本控制、现金流短缺等难关，马斯克把自己最后的私房钱6000万美元全部押上，才缓解了困境。在此五年之间，马斯克本人基本上是全力以赴，将大部分个人时间都用在了特斯拉公司。

让特斯拉闯过难关的还有另外三个因素。第一个因素是股东团队的超强人气，包括Google的拉里・佩奇（Larry Page）和谢尔盖・布林（Sergey Brin），以及eBay的杰夫・斯科尔（Jeff Skou）。请注意，他们几个都是硅谷互联网公司的明星创业者和企业家，这对于早期特斯拉的估值和融资有巨大的帮衬作用。第二个因素是特斯拉汽车得到了传统汽车制造巨头德国戴姆勒公司的看好，2008年，他们为特斯拉估值7亿美元，并出资7000万美元占股10%，戴姆勒这个行业巨头的能量巨大，影响深远，给当时处于生死关头的特斯拉以巨大的支持。第三个因素是成功登陆纳斯达克，2010年6月，他们终于走过了生死线，并因上市而挖来了苹果零售系统的销售大将，模仿苹果越过经销商自设专卖店，开启了商业模式新路。请注意，即使上市了，当

特斯拉的这段研发上市和公司走出困境史，从头到尾只讲了一点：特斯拉最终能生存下来并成功上市，是九死一生，属于许多声称有造车梦、电动车梦的公司中硕果仅存的，也是第一家和唯一一家独立的纯电动汽车上市公司，不属于传统汽车行业中的任何一个体系。

与此相对比，我们目前可以看到的至少是乐视造车的如下状况：贾跃亭个人的时间精力将有多少投入在乐视造车上？这对一个初创的创业公司是致命的。虽然马斯克也仅仅是特斯拉的董事长，当时2003～2008年特斯拉公司还有专职的CEO，但毕竟马斯克不需要跨国管理，而乐视造车的主要研发是在美国，贾本人则主要时间在中国，这和当年联想收购IBM的PC业务之后，杨元庆及很多中国高管举家迁往纽约相比，让人凭添很多担忧。乐视造车的布局在此之前媒体有报道，先后在国内的北京和广州宣布拿地和建合资企业（和广汽），还气魄很大地宣布在浙江的某个风景秀丽但汽车产业基础薄弱的地方大举投资建设生产基地（很容易让人猜测醉翁之意不在酒），这样的汽车布局战略一看就没有内在的汽车产业逻辑和章法。对比一下，特斯拉在最艰难的时候获得了德国汽车巨头戴姆勒奔驰的鼎力帮助，后来又获得了丰田汽车和松下汽车锂电池的战略投资和合作，并因此组建了一支基本上由汽车行业的内专家组成的管理团队，后来为了上市还对股东有了交待，马斯克本人直接兼任了特斯拉的CEO。

造一台手机和造一辆具有无人驾驶功能的电动汽车，哪个更难？这是一个仁者见仁、智者见智的问题。但特斯拉汽车新品出来之后，先后经历了汽车安全问题、黑客攻击汽车驾驶系统漏洞危机等挑战，这些关，乐视汽车今后也同样要过的。手机业务在乐视是买来的，买的时候就已经很成熟了，而且整个手机行业的技术因苹果乔布斯的创新设计，要比无人驾驶和纯电动车技术汽车成熟很多了。所以，对于乐视汽车，不能用乐视手机的成长经验来比较和参照：那是会犯轻敌的大忌的。

但特别好的消息是，2014年6月12日，英明的马斯克宣布，将特斯拉的全部技术专利都拿出来与同行公司分享，这是马斯克迄今为止超越苹果乔布斯的地方之一。我们衷心祝愿乐视汽车充分利用好这个友善的同行业专利环境，在电动车技术上可以加速前行，把更多的精力放在自动驾驶技术的突破上，到2018年底能够兑现把一辆安全的车交到合伙人手上。拉斯维加斯新品推介现场当时那辆展示车临时出的一点小故障，应该只是工艺生产上的技术稳定性问题。

最后一点，乐视造车和特斯拉造车的最重要的区别之一，我们应该看到，马斯克这个人是个技术创新型的创业者，本人可以归到产品工程师这一大类，而乐视的贾跃亭，多数时候给媒体和大众的印象，是资本高手。在造车这件事情上，尤其还是电动汽车加自动驾驶汽车，光有资本还是不够的，否则巴菲特也可以成为马斯克。

这是乐视造车和特斯拉造车，最大的不同。

（完）

P. 2/2

时的特斯拉依然还是亏损，这种状况一直延续到 2013 年 5 月，此后他们才实现首次季度盈利。

特斯拉最终能生存下来并成功上市真的算是九死一生，属于许许多多拥有造车梦、电动车梦的公司中硕果仅存的一家企业，也是第一家和唯一一家独立的纯电动汽车上市公司，不属于传统汽车行业中的任何一个体系。

与此相对比，我们目前可以看到的至少是乐视造车的如下状况：贾跃亭个人的时间精力将有多少可以投入到乐视造车上？这对一个初创的创业公司是非常关键的。虽然马斯克也仅仅是特斯拉的董事长，2003—2008 年特斯拉公司还有专职的 CEO，但毕竟马斯克不需要跨国管理，而乐视造车的主要研发场所是在美国，贾本人则大部分时间在中国，这和当年联想收购 IBM 的 PC 业务之后，杨元庆及很多中国高管举家迁往纽约相比，让人平添很多担忧。在此之前媒体有报道，乐视先后在国内的北京和广州宣布拿地和建合资企业（和广汽），还气魄很大地宣布在浙江某个风景秀丽但汽车产业基础薄弱的地方大举投资建设生产基地（很容易让人猜测醉翁之意不在酒），这样的战略布局一看就没有内在的汽车产业逻辑和章法。对比一下，特斯拉在最艰难的时候获得了德国汽车巨头戴姆勒奔驰的鼎力背书，后来又获得了丰田汽车和松下汽车锂电池的战略投资和合作，并因此组建了一支基本上由汽车行业专家组成的管理团队，后来为了上市之后对股东有个交代，马斯克本人直接兼任了特斯拉的 CEO。

造一部手机和造一辆具有无人驾驶功能的电动汽车，哪个更难？这是一个仁者见仁智者见智的问题。但特斯拉汽车新品出来之后，先后经历了汽车安全风波、黑客攻击汽车驾驶系统漏洞危机等挑战。这些挑战，乐视汽车今后也同样要面对。手机业务是乐视买来的，买的时候就已经很成熟了，而且整个手机行业的技术因苹果乔布斯的创新，要比无人驾驶和纯电动车技术成熟很多了。所以，乐视汽车不能参照乐视手机的成长之路，那会让人犯轻敌的大忌的。

但利好的消息是，2014 年 6 月 12 日，英明的马斯克宣布，将特斯拉的全部技术专利都拿出来与同行公司分享，这是马斯克迄今为止超越苹果乔布斯的地方之一。我们衷心祝愿乐视汽车充分利用好这个友善的同行业专利环境，在电动车技术上可以加速前行，把更多的投入放在自动驾驶技术的突破上，到 2018 年年底能够兑现当初的承诺，把一辆安全的车交到梦想合伙人手上。拉斯维加斯新品推介现场当时那辆展示车临时出的一点小故障，应该只是工艺生产方面的技术稳定性问题。

最后一点，乐视造车和特斯拉造车最重要的区别之一，我们应该看到，马斯克这个人是个技术创新型的创业者，可以归到产品工程师这一大类；而乐视的贾跃亭，多数时候给媒体和大众的印象是资本高手。在造车这件事情上，尤其还是电动汽车加自动驾驶汽车，光有资本还是不够的，否则，巴菲特也可以成为马斯克。

这是乐视造车和特斯拉造车最大的不同。

赵民

2017-1-31 星期二

大年初四晚上 23:48 分

同样是汽车，差别也很大。

【赵民同学文】

李（签名） 2017-2-7
星期二 中午12:28分
拨开云雾见太阳

《阿里云起，AWS云伏？》

2016年11月特朗普竞选胜出，如果说有哪些大公司对这样的结果做出了明智的应对的话，那么，亚马逊公司一定可以算是其中之一。

2016年8月1日，在美国总统大选如火如荼、但距离特朗普最终险胜还有三个月之际，在全球云计算服务领域遥遥领先的亚马逊公司AWS云服务高调宣布：结束长达两年多的内测，通过和中国上市公司光环新网的战略合作，穿上一件不太高明的新马甲，正式打入中国市场，接受中国监管，所有云数据全部留在中国，但只有一件事没有说：此番前来，是抢占阿里云的天地空间。

大约100天之后，特朗普从总统大选中险胜，高举了"买美国货、雇美国人"的大旗，世人瞩目。时间来到2017年1月9日，马云来到了曼哈顿，当面和特朗普交流。阿里云和阿里电商一起，这次是要到美国市场大干一番了。当然，有一句话阿里云也没说：此番前来，是抢占亚马逊AWS的天地空间。

阿里云进军美国市场，和去年8月亚马逊AWS云服务进军中国市场，是阿里巴巴挑战美国互联网巨头的第二场，这一回，对手依然还是亚马逊。

这真是一种轮回，多少有点让人感叹命运的安排：既生瑜，何生亮。

在中国的BAT三大巨头中，阿里和腾讯从模仿开始，从中国国内市场开始，继而国际化，最终反超美国学习榜样，成为自己所在细分市场中的全球老大，进入世界互联网大公司的第一阵营，成为市值超过万亿人民币的中国八强之一。这段创业艰辛和春风得意的发展之路，京东没有达到过，百度也没曾经历过。现在，移动互联大赛进入下半场，新的一轮PK又马上开始了。

亚马逊是美国互联网公司中的一个突出典型代表。这家公司资历很老：1995年创办，迄今已有22年历史；这家公司一直由创始人在管理：Jeff Bezos杰夫·贝佐斯作为一家互联网公司的创始人这么长时间坚守管理自己的公司，世所罕见。同时代的网景公司、雅虎公司、AOL公司等，不是早已灰飞烟灭，就是人非物是，但亚马逊依然还是杰夫·贝佐斯；这家公司居然不是在硅谷，而是在诞生了波音、微软的华盛顿州西雅图。要知道，中国人对西雅图有着一种莫名的好感：一个浪漫的爱情之城，西雅图不眠夜。笔者曾在十多年前探望在西雅图工作和定居的大学同班同学，那种对西雅图的赞美和自豪，在美国人中也很少有：天气不冷不热，

P.1/3

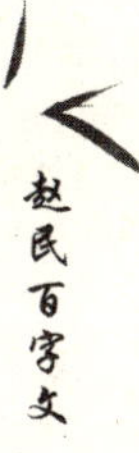

阿里云起，AWS 云伏

2016 年 11 月特朗普竞选胜出，如果说有哪些大公司对这样的结果作出了明显应对的话，亚马逊公司一定可以算是其中的一个。

2016 年 8 月 1 日，在美国总统大选如火如荼、但距离特朗普最终险胜还有三个月之际，在全球云计算服务领域遥遥领先的亚马逊公司 AWS 云服务高调宣布：结束长达两年多的内测，通过和中国上市公司光环新网的战略合作，穿上一件不太亮眼的新马甲，正式打入中国市场，接受中国监管，所有云数据全部留在中国。但它们只有一件事没有说：此番前来，是抢占阿里云的天地空间。

大约 100 天之后，特朗普从总统大选中险胜，举起了“买美国货，雇美国人”的大旗，令世人瞩目。两个月后，2017 年 1 月 9 日，马云来到了曼哈顿，和特朗普当面交流。阿里云和阿里电商一起，这次是要到美国市场大干一番了。当然，有一句话阿里云也没说：此番前来，是抢占亚马逊 AWS 的天地空间。

阿里云进军美国市场，和去年 8 月亚马逊 AWS 云服务进军中国市场，是阿里巴巴挑战美国互联网巨头的第二场，这一回，对手依然还是亚马逊。

这真是一种轮回，多少有点让人感叹命运的安排：既生瑜，何生亮。

在中国的 BAT 三大巨头中，阿里和腾讯从模仿开始，从中国国内市场开始，继而国际化，最终反超学习的标杆，成为自己所在细分市场中的全球老大，进入世界互联网公司的第一阵营，成为市值超过万亿元人民币的“中国八强”之一。这段艰辛的创业和发展之路，京东没有经历过，百度也没曾经历过。现在，移动互联大赛进入下半场，新的一轮 PK 又马上开始了。

亚马逊是美国互联网公司的一个典型代表。这家公司资历很老：1995 年创办，迄今已有 21 年历史；这家公司一直由创始人杰夫·贝佐斯（Jeff Bezos）在管理，作为一家互联网公司的创始人，这么长时间具体管理自己的公司，世所罕见，同时代的网景公司、雅虎公司、AOL 公司等不是早已灰飞烟灭，就是物是人非，但亚马逊依然还是杰夫·贝佐斯；这家公司居然不是在硅谷，而是在诞生了波普、微软的华盛顿州西雅图，要知道，中国人对西雅图有着一种莫名的好感：一个浪漫的爱情之城。笔者曾在十多年前探望在西雅图工作和定居的大学同班同学，他那种对西雅图的赞美和自豪，在美国人中也很少有：天气不冷

城市不大不小，公司不多不少，中国人既多又少，食品很丰富又单调……总之，一切都是好。在溢美之词之余，我们还是应当承认：西雅图是个除了硅谷之外，只有城市活力、充满创新精神的宜居城市。

和同时代的华裔创始人柳致远相对，杰夫·贝佐斯当年收购错了中国电商公司：亚马逊买下了卓越网，而柳致远则聪明地投资了阿里巴巴，给他本人在西雅图CEO的任期留下了最为优雅的成功之作，也是当今被卖掉、被改名之前的西雅图最有价值的资产之一。柳致远从成功的创业者到企业家到成功的投资人，一战成名。

在即将开打的云服务市场，AWS云服务进入中国和阿里云进入美国，那都是一场有你没我的生死大战、肉搏之战。目前，云服务朋友圈里，第一阵营有个"3A圈"：AWS老大，微软Azure老二，Alibaba阿里云季军。不知道微软的品牌推广为啥最终确定沿用Azure这个服务品牌作为微软云服务的名头，或许是[illegible]意是致敬一下早在10年前的2006年就先知先觉的亚马逊AWS云服务吧。这三大云服务公司，占据了整个市场中一半以上的市场份额，把排在后面的Google、IBM、腾讯云、由电信运营商转型而来的各类云服务、由IDC转型而来的云服务公司，都远远地甩在了后面。

在这3A中，微软是相对最为特殊的，因为，AWS的客户群和阿里云的客户群是基本一致重合的：中小企业。由于2006年亚马逊就开始布局云服务，所以，在全球范围，AWS遥遥领先。2016年营收达到122亿美元，运营利润达到31亿美元，增长率保持在50%以上。整个2016年，有1.8万多个云计算用户从其他服务商转到AWS。可以说，亚马逊AWS正在一点一点地拖死Oracle甲骨文之类的传统数据库服务商。相比之下，阿里云依然处于投入期，迄今尚未盈利，但亏损面已降到个位数，而且增幅巨大：营收已经实现连续七个季度保持三位数增长，付费客户数亦呈三位数增长。和面向中小企业的亚马逊、阿里云不同，微软坚守着他的大客户传统。据媒体披露，当今中国的500强企业中，尤其金融大企业中，有超过90%的公司，已经使用了微软云服务的一款产品，而这正是微软云服务正在成为微软新增的底气所在：还有很大的销售交叉增长空间。

阿里云和亚马逊AWS的攻防战，随着特朗普胜选和上任，进入新的一个阶段。

2016年12月6日，凌晨无人入睡，亚马逊首先全球发布一个惊人消息：黑科技产品"拿上就走Amzon Go"隆重诞生了！这个头多大呢？占地1800平方英尺，也就是180平方米左右，人工智能、图像识别、深度学习等三大最时髦的前沿技术都在脸面出来了。没有柜台，没有结账，没有排队。拿上东西，出门就走，自动结账：但怎么识别小偷呢？这个还得靠人工保安，不，现在还是真人保安。

P. 2/3

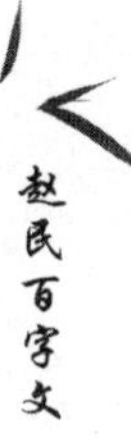

不热，城市不大不小，公司不多不少，中国人既多又少，食品很丰富不单调……总之，一切都是好。虽然是溢美之词，我们还是应当承认：西雅图确实是个具有活力、充满创新精神的宜居城市。

和同时代的华裔创始人杨致远相比，杰夫·贝佐斯当年收购错了中国电商公司：亚马逊买下了卓越网，而杨致远则聪明地投资了阿里巴巴，这成为他复任雅虎 CEO 期间最为优雅的成功之作，也是当今被卖掉、被改名之前的雅虎最有价值的资产，没有之一。杨致远从成功的创业者到企业家到成功的投资人，一战成名。

在即将开打的云服务市场，AWS 云服务进入中国和阿里云进入美国，那都是一场有你没我的生死大战、肉搏之战。目前，云服务朋友圈里，第一阵营有个“3A 圈”：AWS 老大，微软 Azure 老二，Alibaba 阿里云季军。不知道微软的纳德拉为啥最终确定沿用 Azure 这个服务品牌作为微软云服务的名头，或许是愿意追赶一下早在 10 年前的 2006 年就先知先觉的亚马逊 AWS 云服务吧。这三大云服务公司，占据了整个市场一半以上的市场份额，把排在后面的 Google、IBM、腾讯云以及由电信运营商转型而来的各类云服务和由 IDC 转型而来的云服务公司都远远地甩在了后面。

在这 3A 中，微软是相对最为超脱的，因为 AWS 的客户群和阿里云的客户群是基本重合的：中小企业。由于亚马逊 2006 年就开始布局云服务，所以，AWS 在全球范围遥遥领先，2016 年营收达到 122 亿美元，运营利润达到 31 亿美元，增长率保持在 50% 以上。整个 2016 年，有 1.8 万多个云计算用户从其他服务商转到 AWS。可以说，亚马逊 AWS 正在一点一点地扼死甲骨文（Oracle）之类的传统数据库服务商。相比之下，阿里云依然处于投入期，迄今尚未盈利，但亏损面已降到个位数，而且增幅巨大：营收已经实现连续七个季度保持三位数增长，付费用户数亦呈两位数增长。和面向中小企业的亚马逊、阿里不同，微软坚守着他的大客户传统。据媒体报道，当今中国的 500 强企业中，尤其金融大企业中，有超过 90% 的公司至少使用了微软云服务的一款产品，而这正是微软云服务正在成为微软新产业的底气所在：还有很大的销售交叉增长空间。

阿里云和亚马逊 AWS 的攻防战，随着特朗普的胜出和上任进入一个新的阶段。

2016 年 12 月 6 日，凌晨无人入睡，亚马逊首先重磅发布一个惊人消息：黑科技产品“拿上就走 Amazon Go”隆重诞生了！个头多大呢？占地 1800 平方英尺，也就是 180 平方米左右，人工智能、图像识别、深度学习三大最时尚的前沿技术都在脸上画出来了。没有柜台，没有结账，没有排队，拿上东西，出门就走，自动结账。但怎么识别小偷呢？这个还得靠人工保安，不，现在还是真人保安。

两个月，依然是两个月以后，2017年2月6日，凌晨无人入眠，阿里公布对攻产品：黑科技VR购物产品：Buy+。

大战已经打响，好戏还在后头。

有赶超的，就有伏击的。

让我们再等两个月，二个两个月，到时候，用上了Buy+的，一定有中国人，但也很可能有许多美国人。

（完）

P.S. 本文已写其稿，等来了2017年2月6日的Buy+。聊作结尾，以待后续。

P. 3/3

两个月，依然是两个月以后，2017 年 2 月 6 日，凌晨无人入眠，阿里公布对攻产品：黑科技 VR 购物产品：Buy+。

大战已经打响，好戏还在后头。

有起的，就有伏的。

让我们再等两个月，两个三个或更多的两个月，到时候，用上了 Buy+ 的一定有中国人，但也很可能有许多美国人。

赵民

2017−2−7 星期二

中午 12:28 分

拨开云雾，见太阳。